अच्छा बोलने की कला
और
कामयाबी

अच्छा बोलने की कला और कामयाबी

डेल कारनेगी

सत्साहित्य प्रकाशन, दिल्ली

प्रकाशक : **सत्साहित्य प्रकाशन**
694–ए, (पहली मंजिल) चावड़ी बाजार, दिल्ली–110006
 / संस्करण : 2025 / मूल्य : छह सौ रुपए
मुद्रक : नरुला प्रिंटर्स, दिल्ली ISBN 978-81-7721-253-2

ACHCHHA BOLNE KI KALA AUR KAMYABI

by Dale Carnagie ₹ 600.00

Published by **SATSAHITYA PRAKASHAN**
694-A, (First Floor) Chawri Bazar, Delhi-110006

भूमिका

पुस्तक की दक्षता उस व्यक्ति के समान होती है, जो किसी विषय विशेष पर अपने दृष्टिकोण के द्वारा ऊर्जा के प्रथम स्रोत तक पहुँचता है। पुस्तक में सुझावों की अभिव्यक्ति बेहद प्रभावशाली हो सकती है; लेकिन यदि विषय के प्रति लेखक का दृष्टिकोण गलत हो तो अच्छे-से-अच्छा सुझाव भी अप्रभावशाली प्रतीत हो सकता है।

सार्वजनिक रूप से बोलने की कला से संबंधित प्रशिक्षण की विषय-वस्तु का बाहरी स्वरूप महत्त्वपूर्ण नहीं होता। मुख्य रूप से इसका संबंध किसी विशेष शैली को हू-ब-हू सीखना भी नहीं है। इसका संबंध स्थापित मानकों का अनुपालन करना भी नहीं है। किसी व्यक्ति के लिए सर्वजन के सामने बोलने की कला का मतलब उसकी अपनी शैली के मुताबिक सामान्य अभिव्यक्ति एवं सार्वजनिक प्रचालन है। इसलिए आवश्यक है कि व्यक्ति को सर्वप्रथम इस कला से जुड़े योग्य एवं महत्त्वपूर्ण पहलुओं को बारीकी से समझना चाहिए। यदि सीखनेवाले के व्यक्तित्व में कुछ विशेष गुण न छिपे हों तो ऐसी कोई युक्ति नहीं है, जिसके जरिए सार्वजनिक रूप से बोलनेवाले व्यक्ति को एक मशीन से ज्यादा कुछ और बनाया जा सके, या कहिए कि एक अत्यधिक निपुण मशीन। लिहाजा हमारी प्रशिक्षण प्रणाली का मुख्य आधार स्व-विकास है।

प्रणाली का दूसरा सिद्धांत पहले सिद्धांत के बेहद करीब है। व्यक्ति के लिए अपने विचारों, भावनाओं और शारीरिक शक्तियों पर काबू रखना बेहद जरूरी है, ताकि बाहरी व्यक्तित्व के माध्यम से आंतरिक व्यक्तित्व को अबाधित अभिव्यक्ति का बोध कराया जा सके। भाषा, स्वर-शैली और संकेतों जैसे उपयोगी गुणों को तब तक सीखना व्यर्थ है, जब तक इस प्रणाली के दो मुख्य सिद्धांत सामान्य—अभिव्यक्ति, स्वतंत्र विचार एवं स्व-विकास को जीवन में न उतारा जाए।

बोलने से पहले अनुमान लगाना इस प्रक्रिया का तीसरा सिद्धांत है। ध्यान देना

चाहिए कि भाषा–शैली से किसी विवाद को पनपने का मौका तो नहीं मिल रहा है। उत्तम भाषा–शैली को पहचानने की योग्यता न रखनेवाले व्यक्ति के लिए इस कला को सीखना बेहद मुश्किल साबित हो सकता है। व्याख्यान में यह अंतहीन चक्र के समान प्रतीत हो सकता है, लेकिन वास्तव में यह अनुभव का विषय है।

अनेक शिक्षकों ने प्रशिक्षण की शुरुआत के लिए कैसे को महत्त्वपूर्ण माना है, लेकिन यह एक निरर्थक प्रयास है। यह एक प्राचीन धारणा है कि किसी कार्य को करके ही उसे सीखा जा सकता है। प्रशिक्षण के शुरुआती दौर में सार्वजनिक रूप से बोलने की कला सीखनेवाले व्यक्तियों के लिए सबसे जरूरी है बोलना। इस दौर में स्वर–शैली और संकेतों जैसे अन्य विषयों का अध्ययन खास उपयोगी साबित नहीं होता। बोलने के बाद स्व–अवलोकन और दर्शकों की आलोचनाओं के आधार पर बोलने की कला को तराशा जा सकता है।

बड़ा सवाल है कि क्या खुद की कमी का आकलन किया जा सकता है? इसके लिए तीन तथ्यों की जानकारी जरूरी है। आम राय के मुताबिक, प्रभावी वक्ता की क्या विशेषताएँ होती हैं? इन विशेषताओं को अर्जित करने का माध्यम क्या है? और सीखनेवाले की शैली में वह कौन सी कमी है, जो इन विशेष गुणों को अर्जित करने के रास्ते में अड़चन का काम कर रही है?

इसका अर्थ है कि अनुभव को उच्चतम शिक्षक नहीं माना जा सकता; लेकिन पहला और आखिरी अवश्य ही माना जा सकता है। यह भी आवश्यक है कि अनुभव का दोहरा इस्तेमाल किया जाए, यानी खुद के अनुभव को न्यायसंगत एवं संशोधित करने के लिए अन्य लोगों के अनुभव की कसौटी पर भी खरा उतारना आवश्यक होता है। खुद को आत्म–ज्ञान के लिए प्रशिक्षित करनेवाला व्यक्ति उच्चतम आलोचक बनने की योग्यता रखता है—ऐसा ज्ञान जो अन्य मस्तिष्क सोचता हो और खुद के आकलन का ऐसा सामर्थ्य, जो योग्य मानकों पर खरा उतरता हो। कैंट ने कहा है, 'यदि मैं चाहूँ तो मैं कर भी सकता हूँ।'

इस अंक की विषय–सूची से इन लेखों की निरंतर घोषणा, व्याख्यान और मिसाल मिलती रहेगी। छात्रों को उनकी जानकारी के आधार पर बोलने के लिए निरंतर प्रेरित किया जाएगा। तत्पश्चात्, आत्मसंयम के सामान्य सुझावों के साथ आंतरिक व्यक्तित्व के द्वारा बाहरी व्यक्तित्व को प्रभावित करने की विधि पर जोर दिया जाएगा। अंत में, छात्र को खुद अर्जित किए सिद्धांत, अवलोकन, दूसरों से अर्जित किए अनुभव और अपनी निजी भाषा–शैली के आधार पर बोलने और केवल बोलने के लिए प्रेरित किया जाता रहेगा।

—जे. बरग एसनवीन

अनुक्रम

1

दर्शकों के समक्ष भरोसा हासिल करना

दर्शकों के सम्मुख अकसर एक असाधारण उत्तेजना का अनुभव होता है। दर्शकों की उत्सुकता से भरी आँखें इस उत्तेजना को जन्म देती हैं। दर्शकों की आँखों से आँखें मिलाने पर यह उत्तेजना और प्रखर हो जाती है। अधिकतर वक्ता इस अनजाने लेकिन वास्तविक माहौल में फैली, महसूस की जानेवाली, क्षणिक एवं बयान न की जा सकनेवाली सिहरन से उत्तेजित होते रहे हैं। अधिकतर लेखक यह भी मानते हैं कि वक्ता की आँखें दर्शकों को आकर्षित करने का भी काम करती हैं। यह एक ऐसा प्रभाव है, जो मौजूदा चर्चा में शामिल चित्रण के विपरीत है। वक्ता पर दर्शकों की गड़ी आँखों का प्रभाव केवल शुरुआती दौर में पड़ता है—जैसे ही वाक्पटुता का सौंदर्य प्रकाशित होता है, दर्शकों की आँखों में छुपा भय छँटने लगता है।

विलियम पिटेंजर, तात्कालिक भाषण–

सार्वजनिक तौर पर बोलने का प्रशिक्षण ले रहे छात्र अकसर पूछते हैं कि 'दर्शकों के समक्ष व्याकुलता और भय की भावना पर कैसे काबू पाया जाए?'

रेलगाड़ी में सफर करते समय क्या आपने कभी पास के मैदानों में घास चर रहे उन घोड़ों की तरफ ध्यान दिया है, जो रेलगाड़ी की घड़घड़ाहट के बावजूद एक बार भी सिर उठाकर नहीं देखते, जबकि थोड़ी दूरी पर स्थित स्टेशन के पास से जब रेलगाड़ी गुजरती है तो किसान की पत्नी डरे हुए घोड़े को सँभालने में जुटी नजर आती है?

गाड़ियों की आवाज से डरनेवाले घोड़े का भय दूर करने का क्या उपाय है? क्या उसे ऐसे दूर-दराज इलाके में चराया जाए, जहाँ मोटरगाड़ियाँ न आती हों या

उसको ऐसी जगहों पर अकसर ले जाना चाहिए, जहाँ आम तौर पर मशीनों की घड़घड़ाहट सुनने को मिलती हो?

इस उदाहरण के जरिए अपने भीतर छुपे व्याकुलता और भय को दूर करो। दर्शकों का बार-बार सामना करने से हिचकिचाहट दूर हो जाती है। किसी लेख को पढ़कर मंच के भय से मुक्त होना संभव नहीं है। पुस्तक के जरिए पानी में बरताव करने के उत्तम सुझाव तो मिल सकते हैं, लेकिन तैराकी सीखने के लिए पानी में छलाँग लगानी ही पड़ती है। हालाँकि आजकल कई ऐसी तैराकी की पोशाकें मौजूद हैं, जिनको पहनकर समुद्र के किनारे भी गीला हुए बिना मौज-मस्ती की जा सकती है; लेकिन इन पोशाकों को पहनकर तैरना नहीं सीखा जा सकता। तैराकी सीखने के लिए पानी में कूदना ही एकमात्र रास्ता होता है।

भाषण से पहले अभ्यास, अभ्यास और केवल अभ्यास के जरिए ही दर्शकों के समक्ष पैदा होनेवाले भय से मुक्त हुआ जा सकता है। जैसे तैराकी में विश्वास जमाने के लिए अभ्यास अति महत्त्वपूर्ण है, उसी प्रकार बोलने के जरिए ही बोलने का पाठ सीखा जाता है।

यदि शुरुआती दौर में मंच से भय लगता है तो इससे निराश नहीं होना चाहिए। निपुण-से-निपुण वक्ता कुछ अनजाने कारणों की वजह से आज तक मंच के भय से नहीं उबर पाए हैं।

विषय में पूर्णतया तल्लीन हो जाओ

घोड़े के खुरों में नाल ठोंकते वक्त कई बार लोहार घोड़े के नथनों में कसी नकेल को कस देते हैं। इस तरह घोड़े का ध्यान नाल ठोंकने की प्रक्रिया से हट जाता है। गिलास में मौजूद हवा निकालने के लिए उसमें पानी भरना पड़ता है। भाषण देते वक्त लोहार के घरेलू नुस्खों का पालन करना चाहिए। यदि आप भाषण से संबंधित विषय को गहराई से समझते हैं तो अतिरिक्त सोचने का रास्ता खुद-ब-खुद खुल जाता है। एकाग्रता भटकाव से मुक्ति पाने का एक सरल उपाय है। मंच पर पहुँचने के बाद अपने कोट में मौजूद छेद के बारे में सोचना व्यर्थ है। मंच पर केवल अपने भाषण पर ध्यान एकाग्र करना चाहिए। दिमाग में केवल भाषण से संबंधित सामग्री का विचार होना चाहिए। जैसे पानी भरकर गिलास से हवा को बाहर निकाला जा सकता है, उसी प्रकार विचारों के माध्यम से उत्तेजना और भय से भी छुटकारा पाया जा सकता है। व्याकुलता अनावश्यक व्याकुलता को जन्म देती है। यह केवल विशुद्ध अभिमान के समान होगा, यदि सामने मौजूद एक दूसरे बड़े

महत्त्व को समझते हुए भी आप अपने दिमाग को स्वयं के विचारों से भर लें। सच्चाई कठोरतापूर्वक इस महत्त्व का बोध कराती है और हिचकिचाहट व्याकुलता को निष्क्रियता में बदलने का काम करती है। यदि रंगमंच में आग लग जाए तो आप तेजी से मंच के ऊपर पहुँचकर दर्शकों को बाहर निकलने की राह दिखा सकते हैं। दरअसल ऐसे मौकों पर कार्य का महत्त्व जहन में मौजूद भयभीत विचारों को बाहर निकाल फेंकता है।

मंच पर बुरे प्रदर्शन के भय से ज्यादा हानिकारक होती है, बेहद अच्छे प्रस्तुतीकरण की कल्पना। स्वयं को महान् दिखाने की चेष्टा महानता की पहचान नहीं होती। व्यक्ति को अपना सही आचरण दरशाने के लिए 'न तो ज्यादा निपुण दिखने का प्रयत्न करना चाहिए और न ही ज्यादा बड़ा जानकार दिखने की कोशिश करनी चाहिए।' जानकारी के लिए बता दें कि अहंकार सबसे ज्यादा प्रदर्शित होनेवाला व्यवहार होता है।

बोलने के लिए कुछ होना चाहिए

वक्ताओं के साथ सबसे बड़ी परेशानी यह है कि वह दर्शकों के समक्ष खाली दिमाग के साथ पहुँच जाते हैं। इसमें कोई आश्चर्य नहीं कि प्रकृति खालीपन से घृणा करती है, लिहाजा खालीपन को आस-पास मौजूद सामग्री से भर देती है। दिमाग में अकसर ऐसे विचार आते हैं कि 'क्या मैं सही कर रहा हूँ? मेरे बाल कैसे दिख रहे हैं? ऐसे वक्ताओं के भविष्यसूचक विचार अकसर सही सिद्ध हो जाते हैं और जाने-अनजाने गलतियाँ हो जाती हैं। अर्थात् भाषण से पहले नकारात्मक विचारों से बचना चाहिए।

विषय की संपूर्ण जानकारी होना पर्याप्त तैयारी नहीं मानी जा सकती। आत्मविश्वास हासिल करने के लिए विषय विशेष पर पकड़ मजबूत होनी चाहिए। बिना तैयारी या विषय के बारे में कम जानकारी के साथ दर्शकों के सम्मुख पहुँचने पर वक्ता व्याकुल प्रतीत होता है। दर्शकों का समय खराब करने के लिए शर्म का भी आभास होता है। इसलिए बेहतर है कि उचित तैयारी के साथ मंच पर पहुँचा जाए। भाषण से पहले विचार और विचार प्रस्तुत करने का अंदाज निश्चित कर लेना चाहिए। शुरुआती वाक्यों की तैयारी बेहद अच्छी होनी चाहिए। ऐसा करने से भाषण के शुरुआत में सही और सटीक शब्द खोजने में वक्त खराब नहीं होता। इसके अलावा, भाषण के विषय पर मजबूत पकड़ से भय हावी नहीं होता।

बेहतर तैयारी के साथ कामयाबी की उम्मीद रखें

अपने व्यवहार में संकोच के साथ विश्वास भी जाहिर करें। अति विश्वास हानिकारक होता है, लेकिन नाकामी के पूर्वाभास को झेलना और ज्यादा हानिकारक होता है। निर्भीक व्यवहार दर्शकों का ध्यान खींचने में सहायक साबित होता है; जबकि एक खरगोश-दिल डरपोक वक्ता मुसीबत को न्योता देता है।

दर्शकों की उपस्थिति में नम्रता को व्यक्तिगत छूट के तौर पर प्रस्तुत नहीं करना चाहिए। इस पुरानी सोच के मुकाबले आधुनिक सोच ने अपना स्थान बना लिया है। वक्ता के व्यवहार में नम्रता होना गलत नहीं है, लेकिन व्यवहार में दरशाई गई नम्रता में दब्बूपन का अहसास नहीं होना चाहिए।

चार्ल्स डिकंस की शान में आयोजित किए गए एक रात्रिभोज में वॉशिंगटन इरविन ने डिक्सन का परिचय करवाया। भाषण के मध्य में इरविन हिचकिचाहट की वजह से शर्मिंदा हो गए और अटपटे ढंग से बैठ गए। अपने एक मित्र की तरफ घूमते हुए उन्होंने कहा, 'मैंने तुमसे कहा था, मुझे नाकामी मिलेगी और मैं नाकाम रहा।'

यदि आप सोचते हैं कि आप नाकाम रहेंगे तो आपके लिए आशा की कोई जगह नहीं है। आप नाकाम ही होंगे।

इस धारणा से छुटकारा पाइए कि मैं एक लाचार, मिट्टी में सना कीड़ा हूँ। आप ईश्वर के समान हैं, जिसमें कई विशेषताएँ हैं। 'यदि आप पहले से तैयार हैं तो सब ठीक ही होगा।' बाज तेज रोशनी फेंकते सूर्य की आँखों में आँखें डालकर देखने की क्षमता रखता है। वक्ता में भी ऐसी कई विशेषताएँ होती हैं, आवश्यकता होती है तो बस उन्हें पहचानने की।

दर्शकों पर प्रभुत्व की कल्पना करें

विद्युत् की तरह सार्वजनिक भाषण में सकारात्मक और नकारात्मक ऊर्जा नहीं होती। स्वयं आप या आपके दर्शक सकारात्मक ऊर्जा का जरिया बनते हैं। यदि आप इस सकारात्मक ऊर्जा को महसूस करते हैं तो इसे अपनाने की कल्पना भी कर सकते हैं। यदि आपका रुझान नकारात्मक ऊर्जा की ओर है तो परिणाम भी नकारात्मक होंगे। स्वयं को दिशा दिखानेवाली सभी शक्तियों का आह्वान करें। सदा याद रखें कि आपके दर्शक आपसे ज्यादा महत्त्वपूर्ण हैं; लेकिन आप दोनों से ज्यादा महत्त्वपूर्ण है सत्य, क्योंकि सत्य अविनाशी होता है। यदि आपका हौसला मजबूत नहीं है तो जाहिर है कि हाथ से तलवार गिर जाएगी। निर्भीक बनें। यह आपके इरादे

पर आधारित है कि आप खुद को किस दिशा में ढालते हैं। अर्थात् स्वयं को शांत एवं निश्‍चयी बनाएँ।

दर्शकों के समक्ष भाषण से पहले क्षण भर रुकें। दर्शकों को गौर से देखें। अहसास करें कि दर्शक आपकी जीत की कामना करते हैं, क्योंकि ऐसा कोई व्यक्ति नहीं है, जो अपना कीमती समय एक नीरस वक्ता के लिए खर्च करने की इच्छा रखता हो।

संकेतों से निष्कर्ष निकालना

भाषण शुरू करने में जल्दबाजी न दिखाएँ। जल्दबाजी से नियंत्रण कमजोर हो जाता है। क्षमा-याचना न करें। यह जरूरी नहीं है—और अगर है भी तो इससे काम नहीं बनेगा। सरलतापूर्वक आगे बढ़ते रहें।

एक लंबी साँस भरें, मन को शांत करें और आम बातचीत के लहजे में फिर से ऐसे शुरुआत करें जैसे किसी घनिष्ठ मित्र से बात कर रहे हों। यह व्यवहार कल्पना के मुताबिक खराब महसूस नहीं होगा। वास्तव में यह व्यवहार एक सुखद डुबकी लगाने के समान है। डुबकी लगाने के बाद आप महसूस करेंगे कि पानी शीतल है। सच तो यह है कि इस व्यवहार को कई बार अपनाने के बाद ऐसे मौकों पर आप स्वयं उस आनंदित शीतल डुबकी की कल्पना करने के आदी हो जाएँगे।

भय से छुटकारा पाइए। बेकाबू भय बुजदिली का कारण बन जाता है। बहादुर लोग भय को पहचानते जरूर हैं, लेकिन उसे प्रदर्शित नहीं करते। घुटनों में होनेवाली थरथराहट पर काबू रखें और मजबूती से दर्शकों का सामना करें। दर्शकों के बीच किसी कोने में आपकी जीत छुपी होता है। उस जीत को हासिल करें। हिम्मत दिखानेवाले व्यक्ति को ही कामयाबी मिलती है। शब्दों की माला बुनकर हौसले का प्रदर्शन कीजिए। याद रखें, काबिलियत के बावजूद हिम्मत न रखनेवाले काहिल व्यक्ति को न तो पुरस्कृत किया जाता है और न ही उनकी यादगार में स्मारक स्थापित किए जाते हैं।

क्या यह एक संकीर्ण सोच है?

इनसान को सहानुभूति की नहीं, मामूली से प्रोत्साहन की जरूरत होती है। इसमें कोई दो राय नहीं कि अकेली या फिर संयुक्त रूप से मनोदशा, तंत्रिकाएँ, रोग और प्रशंसनीय नम्रता वक्ता के भाषण में गुस्ताखी का भाव पैदा कर सकती हैं; लेकिन इसमें भी कोई शक नहीं कि जरूरत से ज्यादा सम्मान की भावना इस कमजोरी को ज्यादा प्रखर बना देती है। निर्भीक मनोदशा में जीत हासिल करना

सरल होता है। प्रोफेसर वॉल्टर डिल स्कॉट ने कहा है, 'क्षमता के मुकाबले कारोबार में कामयाबी और नाकामी की ज्यादा बड़ी वजह मानसिक दृष्टिकोण होता है।' और इस दृष्टिकोण को हासिल करने का एकमात्र रास्ता है कि इसको हासिल किया जाए।

इस बुनियादी अध्याय में हमने जानने की कोशिश की है कि अच्छा वक्ता बनने के लिए किन जरूरी पहलुओं पर ध्यान देना चाहिए। इनमें से अधिकतर सिद्धांतों पर आगे विस्तार से चर्चा की जाएगी। माननीय ग्लैडस्टोन के मुताबिक, चर्चा के योग्य सभी अध्याय किसी सार्वजनिक प्रेस से ज्यादा कारगर सिद्ध होंगे और न्यायसंगत आत्मविश्वास से संबंधित चर्चा का जिक्र बार-बार किया जाएगा।

□

2

एक जैसे ढंग की नीरसता

एक दिन उदासी का जन्म एकरूपता की वजह से हुआ

—मॉट्टे

हिंदी भाषा में साल-दर-साल बदलाव होता रहा है और अब कई शब्दों का अर्थ वास्तविक अर्थ से कहीं ज्यादा हो गया है। 'एकरूपता' शब्द के साथ भी कुछ ऐसा ही हुआ है। 'केवल एक जैसा भाव' होने की जगह अब इस शब्द का इस्तेमाल 'भिन्नता की कमी' के तौर पर भी किया जाने लगा है।

एक ही ढंग से बोलनेवाले वक्ताओं का स्वर एवं लहजा ही नहीं, बल्कि शब्दों पर जोर देने का तरीका, गति और विचार भी समान रूप से नीरस होते हैं।

भीड़ के समक्ष बोलनेवाले वक्ताओं के लिए एकरूपता प्रमुख एवं आम दोष है। यह केवल अपराध नहीं है, बल्कि एक मामूली सी चूक की वजह से होनेवाला गुनाह है।

भाषण-शैली में एकरूपता का अहसास होना आपके लिए मामूली बात हो सकती है। अर्थात् इसके कुप्रभाव को जानने के लिए इसकी प्रवृत्ति और जीवन के भिन्न पहलुओं पर एकरूपता से पैदा होनेवाली विपदा का आकलन करते हैं। इस आकलन के बाद ही यह पता लगाया जा सकता है कि कैसे एकरूपता अच्छे भाषण को नीरस बनाने का काम करती है।

आपके बगलवाले मकान में यदि केवल तीन गानों को बार-बार जोर से बजाया जाए तो यकीनन आप मान लेंगे कि आपके पड़ोसी के पास केवल तीन गानों का ही संग्रह है। इसी प्रकार, यदि वक्ता एक जैसी ऊर्जा के साथ भाषण देता

रहे तो मान लिया जाता है कि वक्ता की स्वरों के उतार-चढ़ाव की क्षमता विकसित ही नहीं हुई है। दरअसल एकरूपता हमारी सीमाओं को दरशाती है।

एकरूपता दर्शकों पर प्राणनाशक प्रभाव डालने का काम करती है। यह चेहरे की रौनक छीन लेती है, आँखों की चमक क्षीण कर देती है। अत्यंत एकरूपता काल कोठरी की सजा के समान है। एक मेज पर एक कंचा रखें और लगातार अठारह घंटों तक उस कंचे को एक जगह से दूसरी जगह पर धकेलते रहें। मैं दावे के साथ कह सकता हूँ कि आपकी हालत पागलों जैसी हो जाएगी।

एकरूपता एक कष्टकारी सजा के समान होती है, एक ऐसी सजा, जो जीवन भर के लिए बोलने की क्षमता को क्षीण कर देती है। लिहाजा, ऐसी प्राणनाशक व नीरस स्थिति से बचने के प्रयास करने चाहिए। एक आदर्श रईस के पास दर्जनों मकान, दुनिया भर के व्यंजनों के सभी प्रकार और अफ्रीका से अलास्का तक घूमने के साधन हो सकते हैं; लेकिन गरीबी से घिरा व्यक्ति सफर के लिए किराए की गाड़ी का इस्तेमाल करता है। ऐसे व्यक्ति के पास निजी नौका, कार और विशेष रेलगाड़ी में सफर करने की सुविधा नहीं होती। ऐसे व्यक्ति का जीवन मेहनत करने में गुजर जाता है। ऐसा व्यक्ति मंडी से खरीदी गईं फल-सब्जियों से संतुष्ट रहता है। भाषा और जिंदगी में एकरूपता निर्धनता के समान होती है। जिस प्रकार एक व्यापारी अपने कारोबार को बढ़ाने के लिए मेहनत करता है, उसी प्रकार भाषा में विविधता लाने के लिए भी मेहनत करनी चाहिए।

चिड़ियाँ के गीत, पहाड़ी दर्रों और स्वयं पहाड़ों में एकरूपता नहीं होती। एकरूपता भूरे पत्थरों की लंबी कतार और पहाड़ों के बीच से दूर तक जाती सड़कों में होती है। प्रकृति ने संपदा के तौर पर कई विविधताएँ प्रदान की हैं। इसलिए इनसान केवल अपनी सीमाओं के दायरे में ही एकरूप होता है। भाषण के दौरान प्रकृति से जुड़े तथ्यों तक पहुँचने से भाषा में विविधता स्वयं आ जाती है।

प्रसन्नता बाँटने की विशेषता में ही विविधता प्रदान करने की शक्ति निहित है। दुनिया के कई बड़े सत्यों को कहानियों के रूप में दरशाया गया है। उदाहरण के तौर पर, 'लैस मिजर्बेल'। यदि आप शिक्षा प्रदान करना चाहते हैं या किसी को प्रभावित करना चाहते हैं तो उस व्यक्ति में रुचि का भाव पैदा करना जरूरी होता है। प्यानो पर एक ही सुर को बार-बार बजाने से से अरुचि, कर्कश स्वर और एकरूपता का अहसास होता है। शब्दकोश के मुताबिक, 'एकरूपता' का अर्थ है—'उबाऊ और थकाऊ'। हालाँकि यह अर्थ काफी नम्रतापूर्वक लिखा महसूस होता है; लेकिन असल में एकरूपता का अर्थ है—पागल करनेवाली उबाऊ स्थिति।

एकरूपता पर विजय पाने के उपाय

जैसे अपने वस्त्रों की नीरसता से उबरने के लिए वस्त्रों के संग्रह को नया-ताजा करना आवश्यक होता है, वैसे ही भाषा में एकरूपता खत्म करने के लिए शैली में विविधता लाना आवश्यक है। जानकारी बढ़ाकर भी भाषा-शैली बेहतर की जा सकती है।

इमारत के विभिन्न हिस्सों को तैयार करने के लिए बढ़ई के पास अलग-अलग औजार होते हैं। सुरीली धुन बजाने के लिए संगीतकार वाद्ययंत्र को विभिन्न तरीकों से बजाता है। इसी प्रकार वक्ता के पास भी साधनों की कमी नहीं होती। वाद-विवाद के ढाँचे को कई तरीकों से तैयार किया जा सकता है, भावनात्मक व्यवहार और दर्शकों की मान्यताओं का मार्गदर्शन किया जाता है। इन साधनों का खाका तैयार करने और इनके इस्तेमाल का तरीका समझाना ही अगले अध्याय का मुख्य उद्देश्य है।

कई वक्ता आज भी बैलगाड़ीवाले घिसे-पिटे तरीकों का इस्तेमाल करते हैं और आज के आधुनिक मशीनी तरीकों को नजरअंदाज करते हैं। वे वक्ता भाषा में कुशलता लानेवाली विधि को निरंतर अनदेखा करते हैं। इस प्रणाली को समझाने, इसे लागू करने और इसकी समीक्षा करने में यदि हम आपकी मदद करें तो क्या आपकी भाषा-शैली में सुधार होगा? लेकिन यदि आप इस प्रणाली को अनदेखा करते हैं तो क्या आपकी भाषा नकारात्मक तौर पर प्रभावित होगी? हम खुद इस प्रणाली के जरिए भाषा में सुधार के महत्त्व को समझाने में पूर्ण रूप से सक्षम नहीं हैं। लेकिन इतना जरूर है कि यह प्रणाली एक वक्ता को भाषा की निपुणता तक पहुँचाने के लिए बुनियाद का काम करती है। नेपोलियन बोनापार्ट ने कहा था कि 'अपने सिद्धांतों को ठीक रखिए, बाकी सब विस्तृत वर्णन है।'

जैसे किसी मरे हुए घोड़े के खुरों में नाल ठोंकने का कोई फायदा नहीं होता, उसी प्रकार एक नीरस वक्ता के लिए भाषा सुधारने के पुराने सिद्धांत किसी काम के नहीं होते। इस उदाहरण से यह पता लगता है कि कुछ फीके सिद्धांतों को अपनाकर भाषा पर पकड़ नहीं बनाई जा सकती। सार्वजनिक तौर पर बोलने की कला में निपुण होने के लिए सत्य, जोर, भावना और जीवन से जुड़े अहम सिद्धांतों को अपनाना जरूरी होता है। बाकी सभी नियमों को नजरअंदाज किया जा सकता है, लेकिन इस सिद्धांत को याद रखना बेहद जरूरी है।

अगले कुछ अध्यायों के गहन अध्ययन के बाद भाषा-शैली से एकरूपता का प्रभाव पूर्ण रूप से खत्म हो जाएगा। इन सिद्धांतों के पूर्ण ज्ञान और इस्तेमाल की

कला में निपुणता के बाद भाषा-शैली में विविधता का स्वयं अहसास होने लगेगा। खास बात यह है कि इन सिद्धांतों को केवल पढ़कर नहीं सीखा जा सकता। इसके लिए निरंतर अभ्यास बेहद जरूरी होता है। यदि अभ्यास के दौरान कोई और आपको सुनने के लिए तैयार नहीं है तो आप अपने आपको स्वयं सुनें, साथ ही इस प्रक्रिया में खुद के सच्चे आलोचक की भूमिका भी निभाएँ।

आगामी अध्याय में भाषा-शैली की निपुणता के लिए निर्धारित किए गए तकनीकी सिद्धांत मनगढ़ंत नहीं हैं। इन सिद्धांतों को दुनिया भर के बेहतरीन वक्ताओं और कलाकारों के अनुभव के आधार पर स्थापित किया गया है।

विद्यार्थियों को स्वाभाविक रहने के लिए प्रतिबद्ध करना कारगर साबित नहीं होता। भाषण के दौरान स्वाभाविक रहना एकरूपता का कारण भी बन सकता है। उत्तरी ध्रुव में प्राकृतिक तौर पर पाया जानेवाला स्ट्रॉबेरी फल छोटे बीज एवं हलके तीखे स्वाद का होता है, लेकिन इस प्राकृतिक फल की तुलना उन्नत विधि से उगाए जानेवाले स्वादिष्ट स्ट्रॉबेरी फल से नहीं की जा सकती। पहाड़ों की पथरीली ढलान पर बिना मिट्टी-पानी के प्राकृतिक तौर पर बौने पौधे उगते हैं, लेकिन इन पौधों का दुर्भाग्य यह है कि इनकी तुलना नम और उपजाऊ इलाकों में पनपनेवाले हरे-भरे पेड़ों से की जाती है। बेशक प्राकृतिक स्वभाव को बरकरार रखें, लेकिन इस स्वभाव को आदर्श स्तर तक विकसित करने की कोशिश जरूर करें।

□

3

प्रभाव एवं वशीभूतता द्वारा कुशलता

प्रभाव के सिद्धांत का पालन विशिष्ट नियमों को याद कर नहीं किया जा सकता, इसके प्रभावशाली पालन के लिए इन नियमों की विशेषताओं को महसूस करना जरूरी होता है।

—सी.एस. बाल्डविन, *लेखन एवं भाषण*

जिस बंदूक की मारक क्षमता में ज्यादा फैलाव होता है, उससे चिड़ियों का शिकार नहीं होता। यही सिद्धांत भाषा पर भी लागू होता है। जो वक्ता बेतरतीब तरीके से वाक्यों का इस्तेमाल करता है, उसे अपेक्षित परिणाम नहीं मिलते। वाक्य का प्रत्येक शब्द महत्त्वपूर्ण नहीं होता, लिहाजा ध्यान रखें कि केवल अहम शब्दों पर ही जोर डालने की कला का इस्तेमाल करें।

यदि आप 'मर्यादा पुरुषोत्तम राम' या 'पावन नगरी वृंदावन' जैसे शब्दों का उच्चारण करें तो जरूरी नहीं है कि सभी अक्षरों पर बराबर जोर दें। इनमें से कुछ ही अक्षरों को विशेष महत्त्व दिया जाएगा, बाकी अक्षरों का उच्चारण सामान्य तौर पर होगा। क्यों न इस सिद्धांत का उपयोग पूरा वाक्य बोलने में भी किया जाए? काफी हद तक सामान्य भाषा में हम इस सिद्धांत का उपयोग करते हैं; लेकिन क्या सार्वजनिक भाषण में इस सिद्धांत का इस्तेमाल किया जाता है? दरअसल, इसी प्रतिभा की कमी की वजह से भाषण में एकरूपता का दंश प्रकट होता है।

जहाँ तक शब्द विशेष पर जोर देने का संबंध है, आप एक सामान्य वाक्य को एक बड़े शब्द के रूप में देखें तो समस्या का हल निकल आएगा। निम्नलिखित पर ध्यान दें—

'भाग्य संयोग से नहीं मिलता, इसे चुना जाता है।'

आप मुकद्दर का सिकंदर बोलते समय हर अक्षर पर बराबर जोर डाल सकते हैं।

इसे ऊँचे स्वर में बोलिए और महसूस कीजिए। निस्संदेह आप 'भाग्य' शब्द पर विशेष जोर डालेंगे, क्योंकि इस वाक्य में 'भाग्य' मुख्य घोषणा है। 'नहीं' शब्द पर भी समान बल दिया जाएगा। जाहिर है, 'नहीं' शब्द को विशेष महत्त्व नहीं दिया तो दर्शक समझेंगे कि भाग्य संयोग से ही मिलता है। इसी के साथ 'संयोग' शब्द पर भी जोर डालने की आवश्यकता है, क्योंकि इस वाक्य में 'संयोग' शब्द का भी समान महत्त्व है।

'संयोग' शब्द को महत्त्व देने का एक और कारण यह भी है कि अगले वाक्य में संयोग की तुलना चुनाव से की गई है। साफ तौर पर लेखक ने इन दोनों शब्दों की तुलना दोनों शब्दों पर विशेष बल डालने के ध्येय से की है, अर्थात् वाक्य में तुलनात्मक शब्दों पर बराबर जोर दिया जाना चाहिए।

एक वक्ता को स्वर के तालमेल के जरिए तुलनात्मक शब्दों पर समान बल देना चाहिए। यदि आप कहें, 'मेरे घोड़े का रंग काला नहीं है', तो आपके जेहन में सबसे पहला रंग कौन सा आएगा? स्वाभाविक रूप से सफेद, क्योंकि काले रंग का विपरीत रंग सफेद होता है। यदि आप इस विचार को प्रकट करना चाहते हैं कि भाग्य को चुना जाता है तो इसको ज्यादा प्रभावशाली ढंग से कहने के लिए पहले कहें कि 'भाग्य संयोग से नहीं मिलता।' इसके बाद कहें कि 'इसे चुना जाता है।' यदि हम कहते हैं कि 'मेरे घोड़े का रंग काला नहीं है', तो स्वाभाविक रूप से घोड़े से ज्यादा महत्त्व रंग का हो जाता है। यदि आप कहें कि 'मेरा घोड़ा सफेद है', तो सामान्य तौर पर जवाब मात्र हामी होगा।

उपर्युक्त बयान के दूसरे वाक्य में केवल एक शब्द महत्त्वपूर्ण है—चुनाव। लेखक वक्ता वाक्य में 'चुनाव' शब्द को विशेष महत्त्व प्रदान करना चाहता है, क्योंकि इस शब्द की तुलना पहले वाक्य के संयोग शब्द से की गई है। इस सिद्धांत के मुताबिक, इन वाक्यों को इस प्रकार पढ़ना चाहिए—

'भाग्य संयोग से नहीं मिलता, इसे चुना जाता है।' अब इन वाक्यों को बार-बार पढ़े और गाढ़े किए गए शब्दों पर विशेष बल दें।

लगभग सभी वाक्यों में कुछ शब्द ऐसे होते हैं, जो महत्त्वपूर्ण विचार को प्रकट करते हैं, अर्थात् ऐसे शब्दों को विशेष महत्त्व देने की आवश्यकता होती है। अखबार पढ़ते वक्त हेडलाइंस पर सरसरी नजर डालकर मुख्य समाचारों का अंदाजा

लगा लिया जाता है। अखबार के संपादक को धन्यवाद देना चाहिए, क्योंकि अखबार में हांगकांग में हुई लूट को इतना महत्त्व नहीं दिया जाता, जितना आपके अपने शहर में 5 मछुआरों की मौत की खबर को दिया जाता है। खबर के विस्तार के द्वारा संपादक अलग-अलग खबरों के महत्त्व को दरशाने की चेष्टा करता है। चौंकानेवाली खबरों की ओर पाठकों का ध्यान आकर्षित करने के लिए शीर्षक को कभी-कभी लाल रंग में लिखा जाता है।

इसी प्रकार, यदि वक्ता अपने भाषण के जरिए दर्शकों का ध्यान आकर्षित करने में कामयाब होता है तो इसे वरदान से कम नहीं माना जा सकता। एक सामान्य वक्ता उक्त पंक्तियाँ बोलते वक्त स्वाभाविक तौर पर 'भाग्य', 'संयोग', 'नहीं' और 'चुनाव' पर विशेष बल देगा।

एक बार 'द न्यूयॉर्क सन' के संपादक चार्ल्स डाना ने अपने एक संवाददाता से कहा कि सड़क पर जाते समय जब वह किसी कुत्ते को आदमी को काटते देखे तो उस ओर ध्यान न दे। हमारा अखबार ऐसी बेमतलब की खबर के लिए न तो पाठकों का ध्यान खींचना चाहता है और न ही अपना कीमती समय नष्ट करना चाहता है। एक चुप्पी के बाद माननीय डाना ने 'लेकिन' शब्द का इस्तेमाल करते हुए कहा, 'यदि तुम किसी व्यक्ति को कुत्ते को काटते देखो तो फटाफट दफ्तर लौट आना और लेख को छपने के लिए दे देना।' निस्संदेह यह एक बड़ी अनोखी खबर होगी।

यदि वक्ता बोलते समय 'भाग्य संयोग से नहीं मिलता' वाक्य के सभी शब्दों पर समान बल देता है तो यह कुत्ते ने आदमी को काटा जैसी आम खबर के समान नीरस होगा। लेकिन यदि वक्ता सही शब्द पर बल डालता है तो वाक्य की खूबसूरती बढ़ जाती है। एक आदर्श वक्ता बोले जानेवाले वाक्य के अहम शब्द को पर्वत शिखर के तौर पर पेश करता है। एक आदर्श वक्ता के भाषण में महत्त्वहीन शब्द नदी की सतह की तरह जलमग्न रहते हैं। वक्ता के महान् विचार शाहबलूत के ऊँचे वृक्षों के समान होते हैं और कम महत्त्ववाले विचार मैदानी घास के समान।

इन महत्त्वपूर्ण सिद्धांतों के आधार पर निष्कर्ष निकाला जा सकता है कि वाक्यों में तुलनात्मक शब्दों पर विशेष बल देना चाहिए।

निम्नलिखित संपादकीय पर ध्यान दीजिए। जानकारी के लिए बता दें कि यह लेख हू-बहू प्रकाशित किया गया था।

हम नहीं जानते कि संदेश मिलने के वक्त राष्ट्रपति ने क्या सोचा और एक चूहे को देखकर हाथी क्या सोचता है; लेकिन हम जानते हैं कि राष्ट्रपति ने क्या सोचा होगा।

उक्त वाक्य में 'सोचा' शब्द पाठकों का ध्यान आकर्षित करता है, क्योंकि इसको गाढ़ी स्याही से लिखा गया है। इसके विपरीत, यदि बाकी शब्दों को 'सोचा' के मुकाबले दस गुना गाढ़ा कर दिया जाए तो भी 'सोचा' शब्द इतना ही आकर्षित करेगा, क्योंकि इस शैली में भी यह शब्द भिन्न रूप से प्रस्तुत किया जाएगा।

रॉबर्ट चैंबर्स के उपन्यास 'द बिजनेस ऑफ लाइफ' से प्रस्तुत किए गए निम्नलिखित उदाहरण भी महत्त्वपूर्ण हैं। इस उपन्यास में 'आप', 'चुका' और 'होता' को हलका टेढ़ा लिखकर भिन्न प्रदर्शित किया गया है। जाहिर है, लेखक अपने उपन्यास में इन शब्दों की ओर विशेष ध्यान आकर्षित करना चाहता है।

उसने उस लड़की की ओर विस्मय से लिप्त क्रोध से देखा।

'आप इसको कायरता नहीं तो और क्या कहेंगे। आप चुपके से आएँ और निस्सहाय लड़की से जबरदस्ती शादी कर लें!'

'क्या आप मुझसे यह उम्मीद रख चुके थे कि मैं आपकी सलाह पर जैकलीन के दिमाग में जहर घोलता और खुद को बरबाद कर लेता? यदि मैं ऐसा करता तो निश्चित तौर पर यह एक कायरतापूर्ण कार्य होता।'

कुछ विशेष शब्दों पर बल डालने के लिए और इन शब्दों को अलग दरशाने के लिए लेखक ने इन शब्दों को भिन्नता प्रदान की है। यदि आप जोर से बोलने के आदी हैं तो महत्त्वपूर्ण शब्दों पर बल देने के लिए उनका उच्चारण सहजता के साथ करें। इस प्रकार आप इन शब्दों पर दर्शकों का ध्यान आकर्षित करने में कामयाब सिद्ध होंगे। यदि आप तेजी से बोलने के आदी हैं तो महत्त्वपूर्ण शब्दों के उच्चारण की रफ्तार धीमी करें। यदि आप धीमे स्वर में बोलते हैं तो महत्त्वपूर्ण शब्दों के उच्चारण के दौरान स्वर को भारी कर दें। 'विभक्ति', 'अहसास', 'विराम', 'स्वर बदलने की कला', 'गति बदले की प्रतिभा' जैसे अध्यायों का अध्ययन करें। इन अध्यायों के गहन अध्ययन के जरिए विस्तृत रूप से यह जानकारी हासिल की जा सकती है कि सही जगह पर बल डालने के खास सिद्धांत कितने महत्त्वपूर्ण होते हैं।

हालाँकि इस अध्याय में हम बल डालने के केवल एक सिद्धांत पर चर्चा कर रहे हैं—यानी महत्त्वपूर्ण शब्द पर बल डालने और महत्त्वहीन शब्द को अनदेखा करने की कला। कभी न भूलें—भाषण को आकर्षित बनाने में यह सिद्धांत बेहद कारगर सिद्ध होता है।

ऊँची आवाज में बोलने की आदत और शब्दों पर बल देने की कला को एक समान मानने की गलती नहीं करनी चाहिए। चिल्लाना ईमानदारी, समझदारी और अहसास का सूचक नहीं है। शब्दों पर बल देने की जिस कला पर हम चर्चा कर रहे

हैं, उसका संबंध वास्तविक शारीरिक शक्ति से नहीं है। हालाँकि यह सही है कि शब्दों पर बल देने के लिए उच्चारण या तो ऊँचे या फिर धीमे स्वर में करना चाहिए; लेकिन जिस वास्तविक कुशलता की आकांक्षा की जा रही है, उसका संबंध ईमानदारी एवं प्रबलता से है। यह एक आंतरिक शक्ति है, जिसे दर्शकों के सम्मुख प्रस्तुत किया जाता है।

एक वक्ता ने कहा, 'इस देश के दुर्भाग्य का कारण शिक्षा की कमी नहीं, राजनीति है।' वक्ता ने 'दुर्भाग्य', 'कमी', 'शिक्षा' और 'राजनीति' शब्दों पर विशेष बल दिया। बाकी शब्दों का उच्चारण सामान्य तौर पर किया गया। 'राजनीति' शब्द के साथ एक विशेष अहसास को जोड़ा गया और इस शब्द के उच्चारण के वक्त क्रोध की मुद्रा में हाथ-पर-हाथ मारा गया। इस शब्द पर वक्ता का जोर देने का तरीका एकदम उचित एवं जबरदस्त था। इस पंक्ति के बाकी शब्दों की ओर लापरवाही और राजनीति पर विशेष रवैए से बल देकर वक्ता ने आसानी से दर्शकों का ध्यान इस शब्द की ओर खींच लिया।

आप उस गाइड के बारे में कैसा सोचेंगे, जो आपको न्यूयॉर्क घुमाने के नाम पर सड़क के किनारे स्थित चीनी धोबीघाट और जूते चमकानेवाली दुकानों का दर्शन करवाने लगे? दर्शकों का ध्यान भाषण की ओर आकर्षित करने की केवल एक ही विधि है—या तो उजागर करने के लिए कोई सच्चाई हो या मनोरंजन का मसाला हो। यदि वक्ता का भाषण निरर्थक एवं उबाऊ है तो दर्शकों में महत्त्वपूर्ण सीख के व्याख्यान को सुनने का न तो जोश बचेगा, न ही जिंदादिली।

कभी-कभी ज्यादा बल दरशाने के लिए शब्द के हर एक अक्षर पर समान जोर देना गलत नहीं होता, जैसे कि निम्नलिखित वाक्य में 'पूर्ण रूप से' पर बल दिया गया है।

'मैं आपकी प्रार्थना पूर्णरूप से खारिज करता हूँ।'

इसी प्रकार किसी अति महत्त्वपूर्ण वाक्य को विशेष महत्त्व देने के लिए प्रत्येक शब्द पर बल डाला जा सकता है। इस सिद्धांत के जरिए दर्शकों को आकर्षित करना आसान होता है। इस मौके पर पैट्रिक हेनरी की प्रसिद्ध कहानी के अंतिम भाग को उदाहरण के तौर पर पेश करना कारगर सिद्ध होगा—

वाक्य में मौजूद किसी एक शब्द पर जोर देने से उसका सही और गलत प्रभाव महसूस किया जा सकता है। ध्यान देने योग्य है कि निम्नलिखित वाक्य में कैसे विभिन्न शब्दों पर जोर देने से वाक्य का भाव पूर्णरूप से बदल जाता है। (गाढ़े किए गए शब्दों में हल निहित है)

इस वसंत मेरा मकान खरीदने का इरादा था (लेकिन मकान नहीं खरीदा जा सका)।

इस वसंत मेरा मकान खरीदने का इरादा था (लेकिन कोई रुकावट आ गई)।

इस वसंत मेरा मकान खरीदने का इरादा था (इधर से उधर किराए पर रहने की जगह)।

इस वसंत मेरा मकान खरीदने का इरादा था (कोई मोटरकार नहीं, केवल मकान)।

इस वसंत मेरा मकान खरीदने का इरादा था (अगली वसंत तक टालने की इच्छा नहीं थी)।

इस वसंत मेरा मकान खरीदने का इरादा था (वसंत में, ठंड के मौसम में नहीं)।

जब समाचार-पत्रों में महान् युद्ध के बारे में लिखा जाना शुरू किया गया तो एक ही तथ्य पर बार-बार जोर नहीं दिया गया। हर नए लेख में नई सूचना या नया दृष्टिकोण प्रकाशित करने की कोशिश की गई। सुबह के संस्करण में जिस खबर को ज्यादा महत्त्व दिया गया, दोपहर के संस्करण में वही खबर कम महत्त्व की खबर के तौर पर पेश की गई। भाषण के दौरान कहाँ ज्यादा जोर देना है, यह सिद्धांत सटीक रूप से इस महत्त्व को प्रदर्शित करता है। एक ही विचार पर बार-बार जोर नहीं देना चाहिए। लेकिन यदि आप किसी महत्त्वपूर्ण घटना पर दर्शकों का ध्यान आकर्षित करना चाहते हैं तो ऐसा किया जा सकता है।

ध्यान रखना चाहिए कि भाषण के दौरान जोर देने के नियम किसी खूँटे से बँधे नहीं होते। भाषण में किस शब्द, वाक्य और भाव पर ज्यादा जोर दिया जाए, यह वक्ता की शैली पर आधारित होता है। एक वक्ता भाषण के जरिए जो व्याख्यान करता है, जरूरी नहीं है कि अन्य वक्ता उसी भाषण के जरिए समान भाव पैदा करे। इस बात का भी आकलन नहीं किया जा सकता कि कौन सा व्याख्यान सही है और कौन सा गलत। ये सिद्धांत वक्ता के जेहन की उपज होते हैं।

□

4

स्वर बदलने की कुशलता

भाषण देना गायन की संशोधित कला है। महत्त्वपूर्ण अंतर यह है कि गायन में स्वर की ध्वनि को लंबा खींचना होता है और शब्दों के बीच का अंतराल छोटा होता है, जबकि भाषण में शब्दों का उच्चारण 'असंबंधित' स्वर से किया जाता है। मुख्य रूप से स्वर को ज्यादा लंबा नहीं खींचा जाता और शब्दों के बीच का अंतराल भिन्न होता है। गायन में स्वरों की विभिन्नता का मतलब यह नहीं है कि आम भाषा-शैली और गायन पूर्ण रूप से अलग हुनर हैं। बोलने की कला में भी इसी प्रकार स्वरों की विभिन्नता होती है, यहाँ तक कि आम बातचीत में भी तीन से छह अर्ध स्वर होते हैं। मैंने जाँच से निष्कर्ष निकाला है कि कई व्यक्ति आठ अर्धस्वरों तक के धनी होते हैं।

—विलियम शिपेग्रिल, प्रसिद्ध विज्ञान पत्रिका

जैसा कि सब जानते हैं, कंठ की स्थिति बदलने से ऊँचे, नीचे या मध्यम स्वर की ध्वनि उत्पन्न होती है। भाषण के दौरान न केवल इसका उपयोग एक जैसे उच्चारण के लिए बल्कि चिल्लाहट, एकाक्षर (ओह, उफ्!) जैसे भाव, शब्द और एक ही स्वर में बोले जानेवाले वाक्यों के लिए भी किया जाता है। महत्त्वपूर्ण है कि इस अंतर को समझा जाए। एक दक्ष वक्ता न केवल लगातार उपयोग में आनेवाले शब्दांश (अध्याय 7 देखें, 'विभक्ति द्वारा कुशलता'), बल्कि भाषण के अलग शब्द और शब्दों के समूह को विभिन्न स्वर से अलंकृत करता है। हम इस अध्याय में इसी विषय के विशेष चरणों पर ध्यान दे रहे हैं।

विचार में बदलाव के साथ स्वर में भी बदलाव की आवश्यकता होती है, चाहे वक्ता इस सिद्धांत का होशो-हवास में, अनजाने में या अवचेतना की स्थिति में प्रयोग करे। लेकिन यह वह शुद्ध आधार है, जिसके माध्यम से स्वर में बदलाव पैदा होता है। इसके बावजूद आम तौर पर वक्ता इस नियम का उल्लंघन करते रहे हैं। एक अपराधी राष्ट्र के कानून की अवहेलना करते हुए भी दंड से बच सकता है; लेकिन भाषण के नियमों की अवहेलना करनेवाले वक्ता को कम प्रभावशाली होने के नाते यह दंड भुगतना ही पड़ता है। ऐसे वक्ता के बेगुनाह दर्शकों को भाषण में एकरूपता के दंश को झेलना पड़ता है। एकरूपता यदि वक्ता के लिए पाप के समान है तो दर्शकों के लिए महामारी से कम नहीं है।

स्वर में बदलाव करने की कला लगभग सभी नौसिखियों के लिए अड़चन का काम करती है, यहाँ तक कि बहुत से निपुण वक्ताओं के लिए भी। यह तब ज्यादा प्रखर हो जाती है, जब भाषण को कंठस्थ याद किया जाए।

यदि आप स्वर की एकरूपता के प्रभाव को समझना चाहते हैं तो प्यानो के एक ही स्वर को बार-बार बजाते रहें, निस्संदेह आपको बोरियत का आभास होने लगेगा। स्वाभाविक रूप से बोलने की क्रिया में स्वर के निचले स्तर से लेकर ऊपरी स्तर तक कई आयाम होते हैं। इन स्वरों का स्वाभाविक ज्ञान होने के बावजूद किसी को कोई हक नहीं है कि दर्शकों में एकरूप स्वर और शैली से उबाऊ भावना पैदा करने का मौका प्रदान करें। इसमें कोई दो राय नहीं कि धुन की रचना में एक विशेष लय संगीत की खूबसूरती का आधार बन सकती है। धुन में एक आधारभूत लय के मुताबिक ही बाकी स्वरों का ताना-बाना बुना जाता है। इस प्रकार धुन में सामंजस्य तैयार किया जाता है। यही वजह है कि धार्मिक संस्कार के उद्देश्य से बनाई गई धुन में पवित्रता का आभास होता है। लेकिन सार्वजनिक तौर पर भाषण देनेवाले वक्ता को एकरूपता से बचना चाहिए, क्योंकि भाषण का एक जैसा ढंग ऊब पैदा करता है।

निरंतर स्वर बदलने की कला प्राकृतिक उपहार है

भाषण देने की कला में दक्षता हासिल करने के लिए प्राकृतिक नियमों को समझना बेहद आवश्यक है। ध्यान से सुनिए कि चिड़ियाँ कैसे चहचहाती हैं। किस चिड़िया के कंठ से सबसे कर्णप्रिय स्वर निकलता है। कुछ चिड़िया बेहद सुरीली होती हैं, लेकिन स्वर में उतार-चढ़ाव न के बराबर होता है; जबकि कैनेरी, लार्क और बुलबुल जैसी चिड़ियों के स्वर में न केवल उतार-चढ़ाव की असीम प्रतिभा

होती है, बल्कि स्वरों की बंदिश बनाने का भी गुण होता है। यहाँ तक कि चिड़ियों की बेरोक-टोक मधुर चहचहाहट पागलपन की हद तक मधुर प्रतीत होती है।

छोटा बच्चा अचानक एक ही स्वर में बोलना शुरू करता है, लेकिन धीरे-धीरे स्वर बदलने लगता है। अपने घर के आस-पास रहनेवाले छोटे बच्चों के स्वरों में होने वाले इस निरंतर बदलाव पर गौर से ध्यान दीजिए। खास बात है कि युवाओं की लापरवाह बातचीत को ध्यान से सुनते वक्त स्वरों के कई बदलाव महसूस किए जा सकते हैं।

कल्पना कीजिए कि कोई व्यक्ति निम्नलिखित पंक्ति को बोल रहा है, लेकिन उम्मीद के मुताबिक प्रभाव पैदा नहीं हो पा रहा है। याद रखें, यहाँ हम एक शब्द से संबंधित विभक्ति की चर्चा नहीं कर रहे हैं। हम उस सामान्य स्वर की चर्चा कर रहे हैं, जिसमें मुहावरे पढ़े जाते हैं।

(ऊँचे स्वर में) 'मैं अपनी छुट्टियों में मौज-मस्ती के लिए कल निकलना पसंद करूँगा (धीमा स्वर); लेकिन अभी मुझे बहुत सारी तैयारी करनी है। (ऊँचा स्वर) मैं अभी भी यही सोचता रहूँ कि मेरे पास काफी समय बचा है तो मेरी जाने की तैयारी कभी पूरी नहीं हो सकती।'

इस वाक्य को पहले अंकित किए गए स्वरों के मुताबिक दोहराएँ, फिर साधारण वक्ता की तरह स्वर के उतार-चढ़ाव के बिना बोलें। फिर दोनों ढंग से बोले गए वाक्यों के परिणाम का आकलन करें।

बेनाम

स्वरों में बदलाव की आवश्यकता स्वयं महसूस की जा सकती है, लिहाजा इस सिद्धांत को जल्द-से-जल्द सीखने की कोशिश करें। हालाँकि स्वयं को एकरूपता से उबारने के लिए संयम की आवश्यकता होती है।

स्वाभाविक बातचीत में व्यक्ति पहले विचार करता है, फिर विचार व्यक्त करने के लिए शब्दों का ताना-बाना बुनता है। जबकि पहले से तैयार किए गए भाषण में वक्ता शब्दों का सही क्रम तैयार करता है। लेकिन यदि इस प्रक्रिया को उलट दिया जाए तो क्या परिणाम भी बदल जाएँगे? बेहतर यही है कि भाव व्यक्त करने के लिए प्राकृतिक नियमों का इस्तेमाल करें।

निम्नलिखित संकलन को उदासीन तरीके से पढ़ें। इसके अर्थ को समझने के लिए एक बार भी न रुकें। इस प्रक्रिया को बार-बार दोहराएँ। ध्यान से समझने की कोशिश करें कि इस संकलन का क्या अर्थ है। विचार पर विश्वास करें। इसका

प्रभावशाली व्याख्यान करने की कोशिश करें और कल्पना करें कि आप दर्शकों को संबोधित कर रहे हैं। यदि आपने निर्देशों का सही ढंग से पालन किया है तो बार-बार पढ़ने के अभ्यास से स्वरों में बदलाव महसूस किया जा सकता है।

'श्रम व्यक्ति को नहीं मारता, चिंता मारती है। श्रम स्वास्थ्य के लिए लाभदायक होता है। किसी व्यक्ति के कंधों पर क्षमता से ज्यादा बोझ नहीं रखा जा सकता। चिंता धार को नष्ट करनेवाले जंग के समान होती है। यंत्र क्रांति से नहीं, घर्षण से नष्ट होते हैं।'

—हेनरी वार्ड बीचर

स्वर में बदलाव से बल पैदा होता है

यह एक बेहद महत्त्वपूर्ण बयान है। स्वर में विभिन्नता दर्शकों में रुचि पैदा करती है। लेकिन दर्शकों का ध्यान आकर्षित करने का सबसे आसान तरीका है—सही जगह पर बल का प्रयोग। महत्त्व देने योग्य शब्द या वाक्य पर सही एवं सटीक बल देना बेहद जरूरी होता है। एक महान् विरोधाभास सदा ध्यान आकर्षित करता है। शिकागो के शोर-शराबेवाले इलाके के मुकाबले सहारा के शांत इलाके में तोप की गूँज ज्यादा भीषण प्रतीत होती है। इसे विरोधाभास का सटीक उदाहरण माना जा सकता है।

'कांग्रेस आगे क्या करने वाली है?
(ऊँचा स्वर)

मुझे नहीं पता।'
(नीचा स्वर)

भाषण के दौरान अचानक स्वर में बदलाव और वाक्य विशेष पर दिए गए जोर के जरिए वक्ता सवाल की गंभीरता को दरशाता है।

इस गंभीरता को दरशाने के लिए ऊपर इस्तेमाल की गई विधि को उलट दिया जाए तो भी समान प्रभाव पैदा होगा। बस, गंभीरता में थोड़ा बदलाव दरशाना होगा। दोनों विधियों का कुशलता से उपयोग किया जाए तो बेशक समान परिणाम हासिल किया जा सकता है।

अधिकतर वक्ता बेहद तेज स्वर में बोलते हैं। शेक्सपियर के मुताबिक, 'शीतल, नम्र और मंद आवाज महिलाओं का उत्तम गुण है।' इसका महत्त्व पुरुषों

के लिए भी कम नहीं है। सशक्त आवाज के लिए न तो उसका भारी होना जरूरी होता है और न ही बेहद नम्र होना।

अंततः स्वर में विभिन्नता लाने के लिए कई और महत्त्वपूर्ण पहलुओं पर ध्यान देना जरूरी है। ऊँचे स्वर में गाएँ, फिर स्वर को धीमा कर लें। इसी तर्ज पर गाते समय स्वर को घटाते-बढ़ाते रहें। स्वर बदलने की इस कला का बोलते समय भी अभ्यास करें।

भाषण के दौरान हलके, मध्यम एवं ऊँचे स्वर का इस्तेमाल स्वयं की रुचि और पसंद के मुताबिक होना चाहिए।

□

5

गति में बदलाव की कुशलता

सुनो कि वह कैसे विश्वास से लबालब, तेज और धमाकेदार तरीके से पहलुओं को स्पष्ट करता है। अभी नम्रता से भरी शांति, अभी जंगलियों की तरह क्रोध, वह पैर पटकता है और छलाँग लगाता है।

*—**रॉबर्ट बर्न्स**, होली फेयर्स*

लैटिन भाषा ने एक ऐसा शब्द विरासत में दिया है, जिसका स्पष्ट रूप से समतुल्य उच्चारण नहीं किया जा सकता। इसलिए हमने इसे अपना लिया है। इसके स्वरूप को नहीं बदला गया। यह शब्द है—टेंपो। जिसका अर्थ होता है—गति में बदलाव। इसे गति बदलने में लगनेवाले समय के आधार पर मापा जाता है।

यही कारण है कि गीत और संगीत की कला में इसका योगदान बेहद सीमित है; लेकिन इसमें कोई आश्चर्य नहीं कि ठोस चीजों में टेंपो को महसूस किया जा सकता है। इसके अर्थ का सटीक उदाहरण देने के लिए हम कह सकते हैं कि बैलगाड़ी धीमे टेंपो के साथ आगे बढ़ती है। एक एक्सप्रेस रेलगाड़ी तेज टेंपो के साथ दौड़ती है। आधुनिक बंदूक बेहद तेज टेंपो के साथ मिनट के 600वें हिस्से में गोलियाँ दाग सकती है; जबकि पुरानी मजल बंदूक को दोबारा भरने में तीन मिनट लगते थे, यानी धीमे टेंपो के साथ गोली दागी जाती थी। सभी संगीतकार इस सिद्धांत को बखूबी पहचानते हैं—आधे स्वर को उठाने में आठों स्वरों को उठाने से ज्यादा समय लगता है।

मंच पर प्रभावी पेशकश के लिए टेंपो की भूमिका बेहद महत्त्वपूर्ण होती है।

यदि वक्ता पूरे भाषण को एक ही स्वर और लहजे में प्रस्तुत करता है तो यकीनन वक्ता ने भाषण को जोर और बल के सुंदर प्रभाव से वंचित रखा है। बेसबॉल को फेंकनेवाला खिलाड़ी, क्रिकेट में गेंदबाज, टेनिस में सर्विस करनेवाला खिलाड़ी— सभी गति में बदलाव के महत्त्व को बखूबी समझते हैं। गेंद फेंकते समय टेंपो में बदलाव किया जाता है। इसी प्रकार वक्ता को भी टेंपो में बदलाव के महत्त्व को समझना चाहिए।

प्रस्तुति के दौरान गति में बदलाव से स्वाभाविकता झलकती है

'एकरूपता' के अध्याय में स्वाभाविकता के महत्त्व को समझाया गया था। स्वाभाविकता के साथ टेंपो में बदलाव भाषण को और ज्यादा आकर्षक बना देता है। कलाकार के लिए स्वर की गति में बदलाव करना बेहद महत्त्वपूर्ण हुनर होता है। यदि कलाकार इस हुनर पर कमजोर पकड़ रखता है तो अभिनय में नीरसता महसूस होती है। लिहाजा कलाकार की तरह वक्ता को भी इस हुनर पर मजबूत पकड़ बनानी चाहिए।

हालाँकि स्वाभाविक बरताव को समझने के लिए कई आधारभूत और प्रभावी साधन हैं। आपको जानकारी के लिए बता दें कि यह एक ऐसी प्रतिभा है, जिसे खोने के बाद दोबारा हासिल करना मुश्किल होता है। मंच पर प्रस्तुति का यह वह आदर्श स्तर है, जिसे हासिल करने की भरपूर कोशिश की जाती है। हालाँकि प्रत्येक वक्ता के लिए इसका अर्थ भिन्न होता है, इस तथ्य की जानकारी हमें आगामी अध्यायों में मिलेगी। यदि सभी वक्ता और कलाकार अपनी शैली में बदलाव के सिद्धांत को पूरी ईमानदारी से निभाएँ; प्रत्येक फुसफुसाहट, कराह, विराम, चुप्पी और तेज स्वर को कुशलता से प्रस्तुत करें तो निस्संदेह परिणाम काफी आकर्षक होंगे। भाषण के दौरान यदि प्राकृतिक अंदाज का तड़का लगा दिया जाए तो भाषा-शैली प्रकृति के सबसे खूबसूरत तोहफे के समान आकर्षक हो जाएगी।

वास्तविक कहानियों से प्रेरित लेखक असल भाषा की जानकारी का प्राकृतिक रस संवाद में घोल देते हैं और दर्शकों तक इसका स्वाद टेंपो में उतार-चढ़ाव की कला के जरिए पहुँचता है।

कल्पना कीजिए कि आप निम्नलिखित पंक्ति के पहले वाक्य को धीमी गति, यानी धीमे टेंपो में पढ़ते हैं और दूसरे वाक्य को तेजी से। महसूस कीजिए कि इसका प्रभाव कितना प्राकृतिक या अप्राकृतिक प्रतीत होता है। इसके पश्चात् पूरी पंक्ति को एक रफ्तार से पढ़िए, अंतर खुद-ब-खुद महसूस हो जाएगा।

'मैं याद नहीं कर पा रहा हूँ कि मैंने अपने चाकू के साथ क्या किया। ओह, मुझे अब याद आया, मैंने चाकू मैरी को दिया था।'

इस उदाहरण के जरिए यह पता लगता है कि एक ही वाक्य में टेंपो के बदलाव की जरूरत हो सकती है। जरूरी नहीं है कि शब्द और वाक्य के लिए ही टेंपो में बदलाव लाना पड़े, लंबी पंक्ति बोलने में भी टेंपो के बदलाव की जरूरत पड़ सकती है।

गति में बदलाव से एकरूपता खत्म होती है

टेंपो में लगातार बदलाव के जरिए कैनेरी चिड़िया अपने संगीत को अत्यंत कर्णप्रिय बना देती है। यदि राजा सोलोमन एक वक्ता होता तो वह जंगली चिड़ियों के ही नहीं बल्कि मधुमक्खियों के व्यवहार से भी प्रेरणा लेता। किसी ऐसे गीत की कल्पना कीजिए, जिसमें केवल एक-चौथाई स्वर हो। एक ऐसे वाहन की कल्पना कीजिए, जो केवल एक ही रफ्तार से चलता हो।

गति में बदलाव से बल मिलता है

गति में किया गया बदलाव प्रभावशाली होता है और दर्शकों को आकर्षित करता है। यदि कोई रेलगाड़ी 110 कि.मी. प्रति घंटे की रफ्तार से दौड़ रही है तो मुमकिन है कि आप उस रफ्तार पर ध्यान न दें, लेकिन यदि अचानक रेलगाड़ी 20 कि.मी. प्रति घंटा की रफ्तार पर चलने लगे तो आपका ध्यान जरूर आकर्षित होगा। संभव है कि रेस्तराँ में खाना खाते वक्त आपका ध्यान धीमे बज रहे संगीत पर न जाए, लेकिन यदि संगीत की आवाज अचानक तेज कर दी जाए तो आपका ध्यान स्वाभाविक रूप से उस ओर जाएगा।

यह सिद्धांत भाषा की कला में भी समान रूप से लागू होता है। यदि आप कोई महत्त्वपूर्ण तथ्य दर्शकों के समक्ष प्रस्तुत करना चाहते हैं तो तथ्य को टेंपो में बदलाव के साथ कुशलता से पेश कीजिए, निस्संदेह ऐसा करने पर दर्शकों का ध्यान आपकी ओर आकर्षित होगा। निम्नलिखित संवाद का इस्तेमाल एक नाटक में किया गया था—

'जो मैंने कहा था, मैं उसे भूलना नहीं चाहता। मैं चाहता हूँ कि आप इस बात को ज्यादा-से-ज्यादा दिनों के लिए याद रखें। मुझे परवाह नहीं, यदि आप छह-छह बंदूकें अपने साथ लाए हों।' संवाद का पहला वाक्य बड़े आराम से बोला गया। याद रखनेवाला दूसरा वाक्य विद्युत् की गति से प्रस्तुत किया गया। इसी बीच कलाकार ने संवाद का आखिरी वाक्य बोलते वक्त रिवॉल्वर बाहर निकाल लिया।

इस संवाद का इतना गहरा प्रभाव पड़ा कि दर्शकों के जेहन में पूरा नाटक तो धुँधला पड़ने लगा, लेकिन इस संवाद को अगले छह महीनों तक याद रखा गया। एक प्रभावी वक्ता बनने की तैयारी में जुटे छात्र आसानी से समझ सकते हैं कि कलाकार अपने संवाद को यादगार बनाने के लिए इसी कला का इस्तेमाल करते हैं।

गति के सिद्धांतों का अभ्यास करते वक्त नियमों से ज्यादा विचार का खयाल रखना चाहिए। इस बात से कोई फर्क नहीं पड़ता कि किस वाक्य को तेज गति से बोला गया और किसे धीमी गति से। महत्त्व इस बात का है कि भाषण के दौरान इस कला का इस्तेमाल किया गया या नहीं।

भाषण के दौरान टेंपो में बदलाव के हुनर का प्रयोग बहुत सावधानी के साथ करना चाहिए। ऐसा न हो कि आप उत्तेजना में वाक्य को जरूरत से ज्यादा गति दे दें।

नए वक्ताओं में यह दोष ज्यादा देखने को मिलता है। श्रीमती सिडोन का नियम था कि 'समय लें।' करीब एक सदी पहले चिकित्सा-विज्ञान में 'बंदूक से उपचार' नामक औषधि मिश्रण के जरिए इलाज की प्रथा का चलन था। इसके अंतर्गत करीब पचास अलग-अलग औषधियों का मिश्रण मरीज को दवा के तौर पर इस उम्मीद के साथ दिया जाता था कि कोई एक दवा काम कर जाए। हालाँकि चिकित्सा-प्रणाली में यह योजना कारगर साबित नहीं होती, लेकिन भाषा को विविधता प्रदान करने के लिए इस विधि का इस्तेमाल जरूर किया जा सकता है।

गैट्सबर्ग समाधि-स्थल पर समर्पण

सदियों पहले हमारे पूर्वजों ने स्वतंत्रता, एकाधिकार एवं विकासशील राष्ट्र के गठन की कल्पना की थी। लेकिन आज हम गृहयुद्ध में व्यस्त हैं। बड़ा सवाल है कि क्या उदारवादी सोच के साथ किसी राष्ट्र की स्थापना की जा सकती है? क्या यह सोच लंबे समय तक टिक सकती है?

एक-दूसरे से हमारा सामना युद्धभूमि में हो रहा है। हम अपने पूर्वजों की सोच को जिंदा रखने के लिए युद्धभूमि में उतरे हैं। यह बिलकुल उचित है कि हम राष्ट्र के हितों की रक्षा के लिए प्रयत्न करें।

लेकिन एक मायने में हम समर्पित नहीं हो सकते। हम संकल्प भी नहीं ले सकते। हम इस धरती को पवित्र नहीं कर सकते। इस धरती के लिए समर्पित जीवित या मृत बहादुर योद्धा, जिसने इस सोच के लिए संघर्ष किया, वह योद्धा हमारे अंदर मौजूद नहीं है। दुनिया हमारे बलिदानों को याद नहीं रखेगी, लेकिन

हमारे पूर्वजों के बलिदान सदा याद रखे जाएँगे।

पूर्वजों के अधूरे कार्यों को पूरा करना हमारी जिम्मेदारी है। हम इस मुहिम को सहजता के साथ आगे बढ़ाएँगे। अधूरा पड़ा महान् कार्य पूरा करने के लिए पूर्ण रूप से समर्पित हो जाने की आवश्यकता है। पूर्वजों के बलिदान से प्रेरणा लेकर अधूरे कार्यों को पूरा करने के लिए समर्पण की ज्योति जलानी होगी—प्रण लेना होगा कि हमारे पूर्वजों का बलिदान व्यर्थ न जाए। प्रभु की कृपा से हमारे राष्ट्र में फिर से स्वतंत्रता का परचम लहराएगा। जनता के लिए और जनता द्वारा चुनी गई सरकार का फिर से गठन होगा।

—अब्राहम लिंकन

□

6

विराम एवं ऊर्जा

एक साहित्यिक कलाकार का मुख्य कार्य भाषा की माला में लेखन के उद्देश्य को गूँथना होता है, ताकि प्रत्येक वाक्य एक के बाद एक आनेवाले मुहावरों की माला में इस तरह जुड़ता रहे कि हर उलझी गुत्थी खुद-ब-खुद सुलझती रहे।

—जॉर्ज सेंट्सबरी
विभिन्न अंग्रेजी निबंधों का गद्य लेखन

विराम का विशिष्ट महत्त्व होता है। इसे चुप्पी के माध्यम से प्रस्तुत किया जाता है। अन्य शब्दों में, यह एक भाव से दूसरे भाव तक पहुँचने का अंतराल है, हाव-भाव की लय सँभालने एवं नजाकत और क्षतिपूर्ति के लिए सुनने की शुद्ध शक्ति की जरूरत होती है। ऐसी शक्ति दोष-रहित लय को सुनने में सक्षम होती है। क्षतिपूर्ति न होने की स्थिति और बेपरवाह विराम के इस्तेमाल से आघात और कमी का भाव पैदा होता है। ऐसा लगता है जैसे किसी कड़ी का बंधन टूट गया हो।

—जॉन फ्रेंकलिन जिनंग, *वाक्पटुता के प्रचलित सिद्धांत*

भाषण के दौरान विराम का उपयोग वाक्पटुता के लिए किया जाता है। जब कोई व्यक्ति कहे—'यह आह मेरे लिए अथाह—आह सम्मान की बात है कि ऊँह—मुझे आप लोगों के सामने कुछ कहने का मौका मिला, मैं आह—

विश्वास के साथ कह सकता हूँ,' दरअसल यह विराम नहीं है, यह हकलाना है। हालाँकि एक वक्ता हकलाने के बावजूद प्रभावी वक्ता हो सकता है, लेकिन बार-बार अटकने से प्रभाव नहीं जमाया जा सकता।

इसके अलावा, एक प्रभावशाली वक्ता के लिए महत्त्वपूर्ण वाक्य या मुहावरे के शुरुआत या अंत में विराम लेना आवश्यक होता है। कोई वक्ता इस सिद्धांत को नजरअंदाज करने की भूल नहीं करता। यह वह महत्त्वपूर्ण सिद्धांत है, जिसका इस्तेमाल लगभग सभी महान् वक्ता करते हैं। इस सिद्धांत को आत्मसात् करने तक अभ्यास करना चाहिए।

वाक्पटुता के इस सिद्धांत को सरलता से समझा जा सकता है, लेकिन प्रशिक्षण की लंबी अवधि के पश्चात् यह खुलासा हुआ है कि इस सिद्धांत को हिंदी भाषा में समझाया जाए तो एक सामान्य व्यक्ति लंबा समय लगा देता है। अर्थात् इस अनुभव को हम ज्यादा उत्सुकता के साथ प्रस्तुत नहीं करना चाहते। हम अपने लिए पेड़ से फल तोड़ने की इच्छा रखते हैं। यदि फल कड़वा निकलता है तो हम उस पेड़ को कभी नहीं भूलते।

एक व्यक्ति दूसरे व्यक्ति की वकालत करता है—

'मेरे दोस्तो, इस व्यक्ति ने आपके और मेरे लिए अनोखा बलिदान दिया है।'

आपको नहीं लगता कि विराम की वजह से इस कथन में आश्चर्यजनक शक्ति उत्पन्न होती है? गौर करने योग्य बात है कि वक्ता ने अपनी संयोजित शक्ति को प्रयोग में लाते हुए कैसे बड़े प्रभावशाली ढंग से 'आपके और मेरे लिए' का भाव व्यक्त किया है। इस पंक्ति को अब बिना विराम दिए बोलें। क्या बिना विराम के इसका प्रभाव नष्ट होता प्रतीत हो रहा है?

स्वाभाविक है कि पहले से सोचे गए इस विचार के साथ वक्ता ने पूरे ध्यान से विराम का सटीक जगह पर प्रयोग किया। वक्ता ने अपने विचार को एक पल के लिए भी नहीं भटकने दिया। खास है, वक्ता की प्रस्तुति में 'बलिदान' जैसे भारी शब्द के बावजूद भटकाव का असर नहीं महसूस हुआ।

इस प्रकार, यहाँ एकाग्रता के महत्त्व का बोध होता है। एकाग्रता के बिना विराम के सही उद्देश्य को प्रदर्शित नहीं किया जा सकता।

प्रभावी विराम की कला के द्वारा एक या सभी चार परिणामों को हासिल किया जा सकता है—

1. **निर्णायक भाव उजागर करने से पहले विराम वक्ता को अपनी संपूर्ण शक्तियों को एकाग्र करने का मौका प्रदान करता है।**

युद्ध में बिना तैयारी और सैनिकों की संख्या का आकलन किए बिना उतरना हानिकारक साबित होता है।

आप सूर्य की रोशनी में माचिस की तीली को काँच के टुकड़े के नीचे रखकर जला सकते हैं। लेकिन काँच के टुकड़े को बार-बार हटाने से तीली नहीं जलेगी। ऊर्जा जुटाने के लिए रुकना पड़ता है। इसी तरह गलत समय पर लिया गया विराम दर्शकों के मन में उत्सुकता और प्रसन्नता का भाव पैदा करने में कामयाब नहीं होता। तेल के कुएँ का ढक्कन अकसर खुला रहता है; लेकिन ज्यादा प्रवाह के लिए तेल के कुएँ का ढक्कन कुछ समय के लिए बंद करना पड़ता है। दरअसल इस प्रकार प्रवाह को शक्ति संयोजित करने का समय मिल जाता है।

अर्थात्, व्यावहारिक ज्ञान को उपयोग में लाना चाहिए। किसी विचार को प्रभावशाली ढंग से प्रस्तुत करने के लिए हलका सा विराम लें, दिमाग की शक्तियों को संयोजित करें, फिर नए जोश के साथ अपने विचार को प्रस्तुत करें। कार्यालय ने सही कहा है, 'मैं मन से विनती करता हूँ। जब तक विचार पूर्णतया विकसित न हों, तब तक न बोलें। शांत रहने से शक्ति का सृजन होता है। बोलना चाँदी के समान है, लेकिन चुप रहना सोने की भाँति है। बोलना मानवीय है, चुप्पी ईश्वरीय है।'

चुप्पी को भाषण का सृजनकर्ता माना गया है। जाहिर तौर पर माना भी जाना चाहिए। बहुत से भाषणों का सिर-पैर समझ में नहीं आता। इन भाषणों में विराम और बल की कमी के कारण भटकाव नजर आता है। लिहाजा, बच्चों की बातों पर ध्यान दीजिए। पुलिस अधिकारियों की बात सुनिए, खाने के समय पारिवारिक बातचीत को गौर से सुनिए। आपको अहसास होगा कि स्वाभाविक रूप से विराम का उपयोग बातचीत को प्रभावित बनाता है। दर्शकों के समक्ष पहुँचने पर एक अस्वाभाविक दबाव हावी हो जाता है। नतीजतन, वक्ता इस प्राकृतिक सिद्धांत को भूल जाता है। वक्ता को इस दबाव से उबरकर वास्तविक प्रतिभा को प्रस्तुत करना चाहिए।

2. विराम का अंतराल संदेश का महत्त्व स्पष्ट करने में सहायता करता है।

हरबर्ट स्पेंसर ने कहा है कि पूरा ब्रह्मांड गतिशील है। इस प्रकार गति का सबसे निपुण उदाहरण लय है। ठहराव भी लय का अहम हिस्सा है। सटीक ठहराव के लिए प्रकृति के नियमों का अनुकरण करना चाहिए। उदाहरण—दिन-रात, वसंत, ग्रीष्म, पतझड़ और शीत ऋतु—इन सभी मौसमों के बीच में एक ठहराव होता है। इसके अलावा दिल की धड़कनों के बीच भी ठहराव की भूमिका अहम होती है। विराम का उपयोग कीजिए और दर्शकों को गंभीरता से विचार के महत्त्व को

समझने का मौका दीजिए। दर्शक चुप्पी के बाद कही गई बात बेहद गंभीरता से समझने की कोशिश करते हैं।

ग्रामीण इलाकों में रहनेवाले बच्चे छुट्टियाँ बिताने के लिए जब किसी शहर में रहनेवाले रिश्तेदार के यहाँ जाते हैं। तो मोटरगाड़ियों की आवाजें उन्हें चौंकाने का काम करती है; जबकि शहरी लोगों पर उन आवाजों का कोई प्रभाव नहीं पड़ता है। शहरी लोग चारों ओर मोटरगाड़ियों के लगातार शोर-शराबे के आदी हो जाते हैं। जो लोग कभी-कभी शहर आते हैं, उन्हें यह आवाजें ज्यादा आकर्षित करती हैं। दरअसल लंबे अंतराल के बाद शोर-शराबे का माहौल ज्यादा ध्यान भटकाता है। लंबे समय तक रेलगाड़ी में सफर करने के बाद रेलगाड़ी की गड़गड़ाहट पर ध्यान नहीं जाता। यदि आप दूर टँगी दीवार घड़ी की टिक-टिक ध्यान से सुनने की कोशिश करें तो थोड़ी देर में आवाज साफ सुनाई देने लगेगी। दरअसल ऐसा करते वक्त आप वातावरण में मौजूद बाकी आवाजों से अपना ध्यान हटाने की कोशिश करते हैं और टिक-टिक पर ध्यान केंद्रित करते हैं।

दर्शकों के ध्यान का सिद्धांत भी इसी नियम के आधार पर काम करता है। इस नियम को समझिए और इसके लिए खुद को तैयार कीजिए। इस नियम को बार-बार दोहराइए—एक ठहराव के बाद सोचा गया विचार ज्यादा प्रभावशाली होता है। रात के मुकाबले सुबह कही गई बात ज्यादा प्रभावशाली होती है, क्योंकि रात में नींद के द्वारा मिले विराम की वजह से सुबह एकाग्रता ज्यादा होती है। 'बाइबल' के पहले पृष्ठ पर साफ तौर से उल्लेखित है कि ईश्वर की सृजन-शक्ति को एक ठहराव के बाद 'सातवें दिन' बल मिला था। आप आश्वस्त हो गए होंगे कि दर्शकों का दुर्बल एवं अनंत दिमाग भी इसी तरह ठहराव की अपेक्षा रखता है। प्रकृति का अनुसरण करें, उसके नियमों पर ध्यान दें और भाषण के दौरान इन नियमों का पालन करें।

3. ठहराव से असमंजस की प्रभावशाली स्थिति पैदा होती है

जीवन में संदेह से एक विशेष प्रकार की रुचि पैदा होती है। यह रुचि भाषा-शैली से भी जन्म ले सकती है। नाटक या उपन्यास में कथा-वस्तु का उल्लेख शुरू में ही कर दिया जाए तो पाठक की रुचि खत्म हो जाती है। स्त्रियों की प्रवृत्ति में संदेह पुरुषों में जिज्ञासा पैदा करता है। सर्कस में कलाबाजी करनेवाला कलाकार कलाबाजी करने से पहले कई बार नाकाम कोशिश करता है, ताकि दर्शकों में जिज्ञासा पैदा हो सके। इस जिज्ञासा को भाँपने के बाद ही कलाकार कामयाब कलाबाजी का प्रदर्शन करता है। करतब दिखाने से पहले की जानेवाली तैयारियों

के द्वारा कलाकार दर्शकों की उम्मीद को बढ़ावा देता है और इस दौरान दर्शक पेश किए जानेवाले अद्भुत करतब का इंतजार करते हैं। हम केवल इंतजार नहीं करते, बल्कि इस इंतजार की सराहना भी करते हैं। यदि किसी करतब में मछली झट से छलाँग लगाकर किसी चीज को पकड़ ले तो थोड़ी देर में ऐसा खेल नीरस महसूस होने लगता है।

शरलॉक होम्स की कहानियों में मौजूद असमंजस ही पाठक को बाँधकर रखता है। पाठक रहस्य खुलने तक बेहद रुचि के साथ इंतजार करता है। रहस्य का खुलासा यदि कहानी के बीच में कर दिया जाए तो यकीनन बाकी हिस्से के लिए पाठक की रुचि खत्म हो जाएगी। विकी कॉलिंस का काल्पनिक कहानी लिखने का नुस्खा भाषण की कला पर भी बराबर लागू होता है—'पाठकों को हँसाएँ, रुलाएँ और इंतजार करने के लिए विवश करें।' सबसे महत्त्वपूर्ण है कि इंतजार कराएँ। दर्शकों को इंतजार के लिए प्रेरित न करनेवाला कलाकार हँसाने या रुलाने का काम नहीं कर सकता।

प्रशिक्षित लेखक असमंजस बनाए रखने के लिए ठहराव के सिद्धांत का बखूबी इस्तेमाल करता है। एक भाषण में विलियम ब्रायन ने कहा, 'उन्हें सुनना मेरे लिए सम्मान की बात थी।' और फिर वह कुछ क्षण के लिए चुप हो गए। इस अंतराल में दर्शकों के बीच जिज्ञासा पैदा हुई कि किसे सुनकर विलियम को सम्मानित महसूस हुआ, 'ईसाई धर्म के महान् प्रचारक,' और वह फिर रुक गए। जिस व्यक्ति की वह चर्चा कर रहे थे, दर्शकों को उनके बारे में बेहद कम जानकारी थी; लेकिन दर्शकों ने इसके बावजूद उस व्यक्ति को पहचानने की कोशिश जारी रखी। चुप्पी तोड़ते हुए उन्होंने कहा, 'ड्विट एल. मूडी।' ब्रायन फिर थोड़ी देर तक चुप रहने के बाद बोले, 'मैं उनका सम्मान करने लगा,' इसके बाद वह फिर चुप हो गए और एक बार फिर दर्शकों के बीच असमंजस की स्थिति पैदा हो गई। दर्शक सोचने लगे कि मूडी का किस प्रकार सम्मान करने लगे। तब उन्होंने कहा, 'एक महान् उपदेशक के तौर पर।' यदि भाषण के इस हिस्से से ठहराव को हटा दिया जाए तो परिणाम कुछ इस तरह होगा—'उन्हें सुनना मेरे लिए सम्मान की बात थी। ईसाई धर्म के महान् प्रचारक, ड्विट एल. मूडी। मैं उनका सम्मान करने लगा, एक महान् उपदेशक के तौर पर।'

एक अकुशल वक्ता इस प्रस्तुति को ठहराव और संदेह की कमी के जरिए नीरस बना सकता है। इन छोटी-छोटी बारीकियों का सूक्ष्म अंतर एक कामयाब और नाकाम वक्ता के बीच की दूरी होता है।

4. सटीक ठहराव से महान् विचार और प्रभावशाली हो जाता है।

कोई भी किसान आपको समझा सकता है कि मूसलधार बारिश का पानी तेज गति से बहकर दूर चला जाता है और फसल के लिए उम्मीद से कम लाभदायक होता है। इसी प्रकार यदि भाषण की गति तेज है तो दर्शक वक्ता के भाव और विचार को नहीं समझ पाते। किसान की पत्नी भी कपड़े धोने के लिए इसी नियम का पालन करती है। गंदगी दूर करने लिए कपड़ों को घंटों पानी में भिगोया जाता है। जब जीवन के हर मोड़ पर हम इस नियम का पालन करते हैं तो भाषा-शैली में इस नियम को क्यों नकारा जाए? दर्शकों के समक्ष किसी महान् विचार को प्रस्तुत करने से पहले कुछ क्षण रुकें, ताकि दर्शकों को विचार की गहराई तक जाने का मौका मिल सके। अपने भाषण को एक दिन में न्यूयॉर्क घुमाने का दावा करनेवाले गाइड की तरह जल्दबाज न बनने दें। यह गाइड मेट्रोपॉलिटन कला संग्रहालय में रखी श्रेष्ठ कृतियों की झलक केवल पंद्रह मिनट लेने देते हैं, प्राकृतिक इतिहास संग्रहालय का दर्शन दस मिनट में करा देते हैं। जलजीवालय की बस एक झलक ही मिल पाती है। ब्रूकलिन ब्रिज को अफरा-तफरी में पार करवाते हैं, चिड़ियाघर में भी जल्दबाजी हावी होती है। इसके बाद ग्रांट टोंब पर वापस ले आते हैं। और इसी अफरा-तफरी को 'न्यूयॉर्क दर्शन' का नाम दे दिया जाता है। यदि आप भाषण के महत्त्वपूर्ण बिंदु पर सही ठहराव का प्रयोग नहीं करेंगे तो निस्संदेह दर्शक आपके विचारों को नहीं समझ सकेंगे।

ध्यान रखें कि आपके पास भी उतना ही समय है, जितना आपके आस-पास बसनेवाले अरबपतियों के पास। दर्शक वक्ता का इंतजार करते हैं। कैलिफोर्निया के मशहूर लाल सागौन पेड़ सुकरात की मृत्यु से पाँच सौ साल पहले उपजने के बावजूद आज भी युवा अवस्था में हैं। प्रकृति के धैर्य को देखकर स्वयं के उतावलेपन पर शर्मिंदगी महसूस करनी चाहिए। चुप्पी दुनिया के सभी भावों के मुकाबले ज्यादा मन-हरण होती है। इस कला पर दक्षता हासिल कीजिए और ठहराव के जरिए इसका उपयोग कीजिए।

विराम और ठहराव के सटीक प्रशिक्षण के लिए निम्नलिखित संकलन में अल्प विराम के संकेतों का इस्तेमाल किया गया है। स्वाभाविक रूप से आप इन संकेतों का विभिन्न तरीकों से इस्तेमाल कर भाषण के महत्त्व और अर्थ को बदल सकते हैं। यह मुख्यत: निजी प्राथमिकता का विषय है। एक दर्जन से ज्यादा कलाकारों ने अपने अंदाज में हैमलेट के किरदारों को निभाया है। किस कलाकार ने किरदार पूरी निपुणता से निभाया, इसका आकलन नहीं किया जा सकता। निजी अंदाज को

उजागर करने से ही मनचाही कामयाबी मिलती है।

'एक क्षण का विराम व्यक्तित्व को शेष भीड़ से पृथक् कर देता है, यह आश्चर्य की बात है! प्रेतों का काफिला पहुँच चुका है और अब तक कुछ भी व्यवस्थित नहीं है। अरे, जल्दी करो!'

जिन सांसारिक उम्मीदों की चाह में व्यक्ति का दिल धड़कता है, वह राख हो जाती हैं; या उस गुमनाम बर्फ की तरह होती हैं, जो रेगिस्तान के धूल भरे चेहरे को कुछ समय के लिए ढँक देती है।

समय की चिड़िया के पास उड़ने के कई साधन होते हैं, जबकि एक वास्तविक चिड़िया अपने पंखों के सहारे ही फड़फड़ाती है।

आपने गौर किया होगा कि विराम चिह्न का ठहराव के सिद्धांत से खास वास्ता नहीं होता। आप भाषण के किसी भी हिस्से को तेजी से पढ़ सकते हैं और कहीं भी विराम ले सकते हैं। अर्थात्, विचार का महत्त्व विराम चिह्न से ज्यादा होता है।

'एक कविता की पुस्तक, मदिरा का प्याला, पाव रोटी का बड़ा सा टुकड़ा और बीहड़ में गीत गाते हजारों कंठ।''' ओह, बीहड़ का सौंदर्य स्वर्ग समान होता है।'

बायरन द्वारा लिखित संकलन में विराम संकेतों पर ध्यान दीजिए—

'लेकिन शशश! (चुप करने का संकेत), हररर! (ध्यान से सुनने का संकेत), वे गहरी आवाजें एक बार फिर सुनाई दे रही हैं, पहले से ज्यादा निकट! साफ! और घातक। धड़ाम, 'धड़ाम! तोप के गरजने की आवाज!'

इन स्वाभाविक विभिन्नताओं के महत्त्व पर लंबे विचार-विमर्श की आवश्यकता नहीं है। आप महसूस कर सकते हैं कि आम बातचीत करते वक्त जेहन में शब्दों और मुहावरों का ताना-बाना बनने लगता है और हम सही शब्द या मुहावरा चुनने के लिए हलका सा रुक जाते हैं। इसी प्रकार भाषण के दौरान साँस लेने के लिए रुकें और पूरी साँस भरने के बाद ही दोबारा बोलना शुरू करें। जल्दबाजी से भाषण का सौंदर्य कम हो सकता है।

सावधानी के तौर पर एक हिदायत बेहद जरूरी है—विराम और ठहराव के सिद्धांतों का बहुत ज्यादा अभ्यास न करें। विराम के ज्यादा अभ्यास से भाषा-शैली बोझिल और अस्वाभाविक हो सकती है। इस बात का भी खास खयाल रखना जरूरी है कि विराम किसी आम विचार को महत्त्वपूर्ण साबित करने का काम नहीं कर सकता। आपको प्राचीन हास्यपद रचना 'मिडनाइट मर्डर' का व्याख्यान याद है,

जिसकी शुरुआत बहुत आडंबरपूर्ण तरीके से हुई और अंत बेहद रोमांचकारी रहा। अंत कुछ इस प्रकार था, 'और, उसने निष्ठुर ढंग से। मच्छर की हत्या कर दी!'

अंतिम पंक्ति में विराम को कुछ इस नाटकीय ढंग से पेश किया गया कि दर्शक हँसी पर काबू नहीं रख सके। हास्यपद भाषण में भाषा की यह शैली कारगर सिद्ध होती है; लेकिन गहन और गंभीर भाषण प्रस्तुत करते वक्त हास्यपद ढंग का उपयोग भाषण का प्रभाव क्षीण कर देता है। अर्थात्, भाषण के दौरान विराम की गंभीरता और लहजे की सहजता को समझना बहुत आवश्यक है।

□

7

सुर बदलने की दक्षता

गाँव की उन घंटियों की धुन कितनी मधुर है
एक अंतराल के बाद सुनाई पड़ती हैं
आवाज का उतार–चढ़ाव बेहद मधुर है; अभी धीमा स्वर
फिर तेजी से बजना— और तेजी से बजना
गुंजायमान बेहद साफ, जैसे झोंका आ रहा हो!
एक साधारण सी शक्ति से जर्रे–जर्रे में समा रही है
वहाँ, जहाँ याददाश्त गहरी नींद सो रही हो।

***—विलियम कॉपर,** द टास्क*

हर्बर्ट स्पेंसर ने इस 'लय' पर टिप्पणी करते हुए कहा है कि लेखक ने बातचीत के दौरान सुर बदलने के सिद्धांत को महत्त्व दिया है और 'बड़े भावनात्मक तरीके से ज्ञान का दर्शन प्रस्तुत किया है।' यह कितना सच प्रतीत होता है कि शब्दों के मुकाबले सुर में उतार–चढ़ाव से कथन के भाव को ज्यादा स्पष्ट किया जा सकता है। सुर में उतार–चढ़ाव की मामूली प्रतिभा से भाषा का प्रस्तुतीकरण कई गुना प्रभावी हो जाता है और सुर के उतार–चढ़ाव की इसी कला को विभक्ति कहते हैं।

शब्द के अंतर्गत सुर में बदलाव की कला और ज्यादा अहम है। मुहावरों के मुकाबले इस कला का उपयोग शब्द के बीच करना बेहद महीन काम है। शब्द बिखरी ईंटों के समान होते हैं, लेकिन सुर बदलने की कला के द्वारा इन ईंट समान शब्दों से रास्ता, गोदाम या गिरजाघर तैयार किया जा सकता है। सुर बदलने की

कला शब्दों को नया अर्थ प्रदान कर सकती है। इसी आधार पर एक पुरानी कहावत की रचना की गई है—'क्या कहा गया है, यह महत्त्वपूर्ण नहीं है; कैसे कहा गया है, यह महत्त्वपूर्ण है।'

शेक्सपीयर की रचनाओं पर टिप्पणी करनेवाली शख्सियत श्रीमती जेम्सन ने सुर बदलने से संबंधित एक तीक्ष्ण उदाहरण दिया है; 'लेडी मैक्बेथ के जैसा दिखने के लिए, श्रीमती सिडोंस ने 'हम नाकाम रहे भाव को तीन अलग-अलग भाव से पेश किया। सर्वप्रथम तिरस्कारपूर्ण प्रश्न के तौर पर 'हम नाकाम रहे।' इसके बाद अचरज जताते हुए 'हम नाकाम रहे' आश्चर्य को दरशाने के लहजे के साथ 'हम' पर विशेष जोर देते हुए, 'हम नाकाम रहे।' अंत में, परिणाम को पुख्ता करने की मंशा से वह सहमते हुए, जो मेरे खयाल से सबसे सटीक भाव था, 'हम नाकाम रहे', एक सामान्य अंतराल में स्वर को धीमा, गहरा और गंभीर करते हुए, जैसे उसने मामले का निपटारा करते हुए कुछ इस तरह कहा हो—'यदि हम नाकाम रहे तो क्यों रहे, अब सब खत्म हो गया है।'

विदेशी भाषा सीखने की प्रक्रिया में स्वाभाविकता का अहसास प्रशिक्षण के आखिरी दौर में होता है। स्वाभाविकता दरशाने के लिए सुर में बदलाव की कला का उपयोग आवश्यक होता है। सुर बदलने की कला के अभाव में एकरूपता झलकने लगती है।

सुर बदलने की कला में सुर चढ़ाने और गिराने का अभ्यास किया जाता है। सुर से संबंधित प्रतिभा असाधारण होती है। सुर के बीच पैदा किया गया महीन अंतर का प्रभाव बेहद व्यापक होता है। सुर बदलने की कला के द्वारा विभिन्न सुरों को जन्म दिया जा सकता है। उदाहरण के लिए—

तेजी से सुर को चढ़ाना
लंबे अंतराल तक सुर को खींचना
सपाट सुर
लंबे अंतराल तक गिरनेवाला सुर
तेजी से गिरनेवाला सुर
तेजी से चढ़ने-गिरनेवाला सुर
तेजी से गिरने-चढ़नेवाला सुर
हिचकिचाहट।

दरअसल सुर में विभिन्नता की कोई सीमा नहीं है। इन उदाहरणों के द्वारा

सुर में बदलाव के सामान्य सिद्धांत, यानी सुर में उतार-चढ़ाव के माध्यम से होनेवाले प्रभाव को दरशाया गया है।

अलग-अलग विचार और भावनाओं को व्यक्त करनेवाले विभिन्न सुरों को सूचीबद्ध करना नामुमकिन है। इस कला के प्रशिक्षण के लिए कुछ महत्त्वपूर्ण सुझावों के साथ अभ्यास के लिए पर्याप्त सामग्री का उल्लेख किया गया है। अभ्यास सुर में बदलाव की कला पर पकड़ बनाने का सबसे आसान तरीका है।

उदाहरण के लिए, इस साधारण वाक्य को ही ले लीजिए, 'ओह, यह एकदम ठीक है।' ध्यान दीजिए कि कैसे सुर बदलने के जरिए फीकी सराहना, विनम्र संदेह और विचारों की अनिश्चितता को व्यक्त किया जा सकता है। इसके बाद ध्यान दीजिए कि कैसे समान भाव को दरशाने में, गिरता हुआ सुर निश्चय, अच्छे आचरण के साथ सहमति, उत्साहपूर्ण सराहना आदि को प्रदर्शित करता है।

साधारण तौर पर ऊँचे सुर से शंका और अनिश्चितता का भाव पैदा करता है, जबकि गिरते हुए स्वर से निश्चितता का बोध होता है।

छात्र, यह साबित करने के लिए कि उनका भाषण 'कुछ खास बुरा नहीं था', ऊँचे सुर का इस्तेमाल करते हैं। इसके विपरीत, नीचे स्वर में भाव व्यक्त करनेवाले छात्रों को कथन की सत्यता प्रमाणित करने की आवश्यकता नहीं होती।

उस व्यक्ति को अलविदा कहने की कल्पना करें, जिससे आप कल दोबारा मिलने वाले हैं; फिर उस मित्र को, जिससे मिलने की संभावना बेहद कम है। इन दोनों भावों में सुर के बदलाव का अहसास खुद-ब-खुद हो जाएगा।

चाय पर किसी कम पहचान की महिला से अलविदा कहते समय, 'आपके साथ बिताया गया समय बेहद सुखद था', का भाव और प्रेमिका के साथ बिताए गए समय के बाद इस भाव का प्रस्तुतीकरण समान नहीं होता। दोनों स्थितियों में सुर में बदलाव के अंतर को महसूस किया जा सकता है।

इस बात को अच्छी तरह समझ लेना चाहिए कि सुर में बदलाव की प्रक्रिया बेहद अप्रत्याशित होती है। एक-एक शब्द के बीच बेहद महीन बदलाव, भाषण के दौरान सुर में तेज और बेहद धीमे बदलाव से इस कला को प्रदर्शित नहीं किया जा सकता। हालाँकि यह भी नहीं नकारा जा सकता कि कभी-कभी सुर में तेज और धीमे बदलाव की भी आवश्यकता होती है; पर जाहिर तौर पर यह सिद्धांत विशेष परिस्थिति में ही कारगर सिद्ध होता है। निम्नलिखित वाक्य का उच्चारण दिए गए संकेतों के आधार पर कीजिए—

और फिर भी मैंने जो कहा—
(ऊँचा सुर)
स्पष्ट कहा
(नीचा स्वर)

स्पष्ट कहा
और फिर भी मैंने जो कहा— (नीचा स्वर)
(नीचा सुर)

अब इस वाक्य के विभिन्न मतलब निकालने के नजरिए से महत्त्वपूर्ण शब्दों के सुर बदलने की कोशिश कीजिए। ऊपर दिए गए उदाहरण में सुर को केवल दो शब्दों के लिए बदलने की सलाह दी गई है, लेकिन हकीकत में अलग-अलग शब्दों के स्वरों को बदलकर वाक्य के कई मतलब निकाले जा सकते हैं।

ध्यान रहे कि शब्दों के उच्चारण में सुर का बदलाव आवश्यकता से ज्यादा या कम नहीं होना चाहिए। सुर में जरूरत से ज्यादा बदलाव भाषा को बनावटी बना देता है, ऐसा लगता है, जैसे एक परिपक्व गृहिणी चुलबुली अदाएँ दिखाने की कोशिश कर रही हो। यह एक स्वाभाविक भाव और बिना इरादे किए गए मजाक के बीच एक महीन परदे के समान है। अपने सुर का स्वयं विश्लेषण कीजिए। उदाहरण के तौर पर, 'ओह, नहीं!' या फिर 'ओह, मैं समझा' और 'वास्तव में' जैसे भावों को सुर के बदलाव के जरिए अलग-अलग मतलब देने की कोशिश कीजिए और धैर्यपूर्वक इसकी समीक्षा कीजिए। नियमों की पुस्तक के मुकाबले यह अभ्यास विषय को ज्यादा गहराई से समझने में मदद करेगा। इसके अलावा, अंतर्मन की आवाज पहचानना भी महत्त्वपूर्ण विशेषता है।

□

8

भाषण-शैली में एकाग्रता

सावधानी बौद्धिक दृष्टि के लिए सूक्ष्मदर्शी यंत्र का काम करती है। इसकी क्षमता कम और ज्यादा हो सकती है; इसके देखने का दायरा कम और ज्यादा हो सकता है। जब इसकी क्षमता को बढ़ाया जाता है तो इसका दायरा कम हो जाता है, लेकिन इसका परिणाम बेहद कुशल एवं गहन होता है। हालाँकि इसके द्वारा बेहद कम दायरे में देखा जा सकता है, लेकिन कम दायरे में दिखनेवाली चीजों का बारीकी से अध्ययन किया जा सकता है। एक सीमा तक केंद्रित बौद्धिक ऊर्जा एवं सक्रियता, चाहे अनुभव से हो या विचारों से, सूर्य की उन किरणों के समान होती हैं, जिन्हें काँच के टुकड़े के माध्यम से इकट्ठा किया जाता है। वस्तु सूर्य की किरणों से गरम हो जाती है और आग पकड़ लेती है।

***—डेनियल पुतनम,** मनोविज्ञानी*

सिर के ऊपर आगे-पीछे की ओर हाथ फेरें और साथ ही अपने सीने को थपथपाएँ। तालमेल का सही अभ्यास होने तक यह क्रिया नामुमकिन नहीं तो बेहद उलझन भरी जरूर महसूस होगी। एक ही समय पर दो या तीन काम करने की विद्या सीखने के लिए दिमाग को विशेष अभ्यास की जरूरत होगी है। अधिकतर मनोवैज्ञानिकों के मुताबिक, दिमाग एक समय में दो विचारों के विषय में नहीं सोच सकता, अकसर हमें महसूस होता है कि हमने दो विचारों के विषय में एक ही समय में सोचा है, लेकिन दरअसल ऐसे दो विचारों के बीच बेहद समानता होती

है। लिहाजा, हमें लगता है कि यह एक ही समय में होनेवाली क्रिया रही होगी।

इस दावे की सत्यता की मनोवैज्ञानिक वजह जो भी हो, लेकिन इस तथ्य से इनकार नहीं किया जा सकता कि दिमाग दूसरे विचार तक पहुँचते वक्त पहले विचार को छोड़ देता है और यह प्रक्रिया निरंतर जारी रहती है।

अधिकतर वक्ता एक विचार व्यक्त करते समय अगले विचार को सोचने की बहुत आम, लेकिन हानिकारक गलती करते हैं और इस तरह वक्ता की एकाग्रता भंग हो जाती है। परिणामस्वरूप वाक्य की शुरुआत तो बेहद प्रभावशाली होती है, लेकिन अंत बेहद फीका हो जाता है। पहले से तैयार किए गए लिखित भाषण में ध्यान रखा जाता है कि वाक्य के अंत में ही बल देने योग्य शब्दों का प्रयोग किया जाए। लेकिन बल देने योग्य शब्द के लिए प्रभावशाली प्रस्तुति की भी आवश्यकता होती है। एकाग्रता के अभाव में यह प्रभाव फीका पड़ जाता है। लिहाजा, मौजूदा वाक्य पर ध्यान केंद्रित करना बहुत आवश्यक होता है। याद रहे कि दर्शकों का दिमाग वक्ता के दिमाग का बहुत ध्यानपूर्वक अनुकरण करता है। यदि भाषण के दौरान एकाग्रता को मौजूदा वाक्य की जगह अगले वाक्य पर केंद्रित कर दिया जाए तो दर्शकों का दिमाग भी भटक जाता है। हालाँकि दर्शकों में यह भटकाव सोचा-समझा नहीं होता, लेकिन निस्संदेह ऐसे मौके पर मौजूदा वाक्य का महत्त्व दर्शकों के लिए कम हो जाता है। वक्ताओं और कलाकारों के लिए विचारों का भटकाव बहुत हानिकारक सिद्ध होता है।

निस्संदेह, भाषण के बीच स्वाभाविक विराम के दौरान अगले वाक्य के बारे में सोचा जा सकता है; लेकिन एक वाक्य बोलते समय दूसरे वाक्य के बारे में सोचना हानिकारक होता है। किसी गहन विचार को एकाग्रता के बिना प्रस्तुत नहीं किया जा सकता। निस्संदेह एकाग्र व्यक्ति विचारों के भाव को बेहद प्रभावशाली ढंग से प्रस्तुत करने की योग्यता रखता है। भाषण की तैयारी के समय वक्ता विचार और भावनाओं को केंद्रित करता है। स्वाभाविक विराम के दौरान अभ्यस्त वक्ता आगामी विचारों पर ध्यान देते हुए प्रभावशाली प्रस्तुति की तैयारी करता है; लेकिन भाषण के दौरान केवल बोलें, पूर्वानुमान न करें। एकाग्रता के साथ शक्तियों को भी बाँटें। उदाहरण के लिए, निम्नलिखित पर ध्यान दें—

'आपने क्या पढ़ा, मेरे स्वामी?' हैमलेट ने जवाब दिया, 'शब्द। शब्द। शब्द।' यह एक प्राचीन समस्या है। शब्दों का सपाट उच्चारण भाव पैदा नहीं करता, लेकिन शब्दों को खींचने से भाव व्यक्त हो सकता है। क्या आपने कभी ध्यान दिया है कि रटा हुआ भाषण कितना खोखला महसूस होता है? क्या आपने

कभी एक लय और तेज स्वर में दोषारोपण करनेवाले अप्रभावी कलाकार, वकील या उपदेशक को सुना है? ऐसे लोग मानसिक समस्या से ग्रसित होते हैं। पेशेवर लोग इस बात का अंदाजा नहीं लगा पाते कि महत्त्वपूर्ण भाव को सपाट तरीके से व्यक्त करने से उसका प्रभाव नष्ट हो जाता है, लिहाजा महत्त्वपूर्ण भाव को दृढ़ता से प्रस्तुत करना आवश्यक होता है। ऐसी प्रस्तुति वक्ता और दर्शक दोनों के लिए कष्टदायक होती है। इस लिहाज से तो तोते को भी वाक्पटु माना जा सकता है। शेक्सपीयर ने बड़े सटीक उदाहरण के साथ समझाया है कि—

'मेरे शब्द ऊपर उड़ते हैं, विचार सतह पर रहते हैं;
बिना सोचे बोले गए शब्द स्वर्ग तक नहीं पहुँचते।'

निपुण वक्ता होने के नाते शब्दों को बार-बार नया जन्म देना चाहिए। इस प्रकार भाषण से एकरूपता के बादल छँट जाते हैं। शब्दों के पीछे छिपे स्वाभाविक, हार्दिक, ताजा और सहज विचार भाषण की प्रस्तुति को जीवंत बना देते हैं। शब्द अभिव्यक्ति का परिणाम होते हैं। कारण को प्रोत्साहित किए बिना परिणाम तक नहीं पहुँचना चाहिए।

क्या आप जानते हैं कि ध्यान कैसे केंद्रित किया जाता है? क्या आपने विभिन्न शब्दों के दार्शनिक अर्थों पर ध्यान दिया है? गौर करें कि किस प्रकार एक काँच का टुकड़ा सूर्य की किरणों से मिलनेवाली ऊर्जा को केंद्रित करता है। कठोर सत्य है कि एकाग्र न हो सकनेवाले व्यक्ति में या तो इच्छा-शक्ति की कमी होती है या वह घबराहट की बीमारी से ग्रसित होता है, या फिर उसे इच्छा-शक्ति के महत्त्व की जानकारी ही नहीं होती है।

हर व्यक्ति में वातावरण की बाकी घटनाओं से ध्यान हटाकर खुद को एकाग्र करने की शक्ति होती है। शरीर के किसी हिस्से में होनेवाली पीड़ा पर ज्यादा ध्यान केंद्रित करने से पीड़ा और बढ़ जाती है। टेनिस के खेल में प्रहार पर ध्यान दीजिए, प्रदर्शन में खुद-ब-खुद निखार आ जाएगा। एकाग्रता का अर्थ है—किसी एक चीज पर ध्यान केंद्रित करना और बाकी चीजों से ध्यान हटाना। यदि आप ऐसा नहीं कर पा रहे हैं तो कुछ गड़बड़ है। इस कमी पर सबसे पहले ध्यान दें। कमी को सुधारने की भरपूर कोशिश करें, निश्चित रूप से समाधान निकल आएगा। 'आत्म-शक्ति' से संबंधित अध्याय को ध्यान से पढ़ें। इच्छा और अभ्यास के द्वारा इच्छा-शक्ति को विकसित करें। हर कीमत पर ध्यान लगाएँ, निश्चित रूप से सफलता हासिल होगी।

□

9

बल

हालाँकि यह साधन चौकन्ना करता है—
उदासीनता से व्यथा न पैदा होने दें;
उत्साह हासिल करने के लिए भद्र समाज का हिस्सा बनें।
ऐसा करने से नैतिकता की भूख बढ़ेगी।

—**बायरन**, *डॉन ज्वान*

कई नाटक अच्छे होने के बावजूद दर्शकों को प्रभावित करने में नाकाम सिद्ध होते हैं। रंगमंच की जबान में कहा जाए तो ऐसे नाटक एक निश्चित प्रभाव से ऊपर उठने में नाकाम रहे हैं। दरअसल ऐसे नाटकों में रोचकता, मनोरंजन और प्रचंडता की कमी महसूस होती है।

निस्संदेह, ऐसे नाटक त्रासदी से कम महसूस नहीं होते। सटीक शब्दों में कहें तो ऐसे नाटकों के प्रस्तुतीकरण के लिए बहुत कम तैयारी की जाती है और मंच पर भी अभिनय में जान डालने के खास प्रयास नहीं किए जाते। इन नाटकों का प्रस्तुतीकरण बेहतर कर दिया जाए, तब भी दर्शकों पर खास प्रभाव नहीं पड़ता। अत: इन नाटकों को जल्द भुला दिया जाता है।

बल क्या है?

पूर्णत: स्पष्ट प्रतीत होनेवाले शब्दों की बारीकी से छानबीन की जाए तो कई गुप्त अर्थ निकाले जा सकते हैं। बल को इस श्रेणी में सम्मिलित किया जा सकता है।

शुरुआत करने से पहले आंतरिक और बाहरी शक्ति के बीच के अंतर को बारीकी से समझने की कोशिश करते हैं। इनमें से एक शक्ति कारण है तो दूसरी नतीजा। एक शक्ति वास्तविक है और दूसरी ईश्वरीय। इसी प्रकार निर्जीव और सजीव बल अलग-अलग होते हैं। व्यक्ति में आंतरिक शक्ति को जुटाकर उसे प्रभावशाली ढंग से प्रस्तुत करने की असीम प्रतिभा होती है। यह कला गंधक-पोटाश के समान नहीं होती, जिसमें विस्फोट के लिए बाहरी ताकत का इस्तेमाल करना ही पड़ता है। व्यक्ति की बाहरी ताकत से प्रभावित होनेवाली वास्तविक शक्ति अंतर्मन से जन्म लेती है। यह सुनने में महज मनोवैज्ञानिक प्रतीत हो सकता है, लेकिन भाषण की कला में निपुणता हासिल करने में इसका प्रभाव बेहद महत्त्वपूर्ण सिद्ध होता है।

वक्ता के लिए मानवीय शक्ति और शारीरिक बल के बीच अंतर को समझना बहुत जरूरी है। साथ ही, इसके वास्तविक गुण को भी गंभीरता से समझना चाहिए। उदाहरण के तौर पर, तेज आवाज में बोलना शक्ति का प्रतीक नहीं होता। ऊँचा बोलने को अकसर चिल्लाना माना जाता है। महज गरजने से भाषण को प्रभावशाली नहीं बनाया जा सकता; हालाँकि ऐसे कुछ पल जरूर होते हैं, जब भाषण के किसी हिस्से को तेज आवाज के जरिए बहुत प्रभावशाली बनाया जा सकता है।

बल यदि कारण है तो प्रभाव भी है। आंतरिक शक्ति का जन्म चार महत्त्वपूर्ण प्रगतिशील तत्त्वों से होता है। सबसे पहले बल की उत्पत्ति दृढ़ निश्चय से होती है। भाषण के दौरान किसी महत्त्वपूर्ण भाव को बल देने से पहले कथन की सत्यता, महत्त्व और सही मतलब का बोध होना बहुत जरूरी होता है। दृढ़ निश्चय विश्वास को जन्म देता है।

'द सैटरडे ईवनिंग पोस्ट' के एक लेख 'इंग्लैंड के टी.आर.' में विंस्टन स्पेंसर चर्चिल ने स्पष्ट उल्लेख किया है कि चर्चिल और रूजवेल्ट की कामयाबी के पीछे प्रभावशाली भाषण की कला सबसे बड़ी वजह रही है।

आंतरिक शक्ति की महत्ता को गहराई से समझने के लिए इसके मूल सिद्धांत को करीब से जानने की कोशिश करते हैं। व्यक्ति दृढ़ निश्चय की भावना को कैसे महसूस करता है? इसका जवाब खुद सवाल में छिपा है। व्यक्ति इसको महसूस करता है—निश्चय का अहसास, भावनात्मक तनाव पैदा करता है। थ्योडोर रूजवेल्ट और बिली संडे की भाषण देते वक्त खींची गई तसवीरों का ध्यान से अध्ययन कीजिए। भाषण के अंत में पहुँचने पर उन वक्ताओं के जबड़ों में खिंचाव और तनाव की वजह से शरीर में खिंची नसों पर ध्यान दीजिए। नैतिक और शारीरिक

बल लगभग एक ही तरह से काम करता है। दोनों बलों को दरशाने में तनाव और तंतु शक्ति की भूमिका एक समान होती है।

धनुष की प्रत्यंचा के खिंचाव और प्रत्यंचा खींचने में मांसपेशियों का बल दर्शकों को आकर्षित करता है। इसी प्रकार जब वक्ता अपनी संयोजित शक्ति का प्रदर्शन करता है तो दर्शकों में उत्सुकता की लहर प्रवाहित हो जाती है। इस संयोजित शक्ति को उजागर करने के लिए इसे ढीला छोड़ना आवश्यक होता है। यही वह शक्ति है, जो दर्शकों को सतर्क बनाती है। दर्शक वक्ता की जुबान से बरसनेवाली शब्दों की बौछार का उत्सुकता से इंतजार करने लगते हैं। आखिरकार यह इनसानी फितरत है। एक गुड्डे में निश्चय और भावनात्मक तनाव जैसे जज्बात को नहीं डाला जा सकता। यदि आप अपने भाषण रूपी चबूतरे पर लकड़ी के बुरादे की गद्दी लगाने की सोचें तो स्वाभाविक है कि आपके भाषण की फूँक खुद-ब-खुद निकल जाएगी।

निश्चय और तनाव की विकसित प्रतिभा से दर्शकों के बीच उत्साह पैदा करने का भरोसा पैदा होता है। उद्देश्य को बल की आधारभूत शक्ति माना जाता है। इसके अभाव में भाषण कमजोर पड़ जाता है। इससे चमक तो पैदा हो सकती है, लेकिन यह चमक बिना रीढ़ की हड्डीवाली जैली मछली के समान महत्त्वहीन होती है। जिस रफ्तार से आप दर्शकों पर पकड़ बनाते हैं, उसी रफ्तार से आपका विश्वास मजबूत होता जाता है।

अंततः यदि विश्वास, तनाव और उद्देश्य के मिश्रण से लक्ष्य को गति नहीं मिल रही है तो इसका प्रयोग निरर्थक साबित होता है। अपनी शक्ति को 'नीरसता में तब्दील न होने दें।' उसे सकारात्मक रूप देने का प्रयत्न निरंतर जारी रखें।

क्या बल को अर्जित किया जा सकता है?

हाँ, इस बल को अर्जित करने की इच्छा रखनेवाला वक्ता उक्त प्रतिभा को हासिल कर सकता है। निम्नलिखित विश्लेषण के द्वारा इस कला पर पकड़ बनाने के सुझाव दिए गए हैं—विषय पर विश्वास कायम करने तक भरोसे को अडिग रखें।

यदि विचार जेहन में तनाव पैदा नहीं कर पा रहा है तो अहसास को जाग्रत् करने की कोशिश जारी रखें। यदि हिम-दरार को लाँघना जीवन-रक्षा के लिए जरूरी हो जाए तो किसी प्रेरणा की आवश्यकता नहीं होती। ऐसे मौके पर व्यक्ति अपनी मांसपेशियों में खुद-ब-खुद लचक महसूस करने लगता है। इसी प्रकार

भाषा में निपुणता हासिल करने के लिए वक्ता प्रेरणा खोजने के स्तर से ऊपर उठ जाता है। अर्थात्, भाषा में निपुणता हासिल करने में भी इच्छा-शक्ति अहम भूमिका अदा करती है।

यह तथ्य दोहराने योग्य है—दक्षता हासिल करने में इच्छा-शक्ति सर्वोपरि है। इच्छा-शक्ति की लौ जलाए रखने के लिए दर्शक या फिर आप खुद प्रेरणा का स्रोत बन सकते हैं। इंजन कितना भी उत्तम हो, ईंधन के अभाव में उससे काम नहीं लिया जा सकता। इसी प्रकार विराम, स्वर के उतार-चढ़ाव और सुर के बदलाव में अभ्यस्त वक्ता में ऊर्जा का अभाव प्रस्तुति को अप्रभावशाली बना देता है।

भाषण में बल पैदा करने के चार महत्त्वपूर्ण गुणों पर भरपूर नियंत्रण होना चाहिए। वे गुण इस प्रकार हैं—विचार, विषय पर मजबूत पकड़, शब्दों का सटीक चयन एवं प्रस्तुतीकरण। इस अंक में इन सभी विशेषताओं के बारे में विस्तृत जानकारी दी गई है, विशेषकर सटीक शब्दों का चयन। इसके जरिए व्याख्यान की कला बेहद प्रभावशाली हो जाती है। भाषण में बल स्थापित करने के लिए निम्नलिखित उदाहरणों पर ध्यान दें—

सटीक शब्दों का चयन

असाधारण शब्दों के मुकाबले सामान्य शब्द ज्यादा प्रभावशाली सिद्ध होते हैं। बाजीगीरी के मुकाबले 'हाथ की सफाई' ज्यादा प्रचलित शब्द है।

लंबे शब्दों के मुकाबले छोटे शब्द ज्यादा प्रखर होते हैं। 'समापन' के मुकाबले 'खत्म' ज्यादा प्रचलित शब्द है।

संस्कृत के मुकाबले देवनागरी हिंदी के शब्दों का प्रयोग करें। 'अग्नि' की जगह 'आग' का इस्तेमाल ज्यादा प्रभावशाली महसूस होता है।

व्यापक शब्दों के मुकाबले निश्चित शब्दों का महत्त्व ज्यादा होता है। 'मुद्रक' की जगह 'छापनेवाला' ज्यादा स्पष्ट भाव पैदा करता है।

लक्ष्य साबित करनेवाले शब्द निस्संदेह आमतौर पर बोले जानेवाले शब्दों के मुकाबले ज्यादा गहरा प्रभाव डालते हैं। 'उसकी शादी हो गई' के मुकाबले 'आखिरकार उसने शादी कर ही ली' से भाव की स्पष्टता बढ़ जाती है।

शख्सियत से संबंधित अपशब्दों के मुकाबले लक्षण दरशानेवाले शब्दों का प्रभाव ज्यादा होता है, 'उस मक्कार इनसान से कह देना' के मुकाबले 'उस चालाक लोमड़ी से कह देना' जैसे शब्दों से भाव ज्यादा भद्र एवं प्रभावशाली हो जाता है।

शब्दों को क्रमबद्ध करना

वाक्य की शुरुआत ध्यान आकर्षित करनेवाले शब्दों के साथ करें।

प्रोफेसर बैरेट वैंडेल के मुताबिक, 'प्रतिष्ठावान् शब्दों के साथ वाक्य का अंत करें।'

कमजोर विचारों के सम्मुख गहन एवं गंभीर विचार प्रस्तुत करें। इस वैचारिक तुलना से आत्मविश्वास बढ़ता है।

भाव को ज्यादा विस्तार से प्रस्तुत नहीं करना चाहिए। छोटे वाक्य ज्यादा प्रभावशाली होते हैं।

निरर्थक शब्द को भाषण से छाँटने की कोशिश करें, ताकि अहम शब्दों पर विशेष बल दिया जा सके।

आम घरेलू कहावतों का इस्तेमाल औपचारिक और दार्शनिक विचारों के मुकाबले ज्यादा प्रभावशाली होता है।

वाक्यों में गहन विचार को सही स्थान दें। इस प्रकार विचार के महत्त्वपूर्ण हिस्से को ज्यादा बल प्रदान किया जा सकता है।

'लेकिन,' किसी ने कहा है, 'विषय के दिलचस्प हिस्से पर निर्भर होने से प्रभाव नहीं जमता। उसके मूल भाव, स्पष्ट तौर पर की गई व्याख्या और प्रस्तुति का सौंदर्य, दर्शकों को आकर्षित करने में ज्यादा कारगर साबित होता है?' किसी व्यक्ति को बलपूर्वक आकर्षित करने के मुकाबले उसे मोहित करना ज्यादा उत्तम तरीका है।

बल का प्रयोग क्यों किया जाए?

यह नजरिया वास्तविकता के बेहद करीब है, लेकिन पूर्ण रूप से वास्तविक नहीं है। स्पष्टता, धारणा, सौंदर्य एवं सत्य की साधारण व्याख्या करना आवश्यक होता है। निश्चित ही इन गुणों के मिश्रण से प्रस्तुतीकरण में चार चाँद लग जाते हैं।

छोटे-मोटे प्रहार की परवाह करनेवाले वक्ता आक्रामक संदेश देने में विफल साबित होते हैं। जिस तरह सख्त-चमकीले पत्थरों को रगड़कर चिनगारी पैदा नहीं की जा सकती, उसी प्रकार मात्र सहजता से दर्शकों में जिज्ञासा पैदा नहीं की जा सकती।

दर्शकों से भरे मंच के सम्मुख अभिनय करते समय यदि आप भावुकता के साथ कहें, 'मुझे लगता है कि नाट्यशाला में आग लग गई है।' तो जाहिर तौर पर दर्शक हँसी से फूट पड़ेंगे। यदि इस भाव को चिंता और बौखलाहट के साथ व्यक्त

किया जाए तो दर्शक एक-दूसरे को रौंदते हुए बाहर के दरवाजे की ओर भागना शुरू कर देंगे।

वक्ता के मिजाज और भाषा के प्रभाव से संदेश दृढ़ हो जाता है। किसी यादगार भाषण में 'मुझे लगता है', 'मुझे पता लगाना होगा', 'मेरी राय में' और 'शायद यह सच है' जैसे भाव का उपयोग नहीं किया गया है। वक्ताओं के आत्मविश्वास और निर्भीक भाषण-शैली ने ही महान् व यादगार भाषणों की नींव रखी है। दरअसल, इन वक्ताओं ने शब्दों के जरिए अविनाशी सत्य को जाहिर करने की हिम्मत दिखाई है। ईसा मसीह के बारे में कहा गया है कि 'साधारण व्यक्ति ईसा मसीह का प्रवचन बहुत आनंद से सुनते थे।' क्यों? दरअसल 'ईसा मसीह पूर्ण विश्वास के साथ शिक्षा प्रदान करते थे।' दर्शकों पर इस बात का प्रभाव नहीं पड़ता कि आपके मुताबिक क्या सही है और आपकी मान्यता क्या है। भाषण में दर्शकों को आकर्षित करने की ऊर्जा होनी चाहिए। बोलने से पहले विचार की सत्यता को परखा जाना चाहिए, फिर उस विचार को ब्रह्म सत्य के तौर पर प्रस्तुत करना चाहिए। दृढ़तापूर्वक विचार की सत्यता को प्रमाणित करना चाहिए। विचारों की घोषणा चुनौतीपूर्ण लहजे में करनी चाहिए। यदि आप विश्वास के साथ नहीं बोल सकते तो बेहतर है कि चुप रहें।

एक कट्टर विचारवाले युवा मंत्री में वह कौन सी शक्ति होती है, जो हठधर्मी होने के बावजूद दर्शकों को प्रोत्साहित करने में कामयाब हो जाता है—'मेरे दोस्तो, जो मैं आपको मानता भी हूँ, कर्तव्य के नाते आपको बताना चाहता हूँ कि पश्चात्ताप ही पापों को धोने का सही मार्ग है। पश्चात्ताप से पाप पूरी तरह धुल जाते हैं, साथ ही सत्य के मार्ग की जानकारी मिलती है; लेकिन इससे बड़ी सच्चाई यह है कि यदि मैं भी आपको यही शिक्षा देने लगूँगा तो सभी लोग पश्चात्ताप का मार्ग अपना लेंगे। फिर यहाँ कोई नहीं बचेगा।' प्रभावशाली भाषण में एक युग से संबंधित दर्शन प्रस्तुत करना चाहिए। आज के दौर में उत्साहहीन और बेमन से प्रस्तुत किए गए भाषण को कोई नहीं सुनना चाहता। आज के युग में समाज दुनिया भर की जानकारी रखता है, लिहाजा भाषण और विचारों को प्रचलित करने के लिए वक्ता को दर्शकों के मिजाज को समझना चाहिए। पहली कतार में बैठकर किसी प्रसिद्ध नाट्य रचना को गौर से देखिए। ध्यान रहे, रोमांचक नाट्य रचना हास्य रचना नहीं। नाटक देखते समय कहानी से अपना ध्यान पूरी तरह से हटा लीजिए और प्रस्तुतीकरण की तकनीक एवं कलाकारों के अभिनय पर ध्यान केंद्रित कीजिए। नाटक के अंत में अभिनय में विशेष आकर्षण एवं प्रबलता का अनुभव

होगा। इस अध्याय में यही प्रस्तुत करने की कोशिश की गई है—दरअसल पूर्ण रूप से सुनियोजित, नियंत्रित और कोमलता से किया गया बल-प्रयोग दर्शकों के मन पर अमिट छाप छोड़ने का काम करता है।

बल का प्रयोग कब किया जाए?

दर्शक और स्वर्ग के राज्य निवासी समान होते हैं। दर्शकों को जबरदस्ती मोहित नहीं किया जा सकता। भाषण के एक बेहद नाजुक पहलू पर सौंदर्य और शांति को एक ही भाव में घोलना पड़ता है। बल की उत्पत्ति विरोधाभास के दो अनंत किनारों में से किसी एक किनारे पर होती है। इनमें से किसी एक किनारे, यानी बल या शांति, को भाषण का आधार नहीं बनाया जा सकता—इन दोनों भावों का सटीक इस्तेमाल करना चाहिए। भाव के निरंतर उतार-चढ़ाव से दर्शकों को आकर्षित करनेवाली ऊर्जा पैदा होती है। सूर्योदय के सौंदर्य की व्याख्या करते समय जितना जोर चिड़ियों के चहचहाने, फूलों के खिलने और प्राकृतिक सुंदरता पर देना चाहिए, वहीं लोगों की चहल-पहल, शोर-शराबे और दूर से आती रेलगाड़ी की गड़गड़ाहट का जिक्र भी उसी उत्सुकता से किया जाना चाहिए। ऐसे व्याख्यान में दर्शकों की सोच को खुलने का भरपूर मौका दें। याद रखें, कई दिमागी तिजोरियों की चाबी खो चुकी होती है। इन तिजोरियों को खोलने का प्रयास करें। जब मैं इस भाव को समझाने की.कोशिश करते हुए लिख रहा था, निश्चित रूप से उसी वक्त कहीं कोई ठेकेदार किसी इमारत के लिए जमीन एक-सार करने की मंशा से पहाड़ियों को बारूद से उड़ा रहा होगा। अर्थात्, कार्य में विश्वास रखनेवाले व्यक्ति को बारूद से नहीं घबराना चाहिए।

भाषण के दौरान प्रभावशाली प्रस्तुति के लिए आखिरी तर्क यह है कि विचार का आधार तैयार करने के लिए व्यापक एवं स्वतंत्र सोच होनी चाहिए। यही वजह है कि कुछ भाषणों को सुबह के प्रसारण में विशेष स्थान दिया जाता है। अप्रभावशाली प्रस्तुतीकरण की वजह से बहुत से बयान अपरिपक्व एवं बढ़ा-चढ़ाकर पेश किए गए महसूस होते हैं। लेकिन दिलचस्प है कि दर्शकों का ध्यान खींचने में यह विधि कारगर सिद्ध होती है। अत: ध्यान रखें कि भाषण तैयार करते वक्त हलके विचारों को कमजोर कड़ी न बनने दें। ऐसी स्थिति में दर्शक भाषण के लचीलेपन को भाँप लेते हैं। एक प्रतियोगिता के दौरान ग्रीस के महान् मूर्तिकार फिड्यास ने मूर्ति के बाहरी किनारों पर लापरवाही से गाढ़ी रेखा खींची। उस लापरवाही के लिए आलोचना का दौर शुरू हो गया। लेकिन फिड्यास ने मुसकराते हुए कहा कि उसके द्वारा बनाई

गई मूर्ति और दूसरे मूर्तिकारों की मूर्ति को उस ढाँचे में रखा जाए, जो मूर्तियाँ स्थापित करने के लिए बनाया गया है, तो आश्चर्यचकित रूप से फिड्यास के द्वारा मूर्ति के चारों ओर खींची गई गाढ़ी रेखाएँ ज्यादा आकर्षित सिद्ध हुईं। इस तरह फिड्यास की मूर्ति से संबंधित सभी शंकाएँ और आलोचनाएँ स्वाभाविक रूप से प्रशंसा में परिवर्तित हो गईं। इसी तरह भाषण के ढाँचे को तैयार करते समय भी केवल बल देने योग्य पहलुओं पर ही विशेष ध्यान देना चाहिए।

प्रस्तुतीकरण के अंदाज में यदि आप आक्रामक रवैए को पसंद नहीं करते हैं तो जैसा कि वेंडेल फिलिप्स ने कहा है, इस स्थिति में बल के द्वारा भाषण में सहज प्रभाव डालने की कोशिश करें, विचारों को साँस लेने और शब्दों को जीवन देने का प्रयास करें। बिरेल के अनुसार 'प्रत्येक वाक्य को वैद्युत् बिल्ली के खिलौने की तरह झटका और चिनगारी पैदा करने योग्य बनाएँ।' भाषण में मौजूद महत्त्वपूर्ण भाव को विशेष बल देने का प्रयत्न निरंतर जारी रखें।

□

10

भावना एवं जोश

जोश वह गोपनीय एवं सौंदर्य से भरपूर शक्ति है,
जो प्रतिभाशाली व्यक्ति के आस-पास मँडराती है।

–इसाक डिजराइली, साहित्यिक किरदार

यदि आप वैज्ञानिकों की टोली को तितली के खूबसूरत पंखों पर मौजूद नसों के जाल और सड़कों की संरचना जैसे विषय पर संबोधित कर रहे हैं तो स्वाभाविक रूप से ऐसा विषय वक्ता और दर्शकों में उत्साह की उमंग पैदा नहीं कर सकता। ये सभी विचार करने योग्य विषय होते हैं। लेकिन बाल-श्रम जैसी कुरीति को खत्म करने की मुहिम या स्वतंत्रता के लिए हथियार उठाने जैसे विषय पर दिए गए भाषण जाहिर तौर पर दर्शकों में जागृति और उत्तेजना की लहर पैदा करते हैं। हम आरामदायक गद्दों पर सोते हैं, ठंडे दिनों में हीटर पर हाथ तापते हैं, स्वादिष्ट व्यंजन खाते हैं और विपरीत लिंग की ओर आकर्षित होते हैं। इस आकर्षण के पीछे सुख-सुविधाओं को सही ठहराना उचित तर्क नहीं हो सकता। इस स्वभाव की मुख्य वजहें आराम के प्रति झुकाव होती हैं। हमारी भावनाएँ खाने के प्रति हमारी इच्छा और सामाजिक व्यवहार का तरीका निर्धारित करती हैं। इनसान भावनात्मक प्राणी है, लिहाजा कुशल वक्ता बनने के लिए दर्शकों की भावनाओं को करीब से छूना जरूरी होता है।

अफ्रीकी मूल की गरीब माताओं ने नीलामी में अपने बच्चों को गुलाम के तौर पर बिकते देखा है। इस त्रासदी से त्रस्त माताओं ने शेष अमेरिकी वक्ताओं के मुकाबले दर्शकों के दिल को ज्यादा करीब से छुआ है। निस्संदेह उन माताओं को भाषण के नियमों की कोई जानकारी नहीं थी, लेकिन उनके पास नियमों से बढ़कर

कुछ था—मातृत्व की भावना एवं करुणा। करों में बदलाव और डाक-व्यवस्था में सुधार से संबंधित विषयों पर खास भाषण नहीं दिए जा सके हैं। यादगार भाषण सदैव भावनाओं से लिप्त रहे हैं। वाक्पटुता के लिए कामयाबी और बेफिक्र जिंदगी खास उपयोगी साबित नहीं होती। किसी बड़ी भूल को सुधारने और त्रस्त जनता को जाग्रत् करने के लिए की गई कोशिशों ने यादगार भाषणों को जन्म दिया है। गुलामी को युग की सबसे विकट विपत्ति घोषित करते हुए पैट्रिक हेनरी ने कभी न भुलाए जानेवाला भाषण दिया था। भाषण के दौरान ईमानदारी और भावुकता से सराबोर होकर पैट्रिक ने कहा था कि 'या तो मुझे आजादी दो या फिर मौत।' भाषण की इस पंक्ति को कभी नहीं भुलाया जा सकता।

जोश का प्रभाव

राजनीतिक पार्टियाँ किराए पर गाने-बजानेवालों की टोलियाँ बुलाती हैं, तालियाँ पीटने के लिए नकद इनाम देती हैं। अफसोस कि इस कार्य को तर्कसंगत भी ठहराया जाता है। राजनीतिक पार्टियों की मानें तो ऐसा करने से जनता के उत्साह को आसानी से वोटों में तब्दील किया जा सकता है। इस तर्क की सत्यता का आकलन नहीं किया जा सकता; लेकिन इस बात में भी दो राय नहीं है कि संक्रमण के समान उत्साह की प्रवृत्ति तेजी से फैलने की होती है। घड़ी बनानेवाली एक कंपनी ने घड़ी की दो किस्मों को दो अलग-अलग विज्ञापनों के जरिए बेचने का रास्ता आजमाया—पहले विज्ञापन में घड़ी बनाने की बेजोड़ विधि, कारीगरी और घड़ी के लंबे समय तक टिकाऊ रहने का भरोसा प्रदर्शित किया गया; दूसरे विज्ञापन में 'गर्व करने लायक घड़ी' जैसी पंचलाइन के जरिए घड़ी खरीदने से संबंधित गौरव का व्याख्यान किया गया। विज्ञापन का दूसरा तरीका बेहद पसंद किया गया और पहले के मुकाबले दूसरे मॉडल की घड़ियों की बिक्री दोगुनी रही।

अंतहीन उदाहरणों के जरिए यह साबित किया जा सकता है कि इनसान एक भावनात्मक प्राणी है। एक प्रभावशाली वक्ता बनने के लिए दर्शकों में विषय के अनुसार भावना पैदा करना बहुत जरूरी होता है।

वाद-विवाद की कला में निपुण वक्ता अच्छी तरह से जानते थे कि भाषण का भावनात्मक पहलू सबसे अहम होता है। उन्होंने बड़ी चतुराई से वाक्पटुता के बारे में कहा है—

'दिखावटी उत्साह, गंभीर भाव, व्याख्यान में निपुण रोचकता की केवल कल्पना की जा सकती है। इसे पूर्ण रूप से हासिल नहीं किया जा सकता। यह

केवल तभी हासिल होती है, जब हासिल हो जाए। यह जमीन से निकलनेवाले फव्वारे के समान है, पहाड़ों के मुख से निकलनेवाले लावा के समान है, जो केवल प्राकृतिक शक्ति से ही बाहर निकलते हैं।'

'विद्यालय में सिखाए जानेवाले नजाकत से भरे भाषण के तौर-तरीके उस वक्त काम नहीं आते, जब बीवी-बच्चों के भाग्य और देश की नाजुक स्थिति को सुधारने के लिए भाषण दिया जाए। ऐसे मौके पर शब्द शक्तिहीन हो जाते हैं और वाक्पटुता घास चरने चली जाती है। ऐसे मौकों पर योग्य-से-योग्य वक्ता की क्षमता क्षीण हो जाती है। अतः कहा जा सकता है कि वाक्पटुता देशभक्ति और आत्मनिष्ठा का एक रूप है। विचारों की स्पष्टता, विशेष उद्देश्य, दृढ़ निश्चय, निर्भीक स्वभाव, दीप्तिमान आँखें, जुबान पर लहराते शब्द और विषय पर ध्यान केंद्रित करने की शक्ति से वाक्पटुता का जन्म होता है। ऐसी वाक्पटुता बोलने की बाकी निपुणताओं के मुकाबले ज्यादा प्रभावशाली होती है। यह एक प्रक्रिया है; एक प्रभावशाली, श्रेष्ठ और उत्तम प्रक्रिया।'

एक बार खाना खाने के बाद एक लेखक गाँव की सड़कों पर टहलने के लिए निकला। रास्ते में उसने एक ढोंगी को बोलते हुए सुना। एमरसन की हर व्यक्ति से कुछ सीख लेने की सलाह को मानते हुए लेखक रुक गया और उस ढोंगी की बात को ध्यान से सुनने लगा। वह व्यक्ति बाल मजबूत करने की दवा बेच रहा था और दावा कर रहा था कि उसने इस दवा की खोज एरिजोना में की है। उसने अपने सिर से टोप हटाते हुए दवा के सकारात्मक असर का व्याख्यान किया, दवा से मुँह धोकर साबित किया कि दवा हानिकारक नहीं है। इसके बाद दवा के फायदों का भरपूर व्याख्यान कुछ इस तरह से किया कि खरीदारों की लाइन लग गई। दवा बेचने के बाद उस जालसाज ने बड़े विश्वास के साथ यह समझाने की कोशिश की कि महिलाओं के मुकाबले पुरुष ज्यादा तादाद में गंजे क्यों पाए जाते हैं। इस विषय में किसी को कोई जानकारी नहीं थी। उसने समझाया कि महिलाएँ पतले तलवे के जूते पहनती हैं, इसलिए शरीर का माँ धरती से संपर्क ज्यादा होता है। पुरुष मोटे तलवे के जूते पहनते हैं और बालों को पोषक तत्त्वों से वंचित रखते हैं। उस जालसाज के पास इस समस्या का भी निवारण था—एक ताँबे का टुकड़ा, जिसे जूतों के तलवे में रखने से समस्या हल हो सकती थी। दिलचस्प बात है कि सहज और स्वाभाविक तौर पर पेश किए गए उस निवारण का जनता ने उत्साह के साथ स्वागत किया और एक बार फिर खरीदारों की लंबी कतार लग गई।

'एमरसन ने कहा है—सुनो, उत्साह के बिना बड़ी कामयाबी हासिल नहीं की

सकती है।' कार्लेयल ने कहा है, 'इतिहास के पन्नों में शामिल महान् लमहे केवल और केवल जोश व उत्साह का परिणाम हैं।' उत्साह की भावना चेचक के संक्रमण की तरह फैलती है। ऑलिवर क्रॉमवेल ने कहा है, 'इतने ऊँचे कभी न पहुँचो कि पता ही न चले, जाना कहाँ है।'

उत्साह को कैसे हासिल और विकसित किया जाए?

उत्साह कोई कमीज नहीं है, जिसे जब चाहे, पहन लो और जब चाहे, उतार दो। उत्साह को पुस्तक में मौजूद नसीहतों से भी हासिल नहीं किया जा सकता। उत्साह समय के साथ विकसित होनेवाला प्रभाव होता है। लेकिन सवाल है कि किस चीज का प्रभाव? जानने की कोशिश करते हैं।

एमरसन ने लिखा है—'एक चित्रकार ने मुझे बताया कि पेड़ का बेहतरीन चित्र बनाने के लिए चित्रकार को खुद को पेड़ के समान महसूस करना पड़ता है। इसी प्रकार एक बच्चे का चित्र बनाने से पहले बच्चों की शरारतों, हरकतों और स्वभाव को समझना जरूरी होता है। खुद को बच्चों जैसा महसूस करनेवाला चित्रकार ही बच्चों के विभिन्न भावों को चित्र के द्वारा प्रकट कर सकता है। मैं रेगिस्तान में रहनेवाले एक ऐसे चित्रकार को जानता हूँ, जिसने चट्टान का चित्र बनाने से पहले उसकी भौगोलिक विशेषताओं के बारे में जानकारी हासिल की और उसके द्वारा बनाया गया चित्र विश्व-प्रसिद्ध हुआ।'

किसी कठिन किरदार का अभिनय करने के लिए साराह बर्नार्ड उस दिन शाम 4 बजे के बाद न तो किसी से मिलती थीं और न ही बातचीत करती थीं। इस अंतराल में वह अपने किरदार में खोई रहती थीं। शेक्सपीयर के नाटकों में अभिनय करनेवाले महान् कलाकार बूथ भी किरदार निभाने से पहले अकेले रहना पसंद करते थे और खुद को किरदार में डुबोए रखते थे। एक महान् कृति 'द डिवाइन कॉमेडी' लिखने से पहले दांते अपनी प्रेमिका फ्लोरेंस से लंबे समय तक दूर रहे, जंगलों में ठिकाना बनाया, गुफाओं में जीवन बिताया और कई बार भुखमरी के कगार तक पहुँचे। इस कष्ट भरे जीवन के बाद दांते ने महान् हास्य कृति को लिखा। सूर्योदय के सौंदर्य का वर्णन करने के लिए टरनर ने दिन निकलने से पहले 12 किलोमीटर का पहाड़ी सफर तय किया और फिर समुद्र-तट से उगते सूर्य के सौंदर्य और महिमा का वर्णन किया। वैंडेल फिलिप्स के वाक्य दिलोदिमाग पर बहुत गहरा असर डालते हैं, क्योंकि फिलिप्स ने 50 लाख गुलामों के दुःख-दर्द को करीब से महसूस किया था।

भाषा में अहसास पैदा करने का बस यही एकमात्र रास्ता है, बोलते समय विषय को दिल से महसूस करें और बाकी सब भूल जाएँ। आप जिस अहसास का वर्णन करना चाहते हैं, उसके किरदार में पूर्ण रूप से उतर जाएँ। आप जिस उद्देश्य की वकालत कर रहे हों, जिस मामले पर बहस कर रहे हों, उसे वस्त्रों की तरह धारण कर लें, उसमें समा जाएँ और इस दौरान बाकी सब भूल जाएँ। इस तरह भाव के सही मतलब तक पहुँचा जा सकता है, विषय में सहानुभूति का भाव पैदा किया जा सकता है, प्रकट की जानेवाली भावना निजी भावना जैसी प्रतीत की जा सकती है। ऐसा करने से विषय का अहसास समाहित हो जाता है और उत्साह वास्तविक एवं संक्रामक रूप धारण कर लेता है।

इस प्रक्रिया को महज सलाह के तौर पर नहीं लेना चाहिए, इसे महसूस करना चाहिए। व्याख्यान का अंदाज वक्ता की भावनाओं के उबाल को दर्शकों के सामने परोस देता है। भाषण में वास्तविक अहसास ढाँचे में मौजूद खून और हड्डी के समान होता है, जिसे न तो बढ़ाया जा सकता है और न ही घटाया जा सकता है। एक आदर्श भाषण में वक्ता और दर्शकों की भावना एक समान हो जाती है, अहसास एक-दूसरे के साथ मिल जाते हैं और प्रस्तुति यादगार बन जाती है।

मान[illegible] में सहानुभूति की आवश्यकता

[illegible]ता में मानव स्वभाव से संबंधित करुणा का भाव जोर-जबरदस्ती से पैदा नहीं कि[illegible] जा सकता। उसका विकास स्वयं होता है। विक्टर ह्यूगो की आत्मकथा लिखने[illegible] लेखक ने ह्यूगो की अथाह धार्मिक भावनाओं को लेखन कला की महानत[illegible] आधार बताया है। हाल ही में 'कॉलियर्स' वीकली के संपादक को लघुक[illegible] लेखने की कला पर बोलते हुए सुना गया। भाषण के दौरान उन्होंने बार-बार म[illegible]ता के प्रति स्नेह की भावना पर जोर दिया। लेकिन निजी स्वार्थ हासिल करने [illegible]लिए दिए गए कुछ यादगार भाषण समय के साथ खुद-ब-खुद महत्त्वहीनता के अँ[illegible] में लुप्त हो जाते हैं। महानता का सबसे मजबूत आधार है—समर्पण की भाव[illegible] स्वयं का संरक्षण जीवन का पहला नियम है, तो आत्मत्याग महानता का पहल[illegible] लक्षण है। पाप की बुनियाद निजी स्वार्थ की जमीन पर खोदी जाती है। महा[illegible] धर्म और दार्शनिक निरंतर इस सत्य का सत्यापन करते आए हैं। वास्तविक सहा[illegible]ते और स्नेह से भरा व्यक्तित्व ही मानवता की भावनाओं में जागृति पैदा करने [illegible]ग्य भाषण प्रस्तुत कर सकता है।

[illegible]सा कि वैब्स्टर ने कहा है, सहानुभूति और स्नेह दरशाने का ढोंग किसी

काम नहीं आता। इस अभिनय को सफलतापूर्वक नहीं किया जा सकता। 'प्रकृति ने वास्तविकता को विशेष ऊर्जा प्रदान की है।' भाषण देते समय शब्दों और भावनाओं में तालमेल होना चाहिए। बिना भावना के प्रस्तुत किए गए वाक्यों में अहसास की कमी झलक ही जाती है। अधूरे मन से पेश किए गए उदासीन व्याख्यान के लिए समाज में कोई जगह नहीं होती। वाक्पटुता का सबसे अहम स्रोत है—ईमानदारी। कार्लेयल ने सही कहा है, 'मिराब्यो, नेपोलियन, बर्न्स और क्रॉमवेल में से कोई विशेष योग्यता का धनी नहीं था; लेकिन इन सभी व्यक्तित्वों में दृढ़ निश्चय सर्वोपरि था—और मेरी नजर में ऐसा ही व्यक्ति सच्चा एवं गंभीर होता है। महान् एवं वास्तविक गंभीरता से नायक का उदय होता है। महान् व्यक्ति लक्ष्य के लिए इस्तेमाल की जानेवाली गंभीरता और लगन का व्याख्यान नहीं कर सकता। असल में, इसके बारे में विचार तक नहीं किया जा सकता है।'

□

11

तैयारी के जरिए बहाव

प्रस्तुति से पहले तैयारी पर विशेष ध्यान देना चाहिए, ठोस तैयारी से प्रस्तुति दोषरहित हो जाती है।

–सीसिरो, *द ऑफिस*

शब्दकोश में उन लैटिन शब्दों पर ध्यान दीजिए, जिनमें फ्लू का प्रयोग होता है, ऐसे शब्द सांकेतिक भाव प्रदर्शित करते हैं।

पहले-पहल आसान और आम इस्तेमाल में लिये जानेवाले शब्दों में प्रवाह महसूस होता है। भाषण के दौरान शब्दों का प्रवाह तेज करना आसान नहीं होता, इसके लिए निरंतर अभ्यास और भाषण के दौरान होनेवाली गलतियों को सुधारना जरूरी होता है।

भाषण में बहाव का स्रोत

मोटे तौर पर कहें तो मजबूत तैयारी भाषण में बहाव पैदा करने का एकमात्र तरीका है। निश्चित तौर पर कलाकार में मौजूद पैदाइशी गुण विशेष महत्त्व रखते हैं, लेकिन जन्म से प्राप्त गुणों को निखारने के लिए अभ्यास की आवश्यकता होती है। अभ्यास के द्वारा उन गुणों को भी हासिल किया जा सकता है, जो व्यक्तित्व में प्राकृतिक रूप से मौजूद नहीं होते। यह उदाहरण प्रेरणादायक हो सकता है। शायद हजरत मूसा की तरह आपको भी गलतफहमी हो कि आप में तत्परता की योग्यता नहीं है।

क्या यह सोचना बंद किया जा सकता है कि 'हम तत्पर वक्ता नहीं हैं?'

किसी कार्य के लिए तत्परता का मतलब है—बेहतर तैयारी से सुसज्जित होना। और वे लोग सदा तैयार रहते हैं, जो कार्य को अंजाम देने के लिए बेहतर तैयारी करते हैं। उँगलियों की फुरती से चलाने का अभ्यास ताबड़तोड़ गोलियाँ चलाने में सक्षम बंदूक से ज्यादा महत्त्वपूर्ण होता है। भाषा में बहाव की कला दो महत्त्वपूर्ण अवस्थाओं के सीधे अनुपात में होती है—भाषण के विषय और बोलने के अंदाज का पूर्ण ज्ञान होना चाहिए। इस प्रकार भाषण में बहाव पैदा करने के अन्य महत्त्वपूर्ण सिद्धांतों का बोध होता है। बेहतर तैयारी और निरंतर अभ्यास से भाषण में स्वत: ही बहाव पैदा हो जाता है।

विषय के ज्ञान का महत्त्व

आकर्षक प्रस्तुतीकरण में अभ्यास की भूमिका के साथ कुछ और महत्त्वपूर्ण पहलू भी होते हैं—विचारों को क्रमबद्ध तरीके से पेश करना, शब्दों का सटीक चयन, सहज व्याख्यान, सही समय पर विराम, आत्म-चेतना और कुछ अन्य विशेषताओं का वर्णन इस अध्याय में नहीं तो पुस्तक में कहीं-न-कहीं जरूर किया जाएगा।

आम विषय या विषय विशेष के अनुसार तैयारी की जा सकती है। दरअसल तैयारी की प्रक्रिया में इन दोनों का सटीक मिश्रण होना चाहिए। अध्ययन की ओर निरंतर झुकाव, भावोत्तेजक विचारों का गहन आकलन और जीवन के संघर्षों से जूझने का साहस निपुणता हासिल करने के महत्त्वपूर्ण माध्यम हैं। सुसंग्रहित दिमाग, व्यापक अनुभव और संवेदनशीलता रखनेवाला व्यक्ति किताबों के मुकाबले इन गुणों से ज्यादा सीखता है। विषय से संबंधित उचित जानकारी, वातावरण से हासिल किए गए गहन अनुभव और अच्छी संगति से मिले महत्त्वपूर्ण सुझाव जैसे गुणों के मिश्रण को उत्तम तैयारी माना जाता है। अच्छी संगति एवं उत्तम विचारों से आदर्श सोच विकसित होती है। मित्रों के बीच निपुण भाषण-शैली प्रस्तुत करनेवाला व्यक्ति ही आदर्श वक्ता बन सकता है। अत: विचारों को सटीक शब्दों के माध्यम से व्यक्त करें। वक्ता भी अपने भाषण से उतना ही सीखता है जितना दर्शक। कभी-कभी बोलने से पहले वक्ता विषय की कम जानकारी होने की धारणा बना लेता है। ऐसे में, याद रखें कि एक विचार दूसरे विचार को जन्म देता है। यह जानकर हैरानी होगी कि वक्ता जितना प्रस्तुत करता है, दर्शक उससे ज्यादा की उम्मीद रखते हैं। दोस्ताना वार्त्तालाप के जरिए मानसिकता और व्याख्यान में बहाव विकसित होता है। लॉन्गफेलो ने कहा है, 'किसी ज्ञानी व्यक्ति के साथ की गई एक चर्चा दस साल तक हासिल किए गए किताबी ज्ञान से ज्यादा कारगर सिद्ध होती

है।' और होम्स ने बड़े मनमौजी ढंग से घोषणा की है कि आधे समय तो वह केवल विचाराधीन मुद्दों पर ही बोलता रहा है। लेकिन भाषण के मंच पर यह तरीका नहीं अपनाया जा सकता।

दरअसल, संग्रह के माध्यम से प्राप्त संपन्नता का उपयोग एक महान् भाषण की तैयारी के लिए करना चाहिए। निस्संदेह यह एक महान् विचार है और इस विचार को विस्तार से प्रस्तुत करने के लिए एक अलग अध्याय की जरूरत पड़ेगी।

अभ्यास

जानकारी को संगठित कर उसे निश्चित रूप देने को संपूर्ण तैयारी नहीं मानना चाहिए। अभ्यास के बिना तैयारी संपूर्ण नहीं हो सकती, अर्थात् जानकारी के अनुसार भाषण का अभ्यास करना बेहद आवश्यक होता है। इस सिद्धांत के आधार पर की गई तैयारी और अभ्यास का असर निश्चित समय के बाद ही महसूस होता है। लिहाजा शुरुआती विफलता से न तो घबराएँ और न ही निराशा को हावी होने दें। शुरुआत में इस पद्धति को अपनाने से होनेवाले प्रभाव को नजरअंदाज करें और भविष्य में सकारात्मक परिणाम की कल्पना करें। मंच पर पहुँचने के बाद केवल विषय के बारे में सोचें। दर्शकों और वक्ता के बीच एक-दूसरे के भाव समझने की असीम शक्ति होती है। वक्ता द्वारा संकेतों के माध्यम से प्रस्तुत किए गए विचारों को दर्शक आसानी से समझ लेते हैं।

आपसे बार-बार अनुरोध किया जा रहा है कि 'भाषण देते समय केवल विषय पर ध्यान केंद्रित रखें।' यह सलाह थोड़े में बहुत समझी जानी चाहिए। भाषण से संबंधित अन्य महत्त्वपूर्ण पहलुओं को भूलने की सलाह कतई नहीं दी जा रही है। बस, यह कहा जा रहा है कि उनके बारे में बेवजह न सोचें। एकाग्रता केवल संदेश के महत्त्व पर होनी चाहिए। हालाँकि अवचेतन में तकनीकी पहलुओं पर विचारों का भटकाव होता रहता है, लेकिन इससे भाषण पर प्रभाव नहीं पड़ता। दरअसल, एक निपुण वक्ता समय के साथ इस कला में अभ्यस्त हो जाता है।

चेतना और अवचेतना के बीच सहज तालमेल स्थापित करना बहुत आवश्यक होता है।

जिस तरह साँस लिये बिना नहीं जिया जा सकता है, उसी प्रकार इस सिद्धांत को भी नजरअंदाज नहीं किया जा सकता। मंच पर हाव-भाव, स्वर, सुर बदलने की कला उतनी ही निपुण होनी चाहिए, जितना वास्तविक हाव-भाव, स्वर और सुर बदलने का अंदाज होता है। भाषण के दौरान वाक्यों का बहाव कैसा है, बस

इतना विचार ही बहाव को बिगाड़ देता है।

आत्मविश्वास से संबंधित शुरुआती अध्याय का ध्यान कर उसके निर्देशों को याद कीजिए। सलाह है कि सिद्धांतों को याद किए बिना बोलने की कला को समझिए। यह जरूरी नहीं है और हो भी नहीं सकता कि शब्द के सही उच्चारण के लिए आप भाषण के बीच में सोचना शुरू कर दें। हकीकत यह है कि ग, ख, क के क्रम को क, ख, ग के क्रम के मुकाबले याद करना मुश्किल होता है। दरअसल, बचपन से ही व्यक्ति क, ख, ग के क्रम के लिए अभ्यस्त होता है। भाषण कला में निपुण होने के लिए शब्दों का सही उच्चारण दिनचर्या के कामकाजों जैसा आसान होना चाहिए। एक नौसिखिए के लिए पियानो बजाने की विधि शुरुआती मुश्किलें खड़ी करती है। लेकिन समय के साथ उँगलियाँ अभ्यस्त हो जाती हैं। एक समय ऐसा आता है, जब पियानो बजाने के लिए उँगलियाँ खुद-ब-खुद सटीक सुर पर पानी की तरह तैरने लगती हैं। इसी प्रकार शुरुआती दौर में बोलते वक्त हिचकिचाहट जरूर होती है, एक नए तैराक की तरह भय का भी आभास होगा, लेकिन निरंतर डटे रहने से सफलता जरूर मिलती है।

इस प्रकार निरंतर अर्जित किया गया शब्दों का ज्ञान, अभ्यास के द्वारा भाषा-शैली में हासिल की गई सहजता और विराम एवं ठहराव का सटीक उपयोग धीरे-धीरे स्वाभाविक होता चला जाता है। समय के साथ भाषा का बहाव अभ्यास के अनुरूप ढलता चला जाता है।

लेकिन इसके लिए कड़ी मेहनत की जरूरत होती है। मेहनत से कौन सी चीज हासिल नहीं की सकती! कड़ी मेहनत लक्ष्य हासिल करने का एकमात्र रास्ता है। कड़ी मेहनत से हासिल की गई सफलता सबसे ज्यादा संतोषजनक होती है। यादगार भाषण के लिए सोचे गए विचार और कड़े अभ्यास का फल अति स्वादिष्ट होता है।

□

12

स्वर

ओह, उस आवाज में कुछ ऐसा है,
जो मेरे अंतर्मन की गहराइयों तक पहुँचता है।

—लॉन्गफेलो, *क्राइस्ट्स*

'द लंदन टाइम्स' के एक प्रभावशाली आलोचक ने कहा था कि अभिनय में बोलने की कला का 90 फीसदी योगदान होता है। भाषण के संदेश को अलग कर दिया जाए तो सर्वजन के सम्मुख बोलने की कला पर भी यह सिद्धांत पूर्ण रूप से लागू होता है। शानदार आवाज और सुर का सटीक बदलाव दर्शकों को उत्साहित करने का कार्य करती है। इस प्रतिभा के साथ महान् विचारों का मिश्रण यादगार भाषण की बुनियाद रखता है।

लेकिन यह भी मानना गलत होगा कि केवल शानदार आवाज किसी व्यक्ति को महान् वक्ता बना सकती है। इसके लिए वक्ता का स्वभाव और अन्य प्रतिभाओं का भी समान महत्त्व होता है। गहन एवं सुरीली आवाज का अभ्यास करानेवाले प्रो. ग्लैडस्टोन ने कहा है, 'सौ पेशेवर गायकों की भीड़ में से नब्बे गायक सामान्य स्तर से ऊपर नहीं उठ पाते। दरअसल आम तौर पर गायक अभ्यास से कतराते हैं या इसके महत्त्व को नहीं समझ पाते।' इस कथन पर विचार करना बहुत जरूरी है।

शानदार आवाज के लिए तीन आधारभूत गुणों का होना बहुत जरूरी है—

1. सरलता

सुरीली आवाज का रहस्य शिथिलता में छुपा होता है। शिथिलता से सरलता

का जन्म होता है। आवाज पैदा करनेवाली तरंगें तनावपूर्ण मांसपेशियों के मुकाबले तनाव-मुक्त मांसपेशियों से टकराकर ज्यादा मधुर स्वर पैदा करती हैं। इस विधि को खुद पर आजमाकर देखिए। घृणा का भाव दरशाते वक्त चेहरे एवं कंठ की मांसपेशियों को सिकोड़ते हुए बोलिए, 'मैं तुमसे नफरत करता हूँ।' इसके बाद शांत हो जाइए और हृदय में प्रेम की भावना जगाते हुए बोलिए, 'मैं तुमसे प्यार करता हूँ।' दोनों अंदाज में भिन्नता आसानी से महसूस की जा सकती है।

आवाज से जुड़ी कसरत का अभ्यास करते वक्त और बोलते वक्त स्वर पर दबाव न डालें। आवाज बेहद नाजुक होती है। इसके साथ सख्ती से पेश नहीं आना चाहिए। जबरदस्ती आवाज उत्पन्न करने की कोशिश न करें। इसे स्वयं उत्पन्न होने दें। आवाज को सहजता से उत्पन्न होने दें। इस पर रखे सभी बोझ को हलका करने का प्रयास करें।

भाषण देते वक्त कंठ पर तनाव नहीं होना चाहिए। यही कारण है कि मांसपेशियों को सिकोड़ने से परहेज रखने की सलाह दी जाती है। कंठ को आवाज के लिए चिमनी की तरह व्यवहार करना चाहिए। जाहिर है कि अप्राकृतिक सिकुड़न चिमनी को उसी प्रकार खराब कर देती है, जैसे तनाव से ग्रस्त कंठ से निकली आवाज।

हताशा और मानसिक तनाव की वजह से चेहरे और कंठ में शिकन पैदा होती है। संतुलन और आत्मविश्वास के लिए संघर्ष करें।

बड़ा सवाल है कि शिथिलता कैसे हासिल की जाए? इसका सबसे आसान रास्ता है—शांत होने की इच्छा। अपने हाथों को कंधे की सीध में खड़ा करें और अचानक हाथ को खड़ा रखने की शक्ति छोड़ दें तथा हाथों को नीचे गिरने दें। इसी तरह कंठ की मांसपेशियों को सिर और गरदन ढील छोड़कर आराम देने का अभ्यास करें। अपनी कमर के सहारे शरीर के ऊपरी हिस्से को घुमाएँ। सिर को ढीला छोड़ दें और शरीर के निचले हिस्से को स्वाभाविक तौर पर घूमने दें। याद रखें, इस प्रक्रिया में बल का प्रयोग न करें और सिर को बिलकुल ढीला छोड़े रखें। गरदन को शिथिल रहने दें और शरीर के निचले हिस्से के साथ खुद-ब-खुद घूमने दें।

सिर को छाती पर गिरने दें। फिर सिर को उठाएँ, और जबड़े को झूलने दें। जबड़े को उस समय तक ढीला छोड़ें, जब तक जबड़े में भारीपन का अहसास न हो। कुछ समय बाद ऐसा अहसास होगा जैसे चेहरे पर वजन लटका दिया गया हो। इस कसरत के द्वारा स्वर में मधुर बदलाव के लिए मांसपेशियाँ तैयार हो जाएँगी और स्वर बिना किसी बाधा के निकलने लगेगा।

इसी प्रकार होंठों को भी लचीला बनाने का अभ्यास करना चाहिए। होंठों के जरिए भी स्पष्ट और मधुर स्वर उत्पन्न करने में सहायता मिलती है। होंठों में लचीलेपन के लिए 'मो' एवं 'मैं' का बार-बार उच्चारण करें। 'मो' बोलते वक्त होंठों को 'ओ' का स्वर पैदा करने जैसा गोल बनाएँ। 'मैं' बोलते वक्त होंठों को इस तरह फैलाएँ, जैसा कि हँसते वक्त किया जाता है। इस अभ्यास को बार-बार करें और होंठों को कसरत करने का ज्यादा-से-ज्यादा वक्त दें।

इसी प्रकार निम्नलिखित अभ्यास करने का प्रयास करें—

मो, ई, ओ, ई, ओस्स्स, आह।

इस अभ्यास पर निपुणता हासिल करने के बाद निम्नलिखित अभ्यास होंठों में लचक पैदा करने के लिए बहुत कारगर साबित होंगे—

नीचे अंकित किए गए स्वरों को याद कीजिए (भाव को नहीं)। इन स्वरों का निरंतर अभ्यास कीजिए—

। ऐ जैसे ऐनक में	। इ जैसे इनाम में	। यू जैसे यूक्रेन में
। आ जैसे आह में	। आइ जैसे आइस में	। ऑ जैसे ऑयल में
। ए जैसे एतराज में	। ई जैसे ईख में	। आ जैसे आम में
। ओ जैसे ओखली में	। ओ जैसे ओस में	। ऊ जैसे ऊँचा में
। ऑ जैसे ऑक्सीजन में	। उ जैसे उल्लू में	। ए जैसे एक में
। इ जैसे इमली में	। ऊ जैसे ऊँट में	। इ जैसे इस में

इस अभ्यास को करते वक्त ध्यान रखें कि साँस भरने के बाद आवाज को गले की जगह पेट से निकाला जाए। जिस तरह कमर के बल लेटकर आसानी से साँस ली जाती है, उसी तरह साँस लेने का अभ्यास करें। अभ्यास के दौरान आपको महसूस होगा कि साँस लेने और आवाज पैदा करने की क्रिया में पेट की विशेष भूमिका होती है। यह साँस लेने की प्राकृतिक एवं सटीक प्रक्रिया है। साँस लेने की इस प्रक्रिया को धीरे-धीरे आदत में शामिल करें। यकीन मानिए, एक समय बाद कंठ की मांसपेशियों को आराम देने का अभ्यास हो जाएगा।

2. स्पष्टता

यदि कंठ की मांसपेशियाँ कमजोर एवं संकीर्ण हैं, स्वर निकलने का रास्ता आंशिक रूप से बंद है और मुँह आधा ही खुल पाता है तो स्पष्ट और प्रभावशाली स्वर की कल्पना कैसे की जा सकती है? आवाज तरंगों की शृंखला से उत्पन्न होती

है और यदि आप अपने मुँह को कैद में तब्दील कर देंगे, जबड़े और होंठों को कसकर दबाए रखेंगे तो कंठ से स्वर का निकलना बेहद मुश्किल हो जाएगा। ऐसे में, यदि आवाज निकलेगी भी तो उसमें मधुरता एवं प्रभाव का अभाव होगा। बोलते समय मुँह को बड़ा खोलें, कंठ को तनाव-मुक्त रखें और स्वर को स्वाभाविक रूप से आसानी के साथ निकलने दें।

अपने मुँह को उबासी लेने की जगह बोलने के लिए खोलिए। बोलते समय स्वाभाविक रहने की कोशिश कीजिए। यदि आपके स्वर से संबंधित अंग स्वस्थ हैं तो लगातार अभ्यास के जरिए स्वर को मधुर बनाने की कोशिश करते रहिए, सफलता जरूर मिलेगी। स्वर में कमी के कई और कारण भी हो सकते हैं। गले में सूजन या फिर नाक की हड्डी बढ़ी होने की वजह से भी आवाज साफ तौर पर नहीं निकल पाती है। यदि ऐसा है तो डॉक्टर से सलाह जरूर लेनी चाहिए।

स्वर पैदा करने में गले और पेट के साथ नाक की भी अहम भूमिका होती है, अतः नाक का खुला होना बेहद महत्त्वपूर्ण है। जैसा कि हम कहते हैं, 'नाक के जरिए बोलना', दरअसल इसका मतलब हकीकत में नाक से बोलना नहीं होता; लेकिन नाक के महत्त्व को नजरअंदाज भी नहीं किया जा सकता है। उदाहरण के लिए, नाक पकड़कर बोलने की कोशिश कीजिए, स्वर में होनेवाला बदलाव खुद-ब-खुद महसूस हो जाएगा। यदि आप नाक की हड्डी बढ़ने या फिर सूजन की शिकायत से परेशान हैं तो निश्चिंत हो जाइए, एक छोटे से ऑपरेशन से इस समस्या से छुटकारा पाया जा सकता है। इसी प्रकार भाषण देने के लिए फेफड़ों का स्वस्थ होना भी बहुत जरूरी होता है। जाहिर है कि जल्दी थकनेवाला व्यक्ति अच्छा वक्ता नहीं बन सकता।

3. तत्परता

गले में घुटती हुई आवाज बेहद उदास एवं अप्रभावशाली महसूस होती है। स्वर बिना किसी दबाव के पैदा होना चाहिए। आपको याद होगा कि सबसे पहला सिद्धांत सरलता है। स्वर को बाहर की ओर निकलता महसूस कीजिए। ऐसा मानिए कि स्वर बाहर की ओर निकल रहा है। इसे सरलता से बहने दीजिए। स्वर को बाहर निकलता महसूस करने के लिए एक लंबी साँस लीजिए और होंठों को फैलाकर आह का स्वर पैदा कीजिए। इस स्वर को पैदा करने के लिए उत्पन्न तरंगों के प्रवाह को अगले दाँतों के साथ टकराता महसूस कीजिए। इसका संवेदन इतना हलका होता है कि शायद पहली बार में तो आप इसे महसूस ही न कर सकें,

लेकिन अभ्यास के साथ यह संवेदना महसूस होने लगेगी। सदा स्वर को बाहर की ओर फिसलता महसूस करें। धीरे-धीरे स्वर पैदा करने में इस्तेमाल तरंगें मुँह के ऊपरी हिस्से से टकराती महसूस होने लगेंगी। स्वर के बाहर निकलने की कला उदास, भारी और अप्रभावशाली स्वर को अभ्यास के साथ मधुर बना देगी।

होंठों को बंद कीजिए और ओऽऽऽऽऽ, मंऽऽऽऽऽ, अर्रर्रर्रऽऽऽऽऽ जैसी गुनगुनाहट कीजिए। क्या यह स्वर पैदा करते वक्त होंठों में तरंगों से उत्पन्न कंपन महसूस होता है?

चेहरे के सामने अपनी हथेली रखिए और जोर से बजजजजऽऽऽऽ की आवाज निकालिए। क्या आप बाहर निकलनेवाली तरंगों को हथेली से टकराता महसूस कर रहे हैं? यदि नहीं तो अभ्यास कीजिए। याद रखिए, स्वर को बाहर धकेलना ही एकमात्र विधि है। इसे बाहर धकेलने का निरंतर अभ्यास किया जाना चाहिए।

स्वर को थामने की कला का विकास

दूरी तक आवाज पहुँचाने के लिए केवल चिल्लाना काफी नहीं होता है। इसके लिए शब्दों की स्पष्टता बेहद आवश्यक होती है। मंच के सामने दर्शकों की पहली-दूसरी पंक्ति तक मंच पर लहराते कागज की खड़-खड़ की आवाज तक पहुँच जाती है। यदि स्वर में स्पष्टता है तो यकीनन सुना और समझा भी जाएगा। हालाँकि इस बात से भी इनकार नहीं किया जा सकता कि भाषण आखिरी कतार में बैठे दर्शकों को भी सुनाई देना चाहिए। यदि पिछली कतार में बैठे दर्शकों को भाषण सुनने में असुविधा हो रही है तो स्वर के निम्नलिखित सिद्धांत को समझने की कोशिश कीजिए—

ऐसे मौके पर सरलता के नियम के साथ स्पष्टता और तत्परता के नियम का भी पालन करें। यह दूर बैठे दर्शकों तक आवाज पहुँचाने का मुख्य सिद्धांत है।

भाषण देते समय दर्शकों पर अपनी नजरें न टिकाएँ। यह अंदाज न केवल वक्ता के भाषण को अप्रभावशाली बनाता है, बल्कि ऐसा करने से वक्ता की आवाज केवल एक दिशा में बहती प्रतीत होती है।

तरंगों के एक निश्चित क्रम से स्वर पैदा होता है। इसे आकर्षक बनाने के लिए दो महत्त्वपूर्ण पहलुओं पर ध्यान देना आवश्यक है—लंबी साँस भरें और आवाज में ज्यादा कंपन पैदा करें।

साँस आवाज पैदा करने का आधार होती है। जिस तरह कारतूस में बारूद की कम मात्रा गति की क्षमता को कमजोर कर देती है, उसी प्रकार साँस का

अभाव स्वर को कमजोर बना देता है। गहरी साँस न केवल आवाज को उचित सहारा देती है, बल्कि इससे स्वर में गूँज भी पैदा होती है, अतः वक्ता की आवाज में विशेष आकर्षण पैदा हो जाता है।

आम तौर पर कमजोर स्वास्थ्य कमजोर आवाज का कारण होता है, जबकि पूर्ण रूप से स्वस्थ वक्ता की आवाज में प्रबलता के साथ गूँज भी महसूस होती है।

स्वास्थ्य विज्ञान से संबंधित सिद्धांतों के बारे में विद्वानों में कई मतभेद हैं; लेकिन एक बिंदु पर सभी की राय समान है—गहरी साँस भरने की कला से आवाज की प्राण-शक्ति और आयु में बढ़ोतरी होती है। इस सिद्धांत के निरंतर अभ्यास के द्वारा इसे स्वभाव में ढालने की भरपूर कोशिश करें। बोलने से पहले लंबी साँस लें; लेकिन ध्यान रखें, साँस भरने के बाद बोलते वक्त साँफ की घर्र-घर्र न सुनाई दे।

एक साँस में इतना लंबा न बोलें कि दूसरी साँस भरने का मौका ही न मिले। प्राकृतिक नियमों के विरुद्ध अनुपात से ज्यादा साँस भरने या साँस के अनुपात से ज्यादा बोलने पर खाँसी या धचकी जैसी शिकायत हो सकती है।

कई सफल वक्ता विभिन्न देशों की स्थानीय भाषा के मुताबिक अपने कंठ से स्वर निकालने का अभ्यास बेहद कम समय में कर लेते हैं। इन कठिन प्रयासों की वजह से ऐसे वक्ताओं का लंबी साँस भरने का अभ्यास और फेफड़ों की शक्ति काफी हद तक बढ़ जाती है। कड़े मुकाबलेवाले बास्केट बॉल और टेनिस जैसे खेलों के द्वारा गहरी साँस लेने की शक्ति को अकाल्पनिक तौर पर बढ़ाया जा सकता है। यदि यह विधि आपके लिए सहज नहीं है तो निम्नलिखित सुझावों पर ध्यान दें।

अपनी कमर के दोनों हिस्सों को हथेली से पकड़ें।

अपनी उँगलियों और अँगूठे के माध्यम से कमर को जकड़ें और फेफड़ों से हवा तेजी से बाहर की ओर छोड़ें।

गहरी साँस लें। याद रखें, इस क्रिया का केंद्रबिंदु शरीर का मध्य हिस्सा यानी पेट होना चाहिए। ऐसा करते वक्त कंधों को न उचकाएँ। इस कसरत को बार-बार दोहराने का अभ्यास करें।

विशेषज्ञों ने लंबी साँस भरने की कला के विभिन्न तरीकों को अपनाने की सलाह दी है। खास बात है कि सभी तरीकों में लंबी साँस खींचने और छोड़ने को विशेष महत्त्व दिया गया है।

स्वर में कंपन पैदा करने के लिए भी अभ्यास सबसे अहम भूमिका अदा

करता है। अपनी उँगली को होंठों पर रखें और तेजी से ऊपरी व निचले होंठ से टकराएँ। ऐसा करते वक्त अपने गले से आवाज बाहर की ओर फेंकें। क्या आपको होंठों में कंपन महसूस हुआ? यदि नहीं तो अभ्यास करें, परिणाम बेहद जल्द सामने आ जाएगा।

इस अभ्यास को दोबारा करें और नाक से आवाज को बाहर फेंकें। नाक के ऊपरी हिस्से को अँगूठे और पहली उँगली से दबाएँ। क्या नाक में कंपन महसूस हो रहा है?

अपनी हथेली को अपने सिर पर रखें और नाक से निकलनेवाली आवाज दोबारा निकालें। आवाज को सिर से उत्पन्न होता महसूस करें। क्या सिर में कंपन महसूस हो रहा है?

अब हथेली को सिर के पीछे रखें और पहली प्रक्रिया को दोबारा अपनाएँ। इसके बाद हाथ को सीने पर रखकर समान अनुभव करें। शरीर के जिस हिस्से में आवाज की वजह से कंपन हो रहा है, उसी हिस्से से आवाज को निकलता हुआ महसूस करें।

साँस को पूरी तरीके से बाहर छोड़ने के बाद इस प्रक्रिया को फिर दोहराएँ और पूरे शरीर में उत्पन्न सरसराहट को महसूस करने की कोशिश करें। शरीर में महसूस होनेवाली सरसराहट यकीनन मजेदार महसूस होगी।

स्वर की शुद्धता

फिजूल में साँस खर्च करने से स्वर की गुणवत्ता घट जाती है। साँस पर ध्यान से नियंत्रण स्थापित करें। स्वर उत्पन्न करने के लिए साँस की सही मात्रा का उपयोग करें। बाहर निकलनेवाली साँस के एक-एक कतरे को उपयोग में लाएँ। ऐसा करने में नाक में साँस की घर्र-घर्र सुनाई पड़ती है। साँस को खर्चीले स्वभाव के साथ खींचें, लेकिन बाहर बेहद कंजूसी के साथ निकालें।

स्वर के लिए सलाह

आवाज फटने के समय शक्ति का बेहद कम प्रयोग करें।

भाषण देते वक्त ठंडे पानी से परहेज रखें। बोलने में इस्तेमाल होनेवाली ऊर्जा से कंठ की मांसपेशियाँ गरम हो जाती हैं, अत: ठंडा पानी कंठ को आघात पहुँचा सकता है।

स्वर को बेहद ऊपर तक ले जाने से बचें। ऐसा करने से आवाज कर्कश हो सकती है। वक्ता आम तौर पर यह गलती करते हैं। यदि सहसा महसूस हो कि

आवाज बेहद ऊँचे स्वर पर पहुँच गई है तो स्वर को सहजता के साथ नीचे लाएँ। इस अभ्यास को दिनचर्या का हिस्सा बनाने की कोशिश करें। स्वर में विस्तार पैदा करने के लिए 'अ' अक्षर को धीमे सुर में निकालें और हर अगले अक्षर के साथ सुर को ऊँचा करने का अभ्यास करें। सुर में विस्तार पैदा करने से भाषण में विविधता लाना आसान हो जाएगा।

बोलते समय अपनी आवाज को सुनने की आदत न डालें। ऐसा करने के लिए बोलते समय भाव को समझने की कोशिश की वजह से भटकाव की स्थिति पैदा होगी और भाषण का प्रभाव फीका पड़ने लगेगा।

□

13

स्वर का जादू

सादगी हँसमुख व्यवहार को आकर्षक बना देती है,
ज्ञान हाजिर-जवाबी को शिष्ट बना देता है।

—जोसेफ एडिसन, *द टैटलर*

पॉइ ने कहा है कि 'स्वर का सौंदर्य शोक में निहित होता है।' दरअसल पॉइ ने कारण को प्रभाव की वजह माना है। इसके विपरीत, इस बात पर ध्यान नहीं दिया कि शोक सौंदर्य नष्ट करने का कारण होता है, वहीं प्रसन्नता से सौंदर्य बढ़ता है। डूबते सूरज का सौंदर्य आनंदित नहीं करता, बल्कि गहरी उदासी की भावना को जन्म देता है। सिरहन पैदा करनेवाला गहरा और गंभीर संगीत दु:ख की भावना उत्पन्न करता है। सूर्यास्त के समय चिड़ियों का धीमे-धीमे चहचहाना निराशापूर्ण अहसास पैदा करता है।

गंभीर सौंदर्य से निराशा का भाव पैदा होता है। गति से उत्तेजना और आनंद का अहसास होता है। स्थिरता से गंभीर चिंतन की मन:स्थिति और गंभीर हो जाती है। गंभीर चिंतन की अवस्था में अतीत में घटी दु:खद घटनाओं की ओर ध्यान आकर्षित होता है, स्थिर सौंदर्य से भविष्य में कामयाबी की धुँधली उम्मीद जाग्रत् होती है। ऐसी अवस्था में व्यक्ति उपलब्धि के लिए जरूरी उत्साह जुटाने में कामयाब नहीं हो पाता।

इसी कारण सौंदर्य से पैदा होनेवाली निराशा और आनंद के बीच के महीन अंतर को समझने की योग्यता होनी चाहिए। सच्चे आनंद का अहसास अंतरात्मा से जुड़ा होता है। इस भाव से जन्म लेनेवाले उत्साह और आशावाद की कोई तय सीमा

नहीं होती। ऐसी स्थिति में व्यक्ति संतुष्टि की भावना से सराबोर हो जाता है। हालाँकि इस अध्याय में स्वर के जादू का तात्पर्य उत्साह एवं प्रसन्नता से है; लेकिन फिलहाल चंचल स्वभाव, तेजस्वी आँखों और उल्लास की बात की जा रही है।

स्वर की आनंददायक लय में माहौल को मदहोश करने का जादू होता है। पाठकों को इस बात का बोध हो गया होगा कि मधुर स्वर पैदा करनेवाले कंठ के लिए लापरवाह होना तितली के पंख को चीरने के समान है, जो पंखों की मनमोहक सुंदरता को नष्ट कर देता है। लेकिन क्या प्रभाव को जाने बिना कारण को स्थापित करना न्यायसंगत होगा?

नथनों में घर्षण से घंटियों के गर्जन समान स्वर उत्पन्न होता है

स्वरों में स्पष्टता के लिए नथनों का स्वस्थ एवं खुला होना जरूरी होता है। अगले अध्याय में दिए गए सुझावों और चेतावनियों के बाद नाक से निकलनेवाले स्वर और नथनों से उत्पन्न होनेवाले स्पष्ट स्वर के बीच का अंतर आसानी से समझा जा सकता है। फ्रांसीसी गायकों में नाक के स्वर की स्पष्टता ज्यादा होती है।

नाक में गूँज पैदा करने के लिए निम्नलिखित पंक्तियों का गाकर अभ्यास करें और नाक से निकलनेवाले पैने स्वर पर विशेष जोर दें। नथनों के सहारे स्वर को ऊपर-नीचे करें। इसका अभ्यास ऊँचा और निम्न स्वर स्पष्टता से उत्पन्न करने तक करें।

'सिंग सॉन्ग, डिंग-डॉन्ग, हॉन्ग-कॉन्ग, लॉन्ग-थॉन्ग…।'

अस्वाभाविक उच्च स्वर निकालने के अभ्यास से सामान्य तौर पर बातचीत के दौरान पैदा होनेवाला स्वर खुद-ब-खुद मधुर हो जाएगा। व्यक्ति जब अस्वाभाविक तौर से ऊँचा स्वर पैदा करता है तो उच्चतम आलाप में आवाज जनाना महसूस होने लगती है, अत: आलाप लेने में कंठ को थका देने की स्थिति तक अभ्यास न करें।

अभिनेत्री मैरी एंडरसन ने कवि लॉन्गफेलो से पूछा कि आवाज में आकर्षण पैदा करने के लिए क्या करना चाहिए। लॉन्गफेलो ने कहा, 'तेज एवं आनंदमय आवाज में पढ़ने का निरंतर अभ्यास करें।'

आनंद से भरा स्वर सबसे मधुर होता है। इसे अभ्यास के जरिए विकसित करें। प्रसन्नचित्त मन से अभ्यास करें। प्रसन्नता के प्रभाव से शरीर विकसित होता है, स्वर निकालने का रास्ता खुलता है, ह्रदय और फेफड़े स्वस्थ होते हैं, अत: मधुर स्वर उत्पन्न होने की सभी जरूरतें तैयार हो जाती हैं।

प्रसन्नता मुख्य रूप से मानसिक प्रवृत्ति है। जिंदगी के लिए सकारात्मक

नजरिया प्रसन्नता को जन्म देता है। हाल ही में एक दूरसंचार कंपनी ने मिसाल के जरिए विज्ञापन जारी किया था, 'मुसकराहट भरी आवाज दिल जीतने का काम करती है।' इस मिसाल को आजमाकर जरूर देखें।

आनंद से भरे गद्य या गीतात्मक कविता को प्रसन्नता एवं मुसकराहट के साथ पढ़ते वक्त स्वर में स्वाभाविक मधुरता पैदा हो जाती है। निम्नलिखित संकलन अभ्यास के लिए बहुत मददगार साबित हो सकते हैं।

इन उत्कृष्ट उदाहरणों का अभ्यास करते वक्त दो बातों पर विशेष ध्यान दें—शरीर और हृदय का प्रसन्नता भरा स्वभाव और स्वर की उत्तम ध्वनि। इन दोनों पहलुओं पर पकड़ बनाने के बाद ध्यान से सार्वजनिक रूप से बोलने की कला के सिद्धांतों को याद करते हुए इन वाक्यों को पढ़ें। इन्हें याद करना बेहद फायदेमंद साबित होगा।

मिल्टन के 'एल' एलेग्रो' संकलित किए गए अभ्यास

उतावली, सुंदर युवती अपने गीतों में है रचती
दिल्लगी और जवानी से भरी मस्ती,
हाजिर-जवाबी और चिड़चिड़ाहट और छल-कपट,
हामी और इशारे और मनमोहक मुसकराहट,
जैसे हेब के गालों से हो लटकती
और गालों के गड्ढों में धीरे से फिसलती,
खुशी से चहकते सलवटों से भरे चेहरे,
मुसकराहट से भर जाते हैं होंठों के घेरे।
जैसे ही जाने लगे, इसे लपक लो
बिजली-सी फुरती से पकड़ लो;
अपने सीधे हाथ से राह दिखाती
पहाड़ों की सुंदर युवती, स्वतंत्रता दरशाती—
और, यदि मैं उचित सम्मान का प्रदर्शन करूँ
तो प्रसन्नता से उसके काफिले का हिस्सा बनूँ,
उसके साथ और सदा पास रहने के लिए,
बिना आघात पहुँचे हर्ष के साथ जीने के लिए,
उसके चहचहाते-से मस्ती भरे गीत के लिए,
धुँधली रात में चौकन्ना-सा गुनगुनाने के लिए,

आसमान को छूते बुर्ज से निहारूँ
चितकबरी शाम का शृंगार होते हुए;
फिर द्वेष के कारण उदासी से भरकर रोऊँ,
अगले दिन के लिए खिड़की से तुम्हें शुभकामना कहूँ
मीठी बेरी और अंगूरों की बेलों से
और मुड़ी-तुड़ी लताओं के रेशों से;
जब मुरगा धुँधले उजाले में हंगामा मचाता है,
धीरे-धीरे उजाला धुँधलके को मिटाता है,
हौसले के साथ बाड़े के आगे अकड़कर चलता है;
बाड़े के दरवाजे से टाल तक का चक्कर लगाता है,
जंगली कुत्तों और हिरणों की आवाज अकसर आती है,
सुबह के उजाले के साथ बढ़ती चली जाती है,
किसी बूढ़े पर्वत के किनारे से,
जंगल की गहराई में तीखी गूँज बढ़ती जाती है;
कभी चुपके से छुप-छुपकर चलते हुए,
हेल्म के वृक्षों और पहाड़ी घास पर टहलते हुए,
सीधे पूर्वी द्वार की ओर बढ़ते हुए,
जहाँ से सूर्य अपना सफर है शुरू करता,
लपटों में लिपटा, तेज चमकता,
बादलों के हजारों झुंडों में से झाँकता,
पास ही में किसान खेत को निहारता,
हल से खेत में जुताई के निशान बनाता,
दूध दुहती हुए गाती युवती का साज,
हँसिए से घास काटने की आवाज,
चरवाहे अपने किस्से हैं सुनाते,
घाटी में बेलों के नीचे सुस्ताते।

समंदर

समंदर, समंदर, दूर तक फैला समंदर,
नीला, ताजा, ताप से मुक्त समंदर,
न कोई निशान, न कोई सरहद,

धरती के छोर तक फैला इसका कद;
बादलों से खेलता, आकाश को ठेंगा दिखाता,
जैसे कोई प्राणी लहरों में झूलता, लहरों को झुलाता,
मैं समंदर में हूँ, मैं समंदर में हूँ,
मैं वहाँ हूँ जहाँ सदा होना था चाहता,
नजरें उठाऊँ या झुकाऊँ, नीला-ही-नीला नजर है आता,
चारों ओर शांति है और फिजाँओं में फैला हुआ सन्नाटा।
एक तूफान आए और शांत समंदर को नींद से जगाए,
क्या फर्क पड़ता है? चाहे मैं ही गहरी नींद क्यों न सो जाऊँ,
मुझे प्यार है, ओह! मैं इस सफर के लिए प्राण न्योछावर कर जाऊँ,
सफर करूँ गुस्से से भड़कती, झाग उगलती लहरों पर,
जहाँ चाँद को आगोश में ले लेती है हर मदमस्त लहर,
तूफान में तेज बहती हवा की सीटी-सी लय,
पानी के भीतर का जीवन और उसका भय,
अब पता चला समंदर से दक्षिण-पूर्वी हवा को कौन बहाता है!
ऐसे फीके, सुस्त और निर्जन समुद्री तट पर मन सहम जाता है,
लेकिन विशाल समुद्र के लिए मेरा प्रेम बढ़ता ही जाता है।
इसके सीने से निकली लहर पर मेरा शरीर उलटा बह जाए,
जैसे डरा हुआ चूजा घोसले के किसी कोने में छुप जाए,
जैसी उसकी माँ है, वैसी ही माँ हो मेरी,
काश, समुद्र से पैदा हुई होती शख्सियत मेरी,
काश, लहरें सफेद, सुबह सुर्ख लाल होती,
जब समुद्री शोरगुल में मेरी पैदाइश होती,
व्हेल बजाती सीटी, संगमाही पलटियाँ खाती,
और डॉलफिन पलटकर सुनहरी पीठ दिखाती;
ऐसा जबरदस्त शोरगुल जो कभी किसी ने न सुना होता,
समंदर के बच्चे के स्वागत में कुछ ऐसा हुआ होता,
इसके बाद शांत और बेपरवाह जीवन जैसे कोई संत,
घुमक्कड़ों की तरह जिए होते जीवन के पचास वसंत,
बाँटने को संपत्ति और कल्याण के लिए असीम शक्ति होती,
न तो कोई बदलाव होता, न ही बदलाव की कोई चाह होती;

और मौत जब चाहती, मेरे पास आ जाती,
लेकिन बस, इसी खुले, आजाद समंदर में आती।

—बैरी कॉर्नवेल

सूर्य मात्र कुछ पेड़ों और फूलों के लिए नहीं उगता। उसकी रोशनी दुनिया भर में प्रसन्नता फैलाती है। पहाड़ की चोटी पर अँधेरे में उदास देवदार का अकेला पेड़ सोचता होगा कि 'सूर्य बस उसी के लिए उगता है।' छोटे घास के मैदानों में उगते बैगनी फूलों को देखकर घास के तिनके एक-दूसरे से काना-फूसी करते होंगे, 'सूर्य केवल हमारे लिए प्रकट होता है।' खेतों में गेहूँ की बालियाँ एक-दूसरे से टकराकर कहती होंगी, 'सूर्य केवल हमारे लिए उगता है।' लेकिन स्वर्ग में प्रज्वलित दीप्तिमान सूर्य चुनिंदा चीजों के लिए उगता है। उसकी रोशनी पूरे ब्रह्मांड को सुखद गरमाहट पहुँचाती है और धरती पर मौजूद सूक्ष्म-से-सूक्ष्म प्राणी भी पूरे विश्वास के साथ कह सकता है कि 'हे मेरे पिता! मैं आपकी ही संतान हूँ।'

—हेनरी बार्ड बीचर

द लार्क

जंगल की भारी-भरकम चिड़िया,
कभी प्रफुल्ल, कभी बोझिल चिड़िया,
वीराने में, हरियाली में गाती खुशी के गीत,
जैसे जिंदादिली का हो प्रतीक,
मेरे घरौंदे को धन्य बना देती—
ओह, रेगिस्तान में भी सुख उपजा देती!
जंगल में चहचहाती, अंडों पर बैठ जाती,
कहीं दूर थमे रोमिल बादलों की रिहाइश,
प्रेम से मिली शक्ति, प्रेम से मिली पैदाइश,
जहाँ ओस से भीगे चिड़िया के पर,
जहाँ हुनर करता है लंबा सफर!
स्वर्ग में सौंदर्य, धरती पर प्यार।
पहाड़ों से लुढ़कते, चमकते झरनों की बौछार,
बंजर जमीन और जंगली पहाड़ों की हरियाली,

शिकारों से निकलती लाल भाप-सी सुबह मतवाली,
धुँधले बादलों के संग हाथों में डाले हाथ,
इंद्रधनुष के उजले गहरे रंगों के साथ,
कहीं दूर ऊँची उड़ान, मधुर ताल और देवदूत का गान।
फिर धीरे से छँटता अँधेरा और पौधों में पड़ती जान,
सूखी पड़ी झाड़ियों में उपजते फूलों की शान,
प्रेम का मौसम गाता हरियाली के लिए स्वागत गान।
जैसे जिंदादिली का हो प्रतीक,
मेरे घरौंदे को धन्य बना देती—
ओह, रेगिस्तान में भी सुख उपजा देती!

—जेम्स हॉग

जिंदादिल बातचीत में प्रसन्नता का अहसास होता है, अतः किसी महान् विचार के केंद्रबिंदु पर चर्चा के बाद एक विराम देना चाहिए। ऐसा करने से विचार का महत्त्व ज्यादा गहरा हो जाता है। भाषण में प्रसन्नता के भाव से स्वर में विविधता पैदा होती है। निरंतर अभ्यास करने से एक समय के बाद ऐसे भाव प्रकट करते वक्त दाँतों से जीभ का टकराना महसूस होने लगता है। नशे के प्रभाव से लड़खड़ाती जीभ से निकला स्वर प्रसन्नता एवं विविधता नहीं दरशाता। जीभ को मुँह में स्थिर रखकर बोलने की कोशिश कीजिए, स्वर में कुछ ऐसा ही प्रभाव नजर आएगा। इसके अलावा, व्याख्यान में विविधता एवं जिंदादिली शामिल करने के लिए महत्त्वपूर्ण विचार पर सटीक बल देने का अभ्यास कीजिए।

निम्नलिखित पंक्तियों में शामिल अहम विचारों का उच्चारण सटीक बल के साथ करें। जोश के साथ पढ़ें। जीभ के महीन स्पर्श को महसूस करें। प्रभावशाली स्वर के लिए जुबान में लचक बहुत महत्त्वपूर्ण होती है।

द ब्रूक

मैं जलपक्षियों के शिकार के लिए आया,
शिकार के लिए घात लगाई, निशाना लगाया,
मैं झाड़ियों में बिजली की फुरती से झपटा,
पहाड़ों के फिसलन भरे ढलान पर रपटा,

तीसियों पहाड़ियों पर भागा सरपट,
पहाड़ी दर्रों में अकसर गया रपट,
बीसियों गाँव और कस्बों में भागा,
पचासियों पुलों को मैंने लाँघा,
फिलिप के फार्म तक हवा की तरह बेपरवाह बहता,
उफान पर आई अल्हड़ नदी में लगाया गोता,
लोगों का काम है आना और जाना,
लेकिन मुझे सदा के लिए है मिट जाना,
मैं पथरीले रास्तों से बड़बड़ करता हूँ,
चिल्लाता हूँ, ऊँची आवाज में चीखता हूँ,
मैं नदी की गहराइयों में बुदबुदाता हूँ,
मैं छोटे पत्थरों के संग बड़बड़ाता हूँ,
नदी के तीखे किनारों से रगड़ जाता हूँ,
कभी उजाड़ जमीन, कभी हरियाली से सहम जाता हूँ,
रास्ते में कई परियों के मिले घरौंदे,
कहीं घास के मैदान, कहीं सूखे पेड़ पड़े औंधे,
बस, एक ही काम बकबक करना और बहते जाना,
पानी की तेज धारा में ऊपर-नीचे लहराते जाना,
उफान पर आई अल्हड़ नदी में लगाया गोता,
लोगों का काम है आना और जाना,
लेकिन मुझे सदा के लिए है मिट जाना,
कभी डूब जाता हूँ, कभी उबर जाता हूँ,
बेहद खूबसूरत है यूँ बहते जाना,
अगल-बगल में तैरतीं कामुख मछलियाँ,
इधर-उधर फड़फड़ाती रंग-बिरंगी तितलियाँ,
यहाँ-वहाँ से गुजरती झाग से भरी टुकड़ियाँ,
मेरे सफर में सब मेरे ऊपर से गुजरते रहे,
हर स्पर्श के साथ मुझे दुर्बल करते रहे,
सुनहरी बजरियों के ढेर को समेटते जाना,
बाँहों में भरकर बेफिक्री में बहते जाना,
उफान पर आई अल्हड़ नदी में लगाया गोता,

लोगों का काम है आना और जाना,
लेकिन मुझे सदा के लिए है मिट जाना।
अच्छा लगेगा घास के मैदानों से चुराना,
एक फिसलन भरा हलका भूरा टुकड़ा दीवाना,
मैं मिठास में बहता रहूँगा मुझे न भुलाना,
याद रखेंगे दीवाने कि था कोई आशिक पुराना,
मैं रपटा, मैं फिसला, कभी अँधेरा तो कभी उजाला,
भूख में तैरते सफेद झागों को बना लिया निवाला,
चाँद-सितारों के साए में बड़बड़ाना,
काँटेदार जंगलों में अटक जाना,
तैरते लट्ठों पर लटक जाना,
चंसुरों के साथ बहते जाना,
फिर बहाव के साथ मुड़ जाना,
उफान पर आई अल्हड़ नदी में लगाया गोता,
लोगों का काम है आना और जाना,
लेकिन मुझे सदा के लिए है मिट जाना।

—एल्फर्ड टेनिसन

सड़कों पर मौज-मस्ती करते बच्चों की आवाज का आकर्षण मन को प्रसन्न कर देता है, लेकिन अस्पताल में सहमी हुई आवाजें हताशा पैदा करती हैं। एक निपुण चिकित्सक मरीज की आवाज से बीमारी की गंभीरता को भाँप लेता है। स्वास्थ्य का गिरना और स्वास्थ्य से संबंधित चिंता स्वर में उदासी भर देती है। जिस प्रकार बीमार शरीर को स्वस्थ करने के लिए आराम की जरूरत होती है, उसी प्रकार भाषण से पहले निराशा को दूर करने के लिए एकांत की जरूरत होती है। रोमन सम्राट् टिबेरियस के काल में एक सभासद ने दूसरे सभासद को लिखा—'समझदार के लिए इशारा काफी होता है।'

'पहनावे से अकसर इनसान के व्यक्तित्व का पता लग जाता है।' आवाज भी व्यक्ति विशेष से संबंधित कई राज खोलती है। छिछली महिला, निर्दयी पुरुष, पथभ्रष्ट इनसान, व्यावहारिक व्यक्ति—सभी स्वर और लहजे के जरिए असल व्यक्तित्व को दरशा देते हैं। चालाक-से-चालाक व्यक्ति अपने भाव छुपाने के लिए कितना भी छल क्यों न कर ले, असल इरादे को पूरी तरह नहीं छुपा पाता।

क्रोध और अप्रिय स्थिति में आवाज तेज हो जाती है; प्रेम के भाव के साथ मधुर और धीमी आवाज के बदलाव के विभिन्न रूपों को शब्दों में बयाँ करना आसान नहीं है। किसी प्रसिद्ध रंगमंच के प्रचलित नाटक को देखने जाइए और कलाकारों के स्वर भाव बदलने के अंदाज का ध्यान से अध्ययन कीजिए। निस्संदेह स्वर और भाव में विभिन्न भाव पैदा करनेवाला कलाकार सबसे ज्यादा पसंद आएगा। एमरसन ने कहा है, 'यदि इनसान को भगवान् के साथ रहने का मौका मिल जाए तो निश्चित तौर पर इनसान का स्वर बेहद शालीन एवं मधुर हो जाएगा।' स्वार्थी व्यक्ति के स्वभाव में आकर्षण, सहजता और मधुर आवाज बहुत दुर्लभ होती है। स्वर में सौम्यता विकसित करने के लिए समाज के प्रति संवेदना होनी बहुत जरूरी होती है। स्वर से सौम्यता और व्यक्तित्व में सहजता प्रेम से विकसित होती है। कैनेरी चिड़िया की चहचहाहट में मिठास का सबसे बड़ा कारण स्वतंत्र विचार हो सकते हैं। स्वतंत्र और निस्स्वार्थ विचारों से व्यक्तित्व में निखार आता है। व्यक्ति के स्वच्छ विचार वाणी को सहज एवं आकर्षक बनाते हैं।

□

14

भिन्नता एवं उच्चारण की शुद्धता

इनसान के अंतर्मन से ईश्वर बोलता है।

—हैसियोड, *वर्ड्स एंड डेज*

जिस तरह भाषण पेश करने के कई अंदाज होते हैं,
उसी तरह शब्द चुनने के भी कई तरीके होते हैं।

—होमर, *इलियड*

आम तौर पर 'उच्चारण', 'स्वराघात' और 'संधि-योजन' को एक-दूसरे का पर्यायवाची माना जाता है; लेकिन सही उच्चारण में तीन भिन्न प्रक्रियाएँ शामिल होती हैं, अत: कुछ इस तरह इसे परिभाषित किया जा सकता है—किसी शब्द या शब्दों के समूह को उच्चारण, स्वराघात और संधि-योजन के आधार पर प्रस्तुत करना चाहिए।

भिन्न और सटीक उच्चारण भाषण की कला का सबसे महत्त्वपूर्ण अंग होता है। बिना सोचे-समझे शब्दों को लापरवाही से इस्तेमाल करनेवाले वक्ता का भाषण विचारों के उद्देश्य को समझाने में नाकाम साबित होता है। बताने का क्या मतलब होता है? बताने का मतलब होता है—भाव की स्पष्टता और भाव शब्दों के सही चयन या शब्दों की कमी के साथ स्पष्ट रूप से कैसे व्यक्त किया जा सकता है? अस्पष्ट उच्चारण की वजह या तो शारीरिक विकलांगता होती है या फिर गलत उच्चारण की आदत। ऑपरेशन के जरिए शारीरिक विकलांगता का इलाज किया जा सकता

है, लेकिन सही उच्चारण की आदत विकसित करने के लिए दृढ़ निश्चय और कठिन प्रयास की जरूरत होती है। व्यक्ति की इच्छा-शक्ति से बड़ा कुछ नहीं होता।

उच्चारण में खोट की आदत का प्रचलन आम है, लेकिन इसमें सुधार बहुत दुर्लभ। आम तौर पर हिंदी के शब्दों का गलत इस्तेमाल बेहद कष्टदायक महसूस होता है। कुरेन के अनुसार, 'उच्चारण में खोट यदि भाषा का कत्ल नहीं करता है तो उसे ढेर तो कर ही डालता है।'

यदि कोई वक्ता भाषण देते वक्त शब्दों के अक्षरों को खाने लगे तो कष्ट स्वाभाविक हो जाता है। 'हिंदुस्तान' बोलते समय 'ह' का स्वर छोड़कर सीधे 'इ' से बोलना बेहद अखरता है। इन खामियों को न सुधार सकनेवाला वक्ता सही और सटीक उच्चारण का अभ्यास नहीं कर सकता। ऐसे वक्ता को भाषण देने का हक नहीं मिलना चाहिए। यदि वक्ता भाषा में सुधार लाने में असमर्थ है तो बेहतर है कि चुप रहे।

उच्चारण से संबंधित लाइलाज दोष को छोड़कर, वैसे आजकल उच्चारण से संबंधित बहुत कम लाइलाज दोष हैं, केवल इच्छा-शक्ति और अभ्यास से उच्चारण को निपुण बनाया जा सकता है। आत्मविश्वास और जी-तोड़ मेहनत से कई व्यक्तियों ने असंभव कार्य को अंजाम देकर महान् उदाहरण पेश किए हैं। नॉथन शेफर्ड ने कहा है, 'आपके लिए धरती पर कुछ नहीं बना, जरूरत है कि आप कड़ी मेहनत से उपलब्धियाँ हासिल करें।'

उच्चारण

उच्चारण का अर्थ है—स्वर के प्राथमिक आधार को प्रभावशाली अंदाज के साथ जोड़ना। हिंदी शब्दकोश के लाखों शब्दों के सही उच्चारण का अभ्यास करने की कल्पना बेहद भयावह लगती है; लेकिन इसकी शुरुआत करना बहुत आसान है। सही उच्चारण करने की शुरुआत करें, धीरे-धीरे एक शब्द से दूसरे शब्द की ओर बढ़ें, भाषा के सभी आधारभूत स्वरों का अभ्यास करें।

कई महान् वक्ताओं की भाषण-शैली और उच्चारण में खोट के चार प्रमुख कारण रहे हैं—आधारभूत स्वरों को नजरअंदाज करना, लगभग एक समान स्वरों के बीच महीन अंतर को अनदेखा करना, कंठ का फूहड़पन एवं लापरवाही से इस्तेमाल और इच्छा-शक्ति की कमी। अपनी इंद्रियों पर काबू रखनेवाला व्यक्ति इन कमियों को दूर करने और उम्मीद के मुताबिक सुधार लाने का सामर्थ्य रखता है।

व्यंजनों का गलत स्वर भाषा में खोट की मुख्य वजह होती है, विशेष तौर पर

संयुक्त स्वर में खोट बेहद अखरता है।

आम तौर पर अलग-अलग स्वरों को कुशलता से प्रस्तुत न कर पाने के दोष से उच्चारण में खोट पैदा हो जाता है। उदाहरण के तौर पर, अधिकतर व्यक्ति 'चूहा' बोलते वक्त अंक के स्वर का इस्तेमाल करते हैं। 'फूल' का उच्चारण अंग्रेजी के fool के समान किया जाता है। आम तौर पर 'बवाल' की जगह 'बबाल' बोला जाता है। इसी तरह हिंदी भाषा में कई शब्दों के भ्रष्ट स्वर विकसित हो गए हैं।

इस तरह की चूक असावधानी की वजह से होती है। लापरवाही इसकी मुख्य वजह नहीं है, दरअसल ज्यादातर व्यक्ति शब्दों के सही या गलत उच्चारण पर ध्यान ही नहीं देते हैं। इसके अलावा अपने द्वारा बोले गए शब्दों को सुनने की आदत भी विकसित नहीं की जाती है।

स्वराघात

स्वराघात का मतलब है—शब्द का उच्चारण करते वक्त सही अक्षर पर बल देना। दरअसल इसी कला को वास्तविक रूप में उच्चारण कहा जाता है। इसी के अभाव में उच्चारण में खोट पैदा होता है। यदि 'ईश्वर' बोलते समय 'ई' की जगह 'इ' का स्वर निकाला जाए तो स्वाभाविक तौर पर शब्द का प्रभाव फीका हो जाएगा।

शब्दकोश में मौजूद शब्दों के सही उच्चारण के लिए जीवन भर सीखना पड़ता है और प्रचलन के मुताबिक उच्चारण की शैली में बदलाव का भी अभ्यास करना पड़ता है। सतर्क कान, शब्दों की उत्पत्ति की जानकारी और शब्दकोश को समझने की आदत इस प्रतिभा पर मजबूत पकड़ बनाने में कारगर सिद्ध होती है।

संधि-योजन

संधि-योजन का मतलब है—अक्षरों का स्पष्ट उच्चारण। स्वर और व्यंजनों के गलत उच्चारण से अस्पष्टता महसूस होती है, जैसे—'फूल' और fool। दो अलग स्वरों को एक साथ या विराम के साथ बोलने से भी शब्द का अर्थ बदल जाता है। संधि-योजन में गलती करने का मतलब है—अक्षरों का अधूरा उच्चारण, या फिर अनावश्यक स्वर का इस्तेमाल। 'जरूरतमंद' की जगह 'जरूरतीमंद' बोलना पूर्ण रूप से गलत संधि-योजन है; 'स्वरूप' की जगह 'सरूप' बोलना स्वाभाविक रूप से खलता है। जैसे कि पहले भी बताया गया है, दो शब्दों को एक साथ मिलानेवाले स्वर को नजरअंदाज नहीं करना चाहिए। 'हर्षोल्लास' शब्द का उच्चारण करते वक्त विशेष ध्यान देना चाहिए कि 'हर्ष' और 'उल्लास' शब्द को जोड़नेवाली

मात्रा का ही उच्चारण हो, न कि संपूर्ण 'उ' अक्षर का। शब्द के किसी एक अक्षर का स्वर बदलने से पूरे शब्द का उच्चारण प्रभावित हो जाता है।

किसी एक स्वर या व्यंजन में स्पष्टता का अहसास न होना वक्ता के लिए अपराध समान है। इस प्रकार शब्द के अर्थ को हानि पहुँचती है। सरूप, बारूदा, चूहा, इश्वर, इमान, ईनाम, इंतजार, जख्म, जुलम कुछ ऐसी ही आम गलतियों के सामान्य उदाहरण हैं।

दोष-युक्त संधि-योजन की मुख्य वजह असावधानी और होंठों की जटिलता होती है। अक्षरों के सही उच्चारण के अभ्यास से इस कमी को दूर किया जा सकता है। होंठों में लचक का अभ्यास करने से एक साथ बोले जानेवाले शब्दों का सही उच्चारण और स्वर सीखा जा सकता है; लेकिन होंठों में इस लचीलेपन के लिए जहाँ एक तरफ कड़े अभ्यास की जरूरत होती है, वहीं इच्छा-शक्ति भी निपुणता हासिल करने में अहम भूमिका निभाती है।

अपनी परिभाषा पर लौटते हुए हम ध्यान देते हैं कि अक्षरों के सही संधि-योजन से सही स्वर उत्पन्न होता है और इस अभ्यास से उच्चारण को प्रभावशाली बनाया जा सकता है। इस अभ्यास के दौरान विशेष तौर पर खयाल रखें कि स्वर को जरूरत से ज्यादा न खींचा जाए। शब्दों के जुड़ाव को सहज रखना बहुत आवश्यक है।

भाषण तैयार करने के बाद विशेष रूप से ध्यान दें कि किन स्वरों, व्यंजनों, शब्दों और वाक्यों पर बल देने की आवश्यकता है और किन पर नहीं। शब्द के सही और सटीक उच्चारण के लिए प्रमाणित शब्दकोश से सही जानकारी हासिल करें।

□

15

संकेतों से जुड़े सत्य

एक बूढ़े नेत्रहीन व्यक्ति का किरदार निभाते हुए जब वाइटफिल्ड धीमे से ढलान के पास पहुँचा तो लॉर्ड चेस्टरफील्ड ने चिल्लाते हुए कहा, 'हे प्रभु! यह तो मरा!'

—**नॉथन शेफर्ड,** *दर्शकों के सम्मुख*

अभिनय सीखने के लिए किताबी नियमों की नहीं, सामान्य ज्ञान और भावों को ध्यान से समझने की जरूरत होती है। व्यक्ति के भाव अंतर्मन को उजागर करते हैं। यह केवल एक प्रभाव है, मानसिक और भावनात्मक स्थिति को शारीरिक तौर पर व्यक्त करने का एक तरीका।

इसको समझने की प्रक्रिया गलत सिरे से शुरू नहीं करनी चाहिए। यदि आप इशारे करने के तरीकों या भाषा में संकेतों के अभाव से परेशान हैं तो प्रभाव की जगह कारण को समझने की कोशिश कीजिए। व्याख्यान के दौरान इस्तेमाल किए गए बनावटी इशारे भाषण में प्रभाव डालने का काम नहीं कर सकते। यदि आँगन में खड़ा पेड़ उम्मीद के मुताबिक नहीं बढ़ रहा है तो उसमें समय पर खाद-पानी डालें और रोशनी की रुकावट को दूर करें। पेड़ की सेहत सुधारने के लिए कुछ शाखों को काटने से कोई फर्क नहीं पड़ता। यदि पानी का कुंड खाली है तो बारिश का इंतजार कीजिए या फिर जरूरत पूरी करने के लिए कुआँ खोदिए। जाहिर है, सूखे कुंड में पंप लगाने से तो कुछ नहीं होने वाला!

जिस वक्ता की भावना और विचार पहाड़ी झरनों की तरह स्वतंत्र होते हैं,

उन्हें भाव व्यक्त करने में मेहनत नहीं करनी पड़ती। ऐसे लोगों की भावना खुद-ब-खुद जाहिर हो जाती है। विषय में डूबकर नाटकीय भावना व्यक्त करनेवाले कलाकार को अभिनय के नियम याद करने की जरूरत नहीं पड़ती। भाव अंतर्मन से पैदा होने चाहिए। जबरदस्ती पैदा किए गए भाव बनावटी लगते हैं। लकड़ी का घोड़ा बच्चों का दिल बहला सकता है, लेकिन रास्ता तय करने के लिए असली घोड़े की ही जरूरत पड़ती है।

किसी विषय से संबंधित निश्चित नियम तैयार नहीं किए जा सकते; बल्कि ऐसी कोशिश भी नहीं करनी चाहिए। भाषण माहौल, वक्ता के स्वभाव और दर्शकों के मिजाज के मुताबिक होना चाहिए। छह का गुणा सात से करना हो तो परिणाम अंदाजे के मुताबिक हो सकता है; लेकिन भाषण के दौरान वक्ता किस विचार पर कैसा भाव प्रस्तुत करेगा, इसका ठीक-ठीक अंदाजा नहीं लगाया जा सकता। भाषण के बीच में वक्ता कई बार दोनों हथेलियों की पहली उँगलियों को छोड़कर बाकी उँगलियों की मुट्ठी बना लेता है और पहली उँगलियों को मिलाकर दर्शकों की तरफ ऐसे संकेत करता है जैसे विचारों की बौछार कर रहा हो। बहुत से वक्ता हथेली पर मुट्ठी की ताल देते हुए विचार पर ध्यान आकर्षित करने की कोशिश करते हैं। वहीं ब्रायन अहम विचारों को प्रस्तुत करने के दौरान ताली मारने के बाद सीधे हाथ को ऊपर उठाने का आदी है; ग्लैडस्टोन विचारों को बल देने के लिए सामने रखी मेज पर जोर से मुक्का मारता है।

इस प्रकार, वक्ता के अंदाज के बारे में कुछ अटकलें जरूर लगाई जा सकती हैं; लेकिन यह तय नहीं किया जा सकता कि भविष्य में वक्ता किस अंदाज को विकसित कर ले। इस विषय को ज्यादा स्पष्टता के साथ समझने के लिए कुछ सुझावों पर ध्यान देना आवश्यक है।

दर्शकों का ध्यान आकर्षित न कर पानेवाला अंदाज व्यर्थ होता है

विचारों को मजबूती देने और दर्शकों का ध्यान आकर्षित करने में संकेतों और अंदाज की अहम भूमिका होती है। विचारों के माध्यम से दिए जानेवाले संदेश को बलपूर्वक व्याख्यान, संकेतों के जरिए प्रस्तुतीकरण, स्वर में बदलाव, चेहरे के हाव भाव और सिर, हाथ या पैर को झटका देकर इस उद्देश्य को हासिल किया जाता है। भाषण के दौरान शरीर की मुद्रा बदलना भी प्रभावशाली अंदाज माना जाता है।

यदि सड़क पर टहलते समय लोगों का ध्यान आपकी चाल की ओर आकर्षित

होता है तो जाहिर है कि आपके व्यक्तित्व के मुकाबले चलने का ढंग लोगों पर ज्यादा असर डाल रहा है। अत: चाल में बदलाव की आवश्यकता है। क्या आपने कभी ऐसे वक्ता को सुना है, जिसके विचार चाहे समझ में आएँ या न आएँ, लेकिन बोलने के अंदाज वशीभूत करने योग्य हों? ऐसा संभव नहीं है, दरअसल बनावटी अंदाज से कमजोर विचारों को आकर्षित नहीं बनाया जा सकता।

अंतर्मन से उत्पन्न विचारों का भाव संदेश में छुपी सच्चाई और गहराई को प्रदर्शित करता है। इन दोनों के मिश्रण से सत्यता प्रमाणित होती है। भाषण के बनावटी अंदाज के अभ्यास और अभिनय करने के प्रयास से दर्शकों को खोखलेपन का अहसास होने लगता है। अलग अंदाज या नजाकत से चलने के लिए सरस या फैशन शो का आयोजन किया जाता है। सामान्य तौर पर नजाकत से चलना खलता है। हाथ–पैरों को थिरकाने के लिए नाचने के मंच तैयार किए जाते हैं। बिना वजह हाथ–पैर थिरकाना अच्छा नहीं लगता। बिना किसी मौके के नजाकत और दक्षता का प्रदर्शन नहीं करना चाहिए।

याद रखें, यदि आपके जूते, उच्चारण का तरीका और अंदाज लोगों का बेवजह ध्यान खींच रहे हैं तो कोई–न–कोई गड़बड़ जरूर है। यदि भाषण के दौरान वक्ता ने प्रभावशाली भाव प्रकट किए हैं। तो दर्शक जरूर कहेंगे, 'क्या शानदार तरीके से बयान किया है!' 'बात एकदम ठीक है।' 'ये बिलकुल ठीक कह रहे हैं। मैं इनके विचार का समर्थन करता हूँ।'

भाव महत्त्व के मुताबिक होना चाहिए

मँजे हुए कलाकार और वक्ता को पहले से मालूम नहीं होता कि वह किस विचार पर कैसा भाव और अंदाज अपनाएगा। भाषण के दौरान आज प्रस्तुत किए गए भाव अगले भाषण में बिलकुल अलग हो सकते हैं। दरअसल, मँजे हुए कलाकारों और वक्ताओं के भाव दिन के मिजाज पर आधारित होते हैं। इसमें आवेग और बुद्धिमानी की भी अहम भूमिका होती है। 'बुद्धिमानी' शब्द पर विशेष ध्यान दें। प्रकृति भी हर बार एक जैसा सूर्योदय और बर्फ की चादरें नहीं बिछाती। इसी प्रकार एक निपुण वक्ता भी हर बार एक जैसा अंदाज और भाव पेश नहीं करता है।

इसका मतलब यह बिलकुल नहीं है कि अंदाज और भाव के बारे में सोचा ही नहीं जाए। यदि ऐसा होता तो इस अध्याय की आवश्यकता ही क्या होती! जब कमांडर टुकड़ी के किसी जवान की ओर इशारा कर उसे एक कदम आगे आने को कहता है तो कमांडर की मंशा केवल उसी जवान को नसीहत देने की होती है। इसी

प्रकार सर्वजन के समक्ष बोलने की कला सीखनेवाले व्यक्ति को सभी आवश्यक प्रतिभाओं का आकलन करते रहना चाहिए। यदि किसी एक प्रतिभा को विकसित करने में ज्यादा कठिनाई हो रही है तो उसे नजरअंदाज नहीं करना चाहिए, बल्कि उसके अभ्यास पर विशेष ध्यान देना चाहिए। भाषण देने की कला से संबंधित सभी सिद्धांतों को याद कीजिए, पहचानिए कि किस मौके पर भाषण में नीरसता, व्यर्थता, भद्दापन जैसे खोट महसूस हो रहे हैं। इन कमियों को दूर करने का निरंतर प्रयास कीजिए। एक कमी दोबारा न दोहराने का प्रयास कीजिए। आत्मचेतन और स्वयं की चेतना को समझना अलग-अलग मुद्दे हैं।

यह वक्ता के विवेक पर आधारित होता है कि भाषण के दौरान स्वाभाविक अंदाज और भाव कैसे विकसित किए जाएँ और किस प्रकार अभ्यास के लिए समय निकाला जाए। हर असाधारण कलाकार और वक्ता ध्यान से अनुसरण करता है, सीखता है और अभ्यास करता है, साथ ही भाव में स्वाभाविकता लाने के लिए निरंतर जी-तोड़ मेहनत करता है। यह अभ्यास तभी सफल माना जाता है, जब अभिनय करते वक्त भाव स्वाभाविक हो जाएँ और बोलते वक्त सही उच्चारण के लिए सोचना न पड़े। मंच पर अभिनय करनेवाले कलाकार और भाषण देनेवाले वक्ता में एक ही भाव को कई तरह से व्यक्त करने का गुण होना चाहिए। दरअसल भावों को व्यक्त करने के भिन्न तरीकों की कोई सीमा नहीं है, इसलिए भाव व्यक्त करने की सूची तैयार करने से अच्छा है, स्वाभाविक रूप से भाव पैदा करने की कला का निरंतर अभ्यास किया जाए। इस कला में निपुण होने के लिए निरंतर अभ्यास की भूमिका बेहद महत्त्वपूर्ण है।

भाव में एकरूपता नहीं होनी चाहिए

भुना मांस बहुत स्वादिष्ट व्यंजन हो सकता है, लेकिन इसे सुबह-शाम के खाने का जरूरी हिस्सा बना लेना संभव नहीं है। एक ही तरह के भोजन से व्यक्ति बहुत जल्दी उकता जाता है। इसी प्रकार एक जैसे भाव दर्शकों में ऊब पैदा करते हैं। भावों में विविधता लाने की कोशिश कीजिए। एकरूपता से सुंदरता और आकर्षण फीका पड़ने लगता है।

भाषण के बीच की महत्त्वहीन कड़ी कमजोरी को जन्म देती है

बेचैनी भी एक भाव है। बेचैनी जैसे कई निरर्थक भाव दर्शकों का मुद्दे से ध्यान भटकाने का काम करते हैं। किसी राष्ट्रीय नेता के भाषण के दौरान यदि दरबान खिड़कियाँ बंद करने लगे तो जाहिर तौर पर उस ओर ध्यान आकर्षित

होगा। मंच के कोने में खड़ा गायक समूह यदि गाते वक्त कुछ विशेष अदाओं का इस्तेमाल करता है तो दर्शकों का ध्यान उस तरफ आकर्षित होता है। गुफाओं में रहनेवाले हमारे पूर्वज किसी चलती-रेंगती चीज को खतरे के समान मानते थे। इस आदत को हम आज तक नहीं भुला सके हैं। विज्ञापन करनेवाली कंपनियाँ आज भी शहरों में तेज रोशनी की किरण घुमाकर इस विधि का इस्तेमाल करती हैं। इसी प्रकार एक बुद्धिमान वक्ता प्रभावशाली इशारों की हलचल से एक ओर दर्शकों का ध्यान आकर्षित करता है, वहीं व्यर्थ इशारों को छुपाकर नकारात्मक प्रभाव पर काबू पाता है।

इशारों का इस्तेमाल या तो भाव के साथ होना चाहिए या भाव से पहले, भाव के बाद नहीं

लेडी मैक्बिथ ने कहा था, 'आपकी आँखों, बाँहों और शब्दों में स्वागत का भाव झलकना चाहिए।' इसके उलट भाव पैदा करने से हास्य की उत्पत्ति होती है। कहिए, 'उधर वो गया,' अपने शब्दों को खत्म करने के बाद जानेवाले की ओर इशारा कीजिए, जाहिर तौर पर हास्य का भाव पैदा होगा।

छोटे और झटकेदार इशारों से बचिए

कुछ वक्ता उन बैरों की तरह व्यवहार करते नजर आते हैं, जो बख्शीश लेने में कामयाब न रहे हों। इशारे करते वक्त कंधे से जोर लगाएँ, न कि कुहनी से। ऐसा करने से गति में सरलता और सहजता महसूस होगी। लेकिन इशारों को बहुत धीमी गति से भी प्रस्तुत नहीं करना चाहिए। ऐसा करने से वक्ता ध्यानमग्न प्रतीत होगा, जैसे ईश्वर में लीन हो।

एक मामूली 'सटीक बल' भाव में जान डाल सकता है। इस प्रभाव को हासिल करने में बनावटी भाव कारगर सिद्ध नहीं होते। हालाँकि दर्शकों को भाव में खोट की वजह का पता नहीं लग पाएगा, लेकिन फिर भी कमी जरूर महसूस होगी।

चेहरे के भावों का महत्त्व

कभी फिल्म के पोस्टर पर कलाकारों के भावों को ध्यान से देखा है? समूह-गान गानेवाली लड़कियों के उस समूह पर गौर से ध्यान दिया है, जिन्हें डर का भाव प्रस्तुत करने के निर्देश दिए जाते हैं? इनका भाव इतना बनावटी होता है कि हँसी आने लगती है। इसी प्रकार, किसी प्रसिद्ध कलाकार के डर दरशानेवाले भावों पर ध्यान दीजिए। कलाकार का चेहरा उतरा हुआ होगा, भौंहें तनी हुई होंगी,

शरीर सिमटा हुआ होगा और आँखों में खौफ साफ दिखाई दे रहा होगा। ऐसा अभिनय करते वक्त कलाकार वास्तव में भयभीत होने की कल्पना करता है।

चेहरे की मांसपेशियों से उत्पन्न भाव हाथों के इशारों से ज्यादा प्रभावशाली होते हैं। घोड़ागाड़ी दौड़ाने में हाथों का जबरदस्त इस्तेमाल और चीख-चिल्लाहट दरशाने के मुकाबले उदासी से भरा भाव दरशाना ज्यादा मुश्किल होता है। आँखों को दिल का रोशनदान माना जाता है। आँखों की चमक के साथ विचारों को भी चमक मिलती है।

जरूरत से ज्यादा इशारों का इस्तेमाल न करें

हकीकत है कि जीवन के उदास लमहों में इशारों का खास इस्तेमाल नहीं किया जाता है। मृत्यु के बाद शोकसभा में मिलनेवाले करीबियों, संबंधियों और दोस्तों से बिना किसी भाव के मिला जाता है। ऐसे मौकों पर हाथ मिलाना, गले लगना और उत्साह दिखाना अच्छा नहीं लगता। ऐसे मौकों पर व्यक्ति शांत एवं विचारों में खोया प्रतीत होता है। जोर से हाथ झटकने और चिल्लानेवाले व्यक्ति से डरने की जरूरत नहीं है। लेकिन याद रखें, गुस्से से लाल आँख और दमकते चेहरेवाला गंभीर व्यक्ति एक ही वार में ढेर कर सकता है। बात का बतंगड़ बनाने में कोई आकर्षण नहीं होता। इन प्राकृतिक सिद्धांतों पर ध्यान दें और अभ्यास करें।

शारीरिक मुद्रा

दर्शकों के समक्ष वक्ता का शारीरिक अंदाज हाव-भाव से प्रस्तुत किया जाता है। हाव-भाव की कला का वास्ता किताबी नियमों से नहीं, बल्कि भाषण के स्वभाव और मौके की नजाकत से होता है। सभासद ला फॉलेट पैर के अगले हिस्से के बल तीन घंटों तक खड़े रहे, फिर थोड़ा सा झुककर बालों में हाथ फिराते हुए संगठन की जोर-जोर से भर्त्सना करने लगे। यह बेहद प्रभावशाली अंदाज था। लेकिन यदि इस अंदाज का इस्तेमाल सड़क बनानेवाली नई मशीन की तारीफ में किया जाए तो यकीनन बेहद भद्दा लगेगा। भड़काऊ और आक्रामक बात कहते वक्त भाव जटिल हो जाते हैं, मुट्ठी भिंच जाती है और शरीर का भार किसी एक पैर पर पहुँच जाता है। किसी ज्वलंत राजनीतिक वाद-विवाद में या सड़क पर झड़प के दौरान व्यक्ति इस ओर ध्यान नहीं देता कि शरीर का भार कौन से पैर पर है। शांत व सहज संदेश देते समय आम तौर पर शरीर का भार पिछले पैर पर होता है; लेकिन इसकी परवाह नहीं करनी चाहिए, न ही ध्यान देना चाहिए। यह स्वाभाविक हरकत है। भाषण देते वक्त सैनिक की तरह एड़ियों को आस-पास रखकर सावधान की मुद्रा में खड़ा नहीं होना चाहिए।

वहीं ट्रैफिक हवलदार की तरह पैर फैलाकर भी खड़ा होना अच्छा नहीं लगता। खड़े होने का अंदाज स्वाभाविक और सामान्य होना चाहिए।

यहाँ एक सावधानी बरतने की जरूरत है। हमने आपको सलाह दी है कि भाषण देते वक्त मुद्रा और अंदाज स्वाभाविक होना चाहिए; लेकिन इसका मतलब यह नहीं है कि खुद का अंदाज विकसित करने पर ध्यान ही न दिया जाए और अभ्यास की महत्ता को नजरअंदाज किया जाए। मजबूत मांसपेशियोंवाले हाथ को हलकी कसरतों से लचीला बनाया जा सकता है। शरीर में लचीलेपन से सहज अंदाज विकसित होता है, जबकि जटिल शरीर कड़े व्यक्तित्व का अहसास कराता है। धँसे हुए सीनेवाला व्यक्ति कमजोर नजर आता है। इसके विपरीत सुडौल कंधे, बाहर की ओर उभरा सीना और तनी गरदन वाला व्यक्ति आकर्षक महसूस होता है।

इस प्रकार स्वस्थ शरीर, आत्मविश्वास और लचीलापन प्रभावशाली अंदाज के आधार होते हैं। इन गुणों से भाषण में विविधता आती है और विविधता के बिना भाषण को प्रभावशाली नहीं बनाया जा सकता। अब्राहम लिंकन जैसा बड़ा और भद्दा शरीर होने के बावजूद भाषण की कला के शिखर पर पहुँचनेवाला वक्ता मामूली इनसान नहीं हो सकता। केवल शुद्ध आत्मा और साफ विचारोंवाला व्यक्ति ही इस मुकाम पर पहुँच सकता है। ऐसे कई अपवाद हर क्षेत्र में देखने को मिल जाते हैं। व्यक्तित्व के तेज, गंभीरता, ईमानदारी, और विचारों की शुद्धता से दर्शक प्रभावित होते हैं। भद्दे डील-डौल के बावजूद महान् वक्ता बनने के लिए अब्राहम लिंकन जैसे गुणों को विकसित करना पड़ता है।

दर्शकों के समक्ष प्रभावशाली तरीके से पेश आने का अंदाज सीखने के लिए शीशे के सामने खड़े होकर अभ्यास करें; लेकिन इस अभ्यास को एक सीमा तक ही करना चाहिए। चाल में भद्देपन को दूर करने के लिए शीशे के सामने चलकर देखें और कमी को दूर करने की कोशिश करें। मंच पर उसी सामान्य अंदाज से पेश आएँ, जैसे घर आए मेहमानों के साथ आया जाता है। यदि आपकी शारीरिक रचना प्रभावशाली नहीं है तो नृत्य का अभ्यास कीजिए, व्यायाम कीजिए और बेहतर अंदाज की कल्पना कीजिए।

एक ही मुद्रा में ज्यादा देर तक खड़ा नहीं रहना चाहिए। महान् विचार के साथ शरीर की मुद्रा में भी बदलाव करना चाहिए। भाषण देते वक्त तनाव-मुक्त रहना चाहिए। अंदाज विकसित करने का कोई नियम नहीं है। इसे निजी पसंद और स्वाद के मुताबिक विकसित करना चाहिए। मंच पर भूल जाएँ कि आपके हाथ भी हैं। इनका इस्तेमाल केवल जरूरत के वक्त करें, लेकिन प्रभावशाली ढंग से।

निस्संदेह, भाषण देते वक्त कुछ समय के लिए हाथों को पीछे की ओर मोड़कर जोड़ लेने या सीने पर रखकर जोड़ लेने से खास फर्क नहीं पड़ता। भाषण में सबसे ज्यादा महत्त्व विचारों का होता है, हाथ और पैरों की स्थिति से कुछ खास फर्क नहीं पड़ता।

पिछले अभ्यास को एक बार फिर दोहराते हैं। अभ्यास के महत्त्व को नजरअंदाज न करें। आपका अंदाज और भाव स्वाभाविक होना चाहिए, चाहे अंदाज खुद को गलत ही क्यों न लगे। अंदाज कितना भी अप्राकृतिक क्यों न हो, अभ्यास के जरिए सुधारा जा सकता है।

अंदाज विकसित किए बिना आकलन नहीं किया जा सकता। झिझक दूर कीजिए, अंदाज विकसित कीजिए और अभ्यास के जरिए कमियों को सुधारिए। महान् कलाकारों और वक्ताओं के अंदाज का अध्ययन कीजिए। प्रकृति के व्यवहार और प्राकृतिक घटनाओं पर ध्यान दीजिए। पेड़ की पत्तियाँ हवा के हलके से झोंके से भी हिलने लगती हैं। इसी प्रकार चेहरे की मांसपेशियाँ और आँखों की चमक में भाव के साथ बदलाव लाने का अभ्यास कीजिए। एमरसन ने कहा है, 'मैं जिस व्यक्ति से मिलता हूँ, वह मुझे खुद से ज्यादा महान् नजर आता है। इसीलिए मैं उनसे कुछ सीख पाता हूँ।' अतः अपनी आँखें सदा खुली रखनी चाहिए। एमरसन के अनुसार, 'हमारी आँखें सौंदर्य में डूबी रहती हैं, लेकिन इनमें दूरदर्शिता की कमी होती है।' इस पुस्तक को एक तरफ रख दीजिए, बाहर निकलिए और किसी बच्चे को माँ से खाना माँगते हुए देखिए। लोगों को सड़क पर झगड़ते देखिए, गतिमान जीवन को करीब से समझिए। क्या आप जानते हैं कि जीत का भाव कैसा होता है? चुनाव में जीत के बाद हाथ उठाते नेताओं की विजयी मुद्रा को गौर से देखिए। क्या आपने लोगों को भीख माँगते देखा है? भीख माँगते लोगों का संयुक्त चित्र लीजिए और उसका गौर से अध्ययन कीजिए। लोग भीख माँगते, उधार लेते और झूठ बोलते वक्त कैसे भाव प्रस्तुत करते हैं। इन भावों का ध्यान से अध्ययन कीजिए और अभ्यास के द्वारा स्वभाव में शामिल करने की कोशिश कीजिए। □

16

भाषा-शैली की पद्धति

भाषण में संपूर्णता व्याख्यान के अंदाज से आती है। यदि दर्शक किसी वक्ता को सुनने का इंतजार करते हैं तो मान लीजिए कि वक्ता की शैली बेहद प्रभावशाली है। भाषण देते समय वक्ता की सारी शक्ति वाक्पटुता के लिए एकत्र हो जाती है। भाषण के दौरान विचारों के इर्द-गिर्द घूमनेवाले तथ्य पर पकड़, भाषा को अलंकारित करने के लिए वाक्यों का क्रम और शब्दों का चयन, भाव एवं अंदाज को प्रभावशाली बनाने के लिए शारीरिक शक्तियों पर नियंत्रण—इन सभी पहलुओं पर विस्तृत चर्चा हो चुकी है। दरअसल इस हुनर में निपुण वक्ता दर्शकों पर अमिट छाप छोड़ता है। वक्ता के लिए भाषण का महत्त्व सर्वोपरि होना चाहिए, तभी भाषण को यादगार बनाया जा सकता है। भाषण से पहले उचित तैयारी न करनेवाले लापरवाह वक्ता के हाथ केवल निराशा लगती है। जबकि भाषण के विषय पर मजबूत पकड़, शब्दों का उचित चयन और विचारों की स्पष्ट समझ रखनेवाले वक्ता सदा प्रभावशाली भाषण देने में कामयाब होते हैं।

जे.बी.ई., *दर्शकों का ध्यान आकर्षित करने की विधि*

भाषण प्रस्तुत करने के चार आधारभूत तरीके होते हैं। इसके अलावा बाकी तरीके इन चार आधारभूत तरीकों को तोड़-मरोड़कर विकसित किए गए हैं—पहले से तैयार किए गए लेख को पढ़ना, लेख को याद कर भाव को व्यक्त करना, छोटी-छोटी टिप्पणियों (नोट्स) की मदद से पढ़ना और बिना तैयारी के

भाषण देना। इनमें से किसी एक तरीके को श्रेष्ठ सिद्ध नहीं किया जा सकता। दरअसल, इन तरीकों को मौके के आधार पर प्राथमिकता दी जाती है। किस मौके पर भाषण देने का कौन सा तरीका अपनाया जाए, यह निर्णय वक्ता पर छोड़ देना चाहिए। दर्शकों के स्वभाव के आधार पर भी इसका निर्णय लिया जा सकता है। इसके अलावा विषय, समय एवं तैयारी के अभाव के आधार पर भी भाषण के किसी एक तरीके को चुना जा सकता है। भाषण के तरीके से संबंधित निर्णय लेते वक्त खुद से एक बार साहसपूर्वक जरूर पूछें—जो बाकी लोग कर सकते हैं, मैं उसे करने का प्रयत्न जरूर कर सकता हूँ। साहसी और सकारात्मक व्यक्तित्व को जीत मिलती है, जबकि डरपोक को हार का मुँह देखना पड़ता है। साहस एवं प्रयत्न से रास्ते की बाधाओं पर विजय हासिल की जा सकती है।

लेख को पढ़ना

सार्वजनिक तौर पर बोलने की कला सिखानेवाली किताबों के मुताबिक, लेख पढ़कर भाषण देनेवाले वक्ता को भगवान् से पाप की क्षमा जरूर माँगनी चाहिए। जितना चाहें खुद को उतना धोखा दे सकते हैं, पर याद रखें, दर्शकों के समक्ष पढ़ने को भाषण नहीं माना जा सकता।

निस्संदेह कुछ विशेष मौकों पर लेख पढ़े जाते हैं, जैसे संसद् की काररवाई का उद्घाटन, किसी विचारात्मक संस्था के समक्ष कटु प्रश्न उठाना, किसी ऐतिहासिक घटना की कीर्ति का वर्णन—ऐसे मौकों पर वक्ता की प्रतिभा के अलावा घटना विशेष का महत्त्व और प्रस्तुतीकरण का अंदाज भी अहम भूमिका अदा करता है। ऐसे व्याख्यान की भाषा इतनी सटीक एवं स्पष्ट होनी चाहिए कि एक भी शब्द के अर्थ पर उलझन न पैदा हो। ऐसे मौकों पर वाक्पटुता को सैर पर निकल जाना चाहिए। निस्संदेह इस प्रकार के लिखित भाषण बेहद लंबे व नीरस होते हैं और दर्शक निराशापूर्ण ढंग से सब्र के इम्तिहान के लिए बैठ जाते हैं, बस इस उम्मीद के साथ कि भाषण उनके सब्र की सीमा से लंबा न हो। इन भाषणों में मौजूद सुनहरे शब्दों और महत्त्वपूर्ण विचारों से भी दर्शकों का उत्साह नहीं बढ़ता है।

ऐसे 'महान् मौकों' की सबसे बड़ी विडंबना यह है कि लेख तैयार करनेवाले लेखक का चयन योग्यता के आधार पर नहीं किया जाता। लेखक या तो किसी महान् क्रांतिकारी का पोता होता है या संसद् में किसी दल का प्रतिनिधित्व करनेवाला नेता या फिर कोई ऐसा व्यक्ति, जिसे हाल ही में जनता ने नायक बना दिया हो।

दर्शकों को किसी महान् छवि के व्यक्ति को देखना अच्छा लगता है। ऐसे

व्यक्ति की छवि से प्रभावित दर्शक बड़े ध्यान और अदब से भाषण सुनते हैं; शायद रुचि से भी, चाहे भाषण लिखित विचारों के आसपास ही क्यों न मँडराता रहा हो। लेकिन सवाल यह है कि क्या कागजों को अलग रखकर ऐसे भाषणों को प्रभावशाली बनाया जा सकता है?

भाषण देते वक्त लेख पढ़ने के पीछे केवल चार कारण हो सकते हैं—

1. आलस्य सबसे आम कारण है। किसी ने सही कहा है, ईश्वरीय शक्ति भी आलस से भरे व्यक्ति को काबिल नहीं बना सकती।
2. बेहद कमजोर याददाश्त, इस हद तक कमजोर की उचित अभ्यास और भरसक प्रयत्न से भी काम न चले। लेकिन किसी व्यक्ति को ऐसा सोचने का आधिकार नहीं है कि याददाश्त इस हद तक कमजोर हो सकती है। दरअसल ऐसी सोच इच्छा-शक्ति की कमी का परिणाम होती है। याददाश्त का कमजोर होना कारण नहीं हो सकता, बहाना जरूर हो सकता है।
3. भाषण तैयार करने और अभ्यास करने के लिए समय की असल कमी। वक्ता के सामने ऐसे कई चुनौतीपूर्ण क्षण आते हैं, जब हकीकत में समय की कमी के चलते अभ्यास नहीं किया जा सकता; लेकिन याद रहे कि ऐसे मौके केवल विशेष परिस्थिति में ही आते हैं। भाषण से पहले अभ्यास का उचित समय मिलने से वक्ता की प्रस्तुति में चार चाँद लग जाते हैं, अत: विशेष परिस्थितियों में ही अचानक आए समय के दबाव को मानकर भाषण के लिए राजी होना चाहिए।
4. भाषण के महत्त्व और मौके की नजाकत को समझते हुए विचारों को दर्शकों के समक्ष रखने का दृढ़ निश्चय। लेकिन यदि भाषण के दौरान बोले जानेवाले हर शब्द का सटीक, मँजे हुए अंदाज और विचारों का तर्कसंगत होना संदेश से ज्यादा महत्त्व रखता है तो क्या ऐसे मौके पर बिना तैयारी और अभ्यास के भाषण देना उचित होगा? संदेश में छुपे विचार की जगह व्याख्यान के अंदाज को महत्त्व देना न केवल सभा का अपमान है, बल्कि स्वयं ईश्वर के प्रति अशिष्टता भी है। दर्शकों के दिल तक पहुँचने के लिए भाषण का व्याख्यान धर्मोपदेश की तरह होना चाहिए। वास्तविक शक्ति और उत्साह के बिना भाषण का प्रभाव अधूरा रह जाता है। भाषण के अहसास को मारकर शब्दों को सामान्य तौर पर पढ़ना झाग निकले हुए सोडे के समान होता है। धर्मोपदेश देते वक्त उपदेशक की निगाहें केवल लेख पर टिकी होती हैं। ऐसे मौकों पर दर्शकों को वक्ता

के हाव-भाव का आनंद नहीं मिल पाता। क्या निरंतर संवाद-पुस्तिका को देखकर संवाद बोलनेवाले कलाकार का अभिनय लंबे समय तक देखा जा सकता है? कल्पना कीजिए कि सैनिकों को संबोधित करते वक्त नेपोलियन लगातार लेख की ओर देखकर पढ़ता रहे—और ईसा मसीह बिना किसी भाव के धर्मोपदेश दें। दरअसल इन वक्ताओं की विषय पर पकड़ बेहद मजबूत थी। निरंतर अभ्यास से भाव गहरे और प्रभावशाली हो गए थे और भाषण देते वक्त किसी लेख की जरूरत नहीं पड़ती थी, अतः यह वक्ता दर्शकों पर गहरी छाप छोड़ने में कामयाब साबित होते थे।

लेख पढ़कर भाषण देने की कला के कई सिद्धांत हो सकते हैं, लेकिन ऐसा कोई भी सिद्धांत भाषण को प्रभावशाली बनाने में कारगर साबित नहीं हो सकता। अतः लेख पढ़कर भाषण देने से बचना चाहिए।

भाषण का लेख तैयार कर याददाश्त के मुताबिक व्याख्यान

यह विधि काफी हद तक प्रभावशाली भाषण प्रस्तुत करने में कारगर सिद्ध होती है। यदि वक्ता के पास समय की कमी नहीं है तो भाषण के विचार को माँजने, सटीक शब्द चुनने और भाषा-शैली को सुधारने में कोई हर्ज नहीं है। हालाँकि इस समय का इस्तेमाल भाषण को बार-बार लिखने की जगह बिना वजह इस्तेमाल किए गए शब्दों और वाक्यों को हटाने, वाक्यों को मजबूत व प्रभावशाली ढंग से बाँधने और सटीक मुहावरे एवं उदाहरण चुनने के लिए करना चाहिए। यादगार भाषण और बेमिसाल नाटक लिखे नहीं जाते, बल्कि बार-बार लिखकर तैयार किए जाते हैं।

जूलियस सीजर, रॉबर्ट इंगरसोल और कई मौकों पर बेंडेल फिलिप्स जैसे जाने-माने लेखकों व वक्ताओं ने नाटक और लेखों को यादगार बनाने के लिए बार-बार लिखने की कला का इस्तेमाल किया है। अद्भुत प्रभाव और भाव के साथ यादगार संवाद प्रस्तुत करनेवाले कलाकारों ने पंक्तियों को याद कर बार-बार अभ्यास के जरिए असाधारण मुकामों को हासिल किया है।

लेकिन अनुभवहीन वक्ताओं को इस विधि का बेहद सावधानी से इस्तेमाल करना चाहिए, क्योंकि कभी-कभी मामूली सी चूक बड़ी गलती का कारण बन जाती है। इस विधि के जरिए भाषण को प्रभावशाली बनाने के लिए कड़े अभ्यास और कुशलता की जरूरत होती है। अनुभवहीन वक्ताओं द्वारा याद की गई पंक्तियों

का उच्चारण भद्‌दा महसूस हो सकता है।

उदाहरण के लिए, डिपार्टमेंटल स्टोर पर नए फर्नीचर या किसी और सामान के विषय में जानकारी देनेवाले कर्मचारी द्वारा याद की गई पंक्तियों को सुनिए, उच्चारण में अकुशलता और भद्‌देपन का अहसास खुद-ब-खुद हो जाएगा। याद किए गए भाषण को प्रभावशाली ढंग से प्रस्तुत करने के लिए कड़े अभ्यास की आवश्यकता होती है। बेहतरीन याददाश्तवाले वक्ता भी बिना अभ्यास के भाषण में कुशलता का प्रभाव प्रस्तुत नहीं कर पाते। क्या भाषण के वाक्यों या वाक्यों में शामिल शब्दों को भूलना चाहिए? यदि ऐसा होता है तो भाषण के दौरान वक्ता उलझ जाता है और वक्ता को पूरा वाक्य शुरू से पढ़ना पड़ता है। जाहिर है कि आम तौर पर दर्शक एक ही वाक्य और विचार को दो बार नहीं सुनना चाहते।

शुरुआत में ऐसी दिक्कतें सभी वक्ताओं के सामने आती हैं, अत: अभ्यास के जरिए इन बाधाओं को पार करना चाहिए। यदि लेख लिखने से आपके भाषण का प्रभाव बढ़ता है तो लेख तैयार करें और उसे याद करें। याद किए गए लेख का बार-बार अभ्यास करें, निस्संदेह मनचाहा परिणाम हासिल होगा।

इस कला में निपुण होने के लिए कई विषयों पर बिना तैयारी के बोलने का अभ्यास कीजिए। भाषण देने के लिए विषय की तैयारी केवल मानसिक आधार पर कीजिए। कोई लेख मत लिखिए। इस प्रकार आपकी याददाश्त बढ़ेगी और भाषण देने के अंदाज में भी सुधार आएगा।

टिप्पणी और अहम बिंदुओं की सहायता से पढ़ना

तीसरी और आखिरी विधि शुरुआती वक्ताओं के लिए न केवल बहुत प्रसिद्ध है, बल्कि कारगर भी है। हालाँकि भाषण पर तैयार की गई टिप्पणी के द्वारा पढ़ने का सुझाव केवल शुरुआती वक्ताओं के लिए है, तजुरबेकार वक्ता को केवल विशेष परिस्थितियों में ही इस विधि का इस्तेमाल करना चाहिए।

भाषण के लिए एक विस्तृत योजना बनाइए। प्रस्तुत किए जानेवाले विचारों का क्रम तैयार कीजिए। क्रम को कागज पर लिखिए। ध्यान रखें भाषण के क्रम की जानकारी बहुत सटीक और संक्षिप्त होनी चाहिए। भाषण पर टिप्पणी तैयार करने के कुछ उदाहरण इस प्रकार हैं—

1. प्रस्तावना

किसी भी महान् कार्य को अंजाम देने के लिए सावधानी बहुत महत्त्वपूर्ण होती है।

2. परिभाषा और उदाहरण

I. आम नजरिए के आधार पर उत्पन्न विचार।

II. महान् हस्तियों के जीवन से मिली प्रेरणा।

3. अन्य मानसिक शक्तियों से संबंध

I. कारण

II. कल्पना

III. याददाश्त

IV. इच्छा

4. ध्यान आकर्षित करना

I. अस्वाभाविक तौर पर ध्यान आकर्षण

II. स्वाभाविक तौर पर ध्यान आकर्षण

5. निष्कर्ष

अस्वाभाविक और स्वाभाविक ध्यान आकर्षण के परिणाम

इसी प्रकार कुछ और संक्षिप्त वर्णन के जरिए एक अभ्यस्त वक्ता ध्यान आकर्षित करनेवाले विचारों को महत्त्वपूर्ण स्थान, विचार की गहराई को प्रभावशाली, मुख्य विचार को लाल स्याही से अंकित और टिप्पणी की मुख्य पंक्तियों के नीचे रेखा खींचकर महत्त्व देने योग्य बनाने जैसे कई तरीकों का इस्तेमाल कर सकता है। अंकित किए गए महत्त्वपूर्ण विचारों से संबंधित अभ्यास और तैयारी भाषण के दौरान स्वाभाविक रूप से प्रदर्शित हो जाती है।

लेकिन एक अनुभवहीन और शुरुआती वक्ता के लिए सलाह है कि पूर्ण लेख तैयार करे। साथ ही, यह भी सुझाव है कि पूर्ण लेख तैयार करने की आदत को धीरे-धीरे लेख से संबंधित संक्षिप्त बिंदु लिखने में बदलना चाहिए।

कुछ समय के लिए लेख के द्वारा पढ़ने की विधि आवश्यक होती है, लेकिन ज्यादा समय तक इस्तेमाल करने से यही विधि बुराई का रूप ले लेती है। अभ्यस्त वक्ता भी इस विधि का इस्तेमाल केवल विशेष परिस्थिति में ही करें। सुझाव है कि जहाँ तक हो सके, लेख के द्वारा भाषण देने की परिस्थिति को टालना चाहिए।

तात्कालिक भाषण

निश्चित रूप से बिना तैयारी भाषण देने की कला सर्वोपरि है। इस तरह के भाषण को जनता बहुत पसंद करती है और यह महान् वक्ताओं का पसंदीदा अंदाज होता है।

तात्कालिक भाषण को कई बार बिना तैयार किए गए भाषण के तौर पर समझा जाता है। वास्तव में, आम तौर पर यह बिना तैयार किया गया भाषण होता भी है; लेकिन यहाँ तैयारी का मतलब विषय का ज्ञान न होने से नहीं है। इसके विपरीत, तात्कालिक भाषण देने के लिए उन सभी तैयारियों का होना जरूरी है, जो हमने 'तैयारी के जरिए बहाव' अध्याय में पढ़ी थी। ऐसे मौके पर भाषण के मौके से मिली प्रेरणा, विचार और भाषा पर पकड़ के अभ्यास का इस्तेमाल करना चाहिए।

यदि आप तात्कालिक भाषण प्रस्तुत करने में समर्थ हैं तो दर्शकों के दिलों को छूने में जरूर कामयाब होंगे। एक प्रकार से दर्शक ऐसे वक्ता के साथ जुड़ा महसूस करते हैं और विचार के भाव को करीब से समझते हैं। तात्कालिक भाषण प्रस्तुत करते समय वक्ता दिल से विचारों को व्यक्त करता है। ऐसा करते वक्त न तो वक्ता में हिचक होती है और न ही शब्दों का अभाव। वक्ता का ध्यान भटकाने के लिए लेख, टिप्पणी और मुख्य बिंदु जैसी विधि कागज पर लिखी नहीं होती। वक्ता सीधे दर्शकों से संपर्क स्थापित करता है और विचारों में छुपे संदेश की व्याख्या प्रभावशाली ढंग से प्रस्तुत करने में कामयाब होता है।

लेख में शामिल किए गए वाक्य कई बार ठंडे और फीके महसूस होते हैं, अत: दर्शकों पर अपेक्षा के अनुसार प्रभाव नहीं पड़ता है। लेकिन जब वक्ता दिल से बोलता है तो वाक्पटुता से संबंधित सभी शक्तियाँ एकत्र हो जाती हैं और भाषण जीवंत हो जाता है। तात्कालिक भाषण प्रस्तुत करते समय वक्ता दर्शकों की रुचि को भाँपते हुए किसी विचार के व्याख्यान को विस्तार दे सकता है तो कई विचारों का व्याख्यान त्याग भी सकता है। हालाँकि सभी वक्ताओं के लिए इस विधि को अपनाना संभव नहीं है। यह भाषण की सबसे कठिन विधि है। इस विधि को कड़े अभ्यास के बिना नहीं सीखा जा सकता; लेकिन बाकी विधियों के मुकाबले इसका प्रभाव सबसे ज्यादा गहरा होता है।

इस विधि के इस्तेमाल की एक बड़ी कमी यह है कि कई बार वक्ता मुख्य विचार से भटक जाता है। इस खतरे को टालने के लिए मानसिक तौर पर की गई तैयारी पर ही दृढ़ रहें। यदि भाषण के बीच भटकाव की स्थिति का अहसास हो तो याददाश्त में शामिल किसी उदाहरण या मुहावरे का प्रयोग करें और फिर सहजता से मुख्य विचार को प्रस्तुत करना शुरू करें। अभ्यास के लिए वाद-विवाद करनेवाली संस्थाओं के साथ जुड़ें, बात करें और बस बात ही करते रहें—और खयाल रहे कि तैयारी किए बिना तात्कालिक वाद-विवाद करें। कई बार आपका उपहास जरूर होगा, लेकिन कामयाबी के लिए यह बलिदान ज्यादा बड़ा नहीं माना जा सकता।

टिप्पणी और लेख से संबंधित मुख्य बिंदु बैसाखी की तरह कमजोरी का प्रतीक है। याद रखें कि वक्ता की सफलता दर्शकों की उम्मीद पर खरा उतरने से मिलती है। कोशिश करें कि कागज पर तैयारी की जगह मानसिक तौर पर तैयारी की जाए।

व्याख्यान की संयुक्त विधि

भाषण की दूसरी विधि को कई महान् वक्ताओं और हर दिन किसी नए विषय पर बोलनेवाले वरिष्ठ अध्यापकों ने अपनाया है, हालाँकि हर वक्ता ने इस विधि में अपनी सुविधा के अनुसार मामूली बदलाव जरूर किए हैं। ऐसे वक्ता तैयार किए गए भाषण को अच्छी तरह याद करते हैं; लेकिन सावधानी के लिए मुख्य बिंदु और भाषण के क्रम का संक्षिप्त लेख पुस्तक के पन्नों के बीच में रख लेते हैं और पुस्तक के पन्नों को पलटते वक्त तैयार किए गए लेख पर सावधानी के लिए ध्यान देते रहते हैं। इस प्रकार वक्ता को भाषण में प्रवाह बनाए रखने में सहूलियत होती है।

कुछ वक्ता भाषण के क्रम को कम महत्त्व देते हैं और केवल भाषण से संबंधित मुख्य विचारों पर लेख तैयार करते हैं।

इसी प्रकार कुछ वक्ता भाषण के अहम विचार व संदेश पर विस्तृत लेख तैयार करते हैं और उस लेख का शब्द-दर-शब्द उच्चारण करते हैं। लेख में शामिल उदाहरणों और मुहावरों को भी कागज पर उतारा जा सकता है।

कुछ वक्ता भाषण के अहम हिस्सों को लेख पढ़कर प्रस्तुत करते हैं और बाकी हिस्से को तात्कालिक तौर पर पेश करते हैं।

इसी विधि को 'भाषण की संयुक्त विधि' कहा जाता है। आप भी मौके की नजाकत, विषय के महत्त्व और दर्शकों की उम्मीद के आधार पर इन विधियों का मिला-जुला खाका उपयोग में ला सकते हैं। इस खाके का स्वरूप वक्ता के अंदाज और जरूरत पर निर्भर करता है।

□

17

विचार एवं सुरक्षित ऊर्जा

सुरक्षित साधन को अंतिम राशि समझकर व्यय करने में ही समझदारी होती है।

—नेपोलियन बोनापार्ट

यदि आप बैंक खाते में जमा राशि से ज्यादा रकम निकालना चाहें तो क्या यह मुमकिन है? नियमों के अनुसार रकम से ज्यादा राशि के चेक को खारिज कर दिया जाएगा; लेकिन यदि बैंक के साथ आपके संबंध घनिष्ठ हैं तो शायद आपका चेक खारिज नहीं किया जाए और चेक की रकम का भुगतान करने के बाद बाकी राशि अदा करने के लिए सूचित किया जाए।

आपसी संबंधों में पसंद-नापसंद का इस्तेमाल किया जा सकता है; लेकिन याद रखें, प्रकृति की कोई पसंद-नापसंद नहीं होती है, अतः प्रकृति से कुछ उधार नहीं मिलता। प्रकृति ईंधन से भरी टंकी की तरह करुणा-रहित होती है। टंकी का ईंधन खत्म तो मशीन बंद। इसी प्रकार बिना तैयारी के भाषण का व्याख्यान उतना ही मुश्किल होता है, जितना बिना ईंधन के किसी दूर-दराज के सुनसान इलाके का सफर करना।

लेकिन सवाल यह है कि वक्ता की आरक्षित शक्ति का संग्रह कहाँ होता है? यह संग्रह विषय की सामान्य और विस्तृत जानकारी में शामिल होता है। विचारों की प्रबलता में सचेत रहने का गुण शामिल होता है, विशेष तौर पर प्रकृति के नियमों और कारणों को समझने में होता है। इस तरह की प्रतिभावना से वक्ता स्वयं मानसिक व शारीरिक शक्ति का संचालक बन जाता है।

इस विधि का पहला अहम तत्त्व है—उचित तैयारी और आखिरी है—आत्मशक्ति। इन दोनों सिद्धांतों की महत्ता का 'आत्मविश्वास' और 'तैयारी के जरिए बहाव' अध्याय में विस्तृत वर्णन किया जा चुका है। इसके अलावा जनता के समक्ष बोलने के लिए उचित तैयारी की विधि का वर्णन अगले अध्याय में किया जाएगा। इसीलिए इस अध्याय का ध्यान विचारों की आरक्षित शक्ति पर केंद्रित है।

मानसिक शक्ति का भंडार

खाली खाद्य भंडार की तरह खाली दिमाग एक गंभीर विषय है या नहीं, यह मौजूदा संसाधनों की उपलब्धता पर आधारित होता है। रसोईघर में खाद्य सामग्री खत्म होने की स्थिति में गृहिणी बरतनों को उलटने-पलटने की जगह राशन की दुकान पर खाद्य सामग्री खरीदने पहुँचती है। इसी प्रकार, विचारों की कमी की स्थिति में दिमाग को इधर-उधर भटकाने की जगह विषय से संबंधित जानकारी हासिल करनी चाहिए। याद रखें, बिना तैयारी मंच पर पहुँचने की गलती नहीं करनी चाहिए।

विचारों से खाली दिमाग को नई एवं उपयोगी जानकारी से भरना चाहिए। जमीन से प्राकृतिक तौर पर उत्पन्न कूप से पानी का फव्वारा तेजी से ऊपर की ओर उठकर कई फीट ऊँचाई तक पहुँच जाता है। निस्संदेह ऊँचाई तक उठते इस फव्वारे का रहस्य जमीन के अंदर बहनेवाले पानी की मात्रा और गति में छुपा होता है।

यदि आपके दिमाग में भी विचारों का सैलाब उफान मारता है तो उसे रोकने की क्या जरूरत है? अधिक हासिल करने का मतलब अधिक नहीं होता, अत: अधिक नहीं, सर्वाधिक की कामना करनी चाहिए। इस प्रकार विचारों का दबाव भाषा के बहाव को सहज बनाने का काम करता है, आत्मविश्वास में बढ़ोतरी करता है और मानसिक शक्ति में वृद्धि करता है। जेब में केवल घर लौटने तक की रकम डालकर चलने की आदत मुसीबत के समय में बहुत महँगी पड़ती है।

मानसिक शक्ति के भंडार में चुंबकीय आकर्षण होता है। मस्तिष्क में सुरक्षित विचारों को प्रस्तुत करने से दर्शकों तक विचार के साथ वक्ता के अध्ययन, अनुभव, विचार और भावना का मूल आशय एवं निचोड़ भी पहुँचता है। जिस प्रकार ज्यादा मलाई के लिए ज्यादा दूध की जरूरत होती है, उसी प्रकार ज्ञान के बड़े भंडार के लिए ज्यादा जानकारी, अध्ययन और अनुभव की जरूरत होती है।

लेकिन सवाल है कि ज्ञान रूपी इस दूध को कैसे हासिल किया जाए? इसके दो तरीके हैं—पहला यह कि दूध सीधे गाय से हासिल किया जाए, दूसरा तरीका है कि दूध विक्रेता से लिया जाए। तात्पर्य यह है कि ज्ञान या तो सीधे ज्ञानी व्यक्ति से

हासिल किया जा सकता है या फिर विचारों के अध्ययन द्वारा।

देखने और समझने की शक्ति

किसी संत ने कहा है, 'हजारों वक्ताओं में से केवल एक ही व्यक्ति विचारक होता है और हजारों विचारकों में से केवल एक व्यक्ति के पास दूरदृष्टि होती है।' देखने और समझने का मतलब है—सीधे गाय का दूध दुहना, अर्थात् ज्ञानी व्यक्ति से सीधे ज्ञान प्राप्त करना।

इस तथ्य को इस प्रकार कहने की जगह कि हजारों में से केवल एक व्यक्ति के पास देखकर समझने की शक्ति होती है, यह कहना ज्यादा उचित होगा कि हजारों व्यक्ति अपने सामने घटनेवाली घटनाओं और प्राकृतिक बदलाव को समझ-बूझ की दृष्टि से नहीं देखते। हम जीवन से जुड़े सत्यों को नजरअंदाज करते हैं, जबकि घटनाओं से जुड़े दर्शन को समझना हर व्यक्ति के लिए बहुत महत्त्वपूर्ण होना चाहिए। अगली बार सफर करते वक्त अपने बगल में बैठे यात्री पर गौर करें और जानने की कोशिश करें कि सफर के दौरान उसका ध्यान किन बारीकियों पर जाता है। उसकी आदतें, व्यवसाय, आदर्श और विचारधारा किस प्रकार की हैं। उसका वातावरण, शिक्षा, स्वास्थ्य और अन्य अहम पहलुओं के लिए क्या नजरिया है। सभी जरूरी जानकारी हासिल करने के बाद उस व्यक्ति के व्यक्तित्व को शब्दों में बयाँ करने की कोशिश कीजिए। सभी अहम जानकारियों को निपुणता से शब्दों में बाँधने के बाद गौर कीजिए कि क्या अब आप उस व्यक्ति को ज्यादा करीब से समझ पा रहे हैं। यदि ऐसा है तो आप हजारों में से एक बनने की प्रक्रिया का हिस्सा बन रहे हैं।

'डी माओपैसेंट' के लेखक के लिए किया गया व्याख्यान वक्ता पर भी लागू होना चाहिए, 'उसकी आँखें पानी खींचनेवाले पंप की तरह होनी चाहिए, जो सबकुछ सोख ले। हाथों में जेबकतरों जैसी निपुणता होनी चाहिए, ऐसे हाथ जो सदा काम पर लगे रहते हैं। इनके हाथों से कुछ नहीं छूटता। ऐसे हाथ लगातार कुछ-न-कुछ बटोरते रहते हैं। आँखें लगातार नजरों, इशारों, इरादों और सामने आनेवाली हर बारीक गतिविधि को पढ़ रही होती हैं।' जानकारी के लिए बता दें कि 'डी माओपैसेंट' स्वयं हजारों में से एक प्रतिभावान् व्यक्ति थे।

रस्किन ने एक साफ कच्चे हीरे का टुकड़ा उठाया और उससे एक भावहीन शिक्षा हासिल की। वह शिक्षा आज तक जनमानस के लिए अहम मानी जाती है। बीचर घंटों तक एक जेवर की दुकान के सामने खड़े होकर जेवरों को निहारते रहे

और गहनों और इनसान की आत्मा के बीच समानता की तुलना करते रहे। गोह ने पानी की एक बूँद में हजारों आत्माओं को तृप्ति पहुँचानेवाली शक्ति का अहसास किया। थौरोह एक घनी झाड़ी में घंटों शांत बैठा रहा, जहाँ उसे चिड़ियों और कीट-पतंगों के कई जीवन-रहस्यों का ज्ञान मिला। एमरसन ने इनसान की अंतरात्मा का गहन अध्ययन कर निष्कर्ष निकाला कि 'व्यक्ति को जानने के लिए उसे सुनना आवश्यक होता है।' प्रेयर ने अपने बच्चे की हरकतों का तीन साल तक अध्ययन किया। इस प्रकार वह बच्चों की मानसिकता समझने का विशेषज्ञ हो गया। देख-समझकर ज्ञान प्राप्त करने में असफल व्यक्ति नेत्रहीन के समान होता है! लाखों खोजों और प्रयोगों के बावजूद आज भी कई अप्रदर्शित सत्य ऐसे हैं, जिनकी न तो जानकारी है और न ही कल्पना की जा सकती है। जाहिर है, देखने-समझने की इच्छा-शक्ति और उत्सुकता को खत्म कर अप्रदर्शित सत्य की जानकारी हासिल नहीं की जा सकती। 'पत्थरों में धर्मोपदेश' और 'नदियों में ग्रंथ' ढूँढ़नेवाले महापुरुषों की संख्या बहुत कम है। दरअसल आम तौर पर लोग नदियों में पत्थर और ग्रंथों में धर्मोपदेश देखने के आदी हैं। सर फिलिप सिडने की कहावत है, 'लिखना है तो दिल में झाँकिए।' मसीलन की कहावत में इनसान के हृदय की समझ शामिल है, 'मैंने खुद के अध्ययन के द्वारा दूसरों के बारे में सीखा है।' बायरन ने कहा कि 'खुद के दिमाग को पढ़कर और समझकर ही मैं इनसानी फितरत को बारीकी से समझ पाया।'

विचारक मस्तिष्क

सोचना तथ्यों को समझने का अंकगणित है। एक तथ्य को दूसरे तथ्यों के साथ जोड़ने से परिणाम हासिल होता है। एक सत्य को दूसरे सत्य के साथ जोड़ने या घटाने से उम्मीद के मुताबिक परिणाम हासिल हो सकता है। एक तथ्य का दूसरे तथ्य के साथ गुणा कीजिए, निश्चित तौर पर सटीक परिणाम हासिल होगा। सोचिए कि एक ही समय में ऐसे कितने विचार एक साथ काम कर रहे होते हैं। दरअसल, हम हर वक्त कुछ ऐसे ही विचारों के गुणा-भाग में लगे रहते हैं। इसीलिए गणित को दिमाग का सबसे बेहतर व्यायाम माना गया है। विचार लगातार कार्यशील रहते हैं। सोचने में ऊर्जा खर्च होती है। सोचने के लिए समय, धैर्य, विस्तृत जानकारी और स्पष्ट दृष्टिकोण की आवश्यकता होती है। आम तौर पर लोग सतही जानकारी को संपूर्ण मान लेते हैं, लेकिन उत्तम विचारक तथ्य की गहराई तक पहुँचने की कोशिश करता है। ऐसे व्यक्ति हजारों में एक होते हैं। जब तक शिक्षा की मौजूदा प्रणाली चलती रहेगी और छात्रों को आँखों से प्राप्त होनेवाले अनुभव की जगह

केवल भाषण के जरिए पढ़ाया जाएगा, तब तक छात्रों पर खुद के विचार विकसित करने की जगह दूसरों के विचारों को याद रखने का दबाव रहेगा, तब तक ज्ञानी और अज्ञानी का मौजूदा अनुपात बरकरार रहेगा। हजारों में से केवल एक ही व्यक्ति आँखों से मिले अनुभव से ज्ञान प्राप्त करेगा और हजारों में से एक ही व्यक्ति खुद की सोच विकसित करने में कामयाब हो सकेगा।

मस्तिष्क चाहे कितने भी लंबे समय के लिए विचारहीन क्यों न रहा हो, आवश्यकता पड़ने पर विचार विकसित हो ही जाते हैं। सर्वप्रथम इस मान्यता को खत्म करना चाहिए कि 'ईश्वर के आशीर्वाद से विचारक जन्म लेते हैं।' ब्रायन के मुताबिक, 'विचार के महत्त्व को समझना और उसे सही क्रम में प्रस्तुत करना कोई चमत्कार नहीं है। इस तथ्य पर विचार कीजिए और इस सिद्धांत को समझने की कोशिश कीजिए। यकीनन विचार किसी चमत्कार और आशीर्वाद के मोहताज नहीं होते हैं।'

तथ्यों को समझना, उन पर विचार करना, बस एक आदत है। इस आदत को कोई भी विकसित कर सकता है। किसी चीज को बार-बार दोहराने से आदत विकसित हो जाती है। फर्क बस इतना है कि साधारण आदतें आसानी से विकसित हो जाती हैं, जबकि विशेष आदतों के लिए लंबा अभ्यास करना पड़ता है। अर्थात्, विशेष आदतें विकसित करने के लिए दृढ़-निश्चय का होना बहुत आवश्यक है। कड़ी मेहनत का फल मीठा होता है। डटे रहें, मेहनत करते रहें और जिस दिन आप विषय की गहराई तक इंच भर पहुँचने में कामयाब होंगे, बस उसी दिन से विचारों की गहराई बढ़नी शुरू हो जाएगी।

शायद इस छोटे से उदाहरण से विषय की गहराई तक विचार करने की प्रेरणा जरूर मिली होगी। विचारों की कड़ी को एक साथ जोड़ने का अभ्यास करते रहिए, विचारों की जंजीर खुद-ब-खुद बननी शुरू हो जाएगी। एक तथ्य को दूसरे तथ्य से जोड़िए। इसी प्रकार तथ्यों को आपस में मिलाते रहिए, विचारों का प्रवाह विकसित हो जाएगा।

सोचना और तथ्यों को बारीकी से समझना सभी मानसिक अभ्यासों में श्रेष्ठतम अभ्यास है। खास तौर पर ध्यान रखें कि किसी अहम विचार पर राय तथ्यों को जाँचे बिना हावी नहीं होना चाहिए। विचार जहाँ एक तरफ शक्ति प्रदान करते हैं, वहीं शक्ति का सुरक्षित रूप से संचय भी करते हैं।

किसी लेखक ने विचार और ज्ञान के बीच संबंध को कुछ इस तरह सामान्य पंक्तियों में समझाया है—

'मुझे ऐसे व्यक्ति से मत मिलाना, जो सोचता है कि वह सोचता है। किसी ऐसे भी व्यक्ति से मत मिलाना, जो सोचता है कि वह जानता है। मुझे ऐसे व्यक्ति से मिलाना, जो जानता है कि वह सोचता है और मैं ऐसे व्यक्ति को जानता हूँ, जो जानता है कि वह जानता है!'

अध्ययन से विचारों को प्रोत्साहन मिलता है

गाय के थन कितने भी सूखे क्यों न हों, हम दूध दुहने में नाकाबिल क्यों न हों, लेकिन फिर भी दूध विक्रेता हैं। हम दूसरे के विचारों को पढ़ सकते हैं, विचारों को समझ भी सकते हैं, तो खुद विचार क्यों नहीं कर सकते? दरअसल उत्तम विचारक बनने के लिए उत्तम विचारों की नहीं, दृढ़ इच्छा-शक्ति की जरूरत होती है।

आज के दौर में अध्ययन के महत्त्व को निम्न साबित करने का प्रचलन बन गया है। समझाया जाता है कि ज्यादा अध्ययन से विचार भ्रष्ट हो जाते हैं। किताबें मानसिक तौर पर सुस्त लोगों के लिए होती हैं।

लेकिन यह केवल आधी सच्चाई है। इस तथ्य से जुड़ी वास्तविक सच्चाई कुछ देर के लिए सोचने को विवश कर सकती है। अध्ययन के बिना क्या आप स्वयं कुछ बड़ा सोचने में कामयाब हुए हैं? क्या किसी प्रभावशाली विचार को पढ़ने में कभी नीरसता और आलस्य का आभास हुआ है? विचार कीजिए। यदि ऐसा हुआ है तो पश्चात्ताप कीजिए, छोटी और तुच्छ सलाह से प्रभावित मस्तिष्क की भर्त्सना कीजिए। प्रायश्चित्त के लिए अपनी गलती को सुधारिए और अध्ययन कीजिए, निश्चित रूप से परिणाम सकारात्मक होंगे।

अध्ययन में रुचि पैदा होगी तो जानकारी बढ़ेगी, जानकारी बढ़ेगी तो उत्तम विचार विकसित होंगे। इस अध्याय में मुख्य रूप से जानकारी के द्वारा विचार विकसित करने पर जोर दिया गया है।

जानकारी बढ़ाने के लिए क्या पढ़ना चाहिए?

जैसा कि ग्रे ने कहा है कि जानकारी बढ़ाने के लिए किसी मामूली पुस्तक में समय नष्ट करने से अच्छा है कि रंगमंच पर नाटक का आनंद लिया जाए। जानकारी बढ़ानी है तो सुकरात के विचारों को पढ़िए; लिंकन, गैटिस्बर्ग, एथेंस की गाथा, ह्यूगो, दांते आदि का अध्ययन कीजिए। स्टेनले के जरिए अफ्रीका के बारे में जानकारी जुटाइए। मानव हृदय को करीब से समझने के लिए शेक्सपीयर और दुनिया भर के महान् नायकों के बारे में जानने के लिए कार्यालय पढ़िए। इसके अलावा धर्म से जुड़े भ्रम और धारणा को समझने के लिए एपोस्टल पॉल के लेखों

का अध्ययन कीजिए। हजारों युगों का ज्ञान और अनुभव अध्ययन के जरिए प्राप्त किया जा सकता है। चैल्सिया के संत ने सही कहा है, 'किताबों के संग्रह से बड़ा कोई विश्वविद्यालय नहीं है।'

एक उत्तम पुस्तक को पढ़ने और समझने से बेहतर कुछ और नहीं हो सकता। लेकिन हममें से कुछ ही लोग किताबों के महत्त्व को समझ पाते हैं। आम तौर पर हम पुस्तक माँगकर पढ़ने की शुरुआत करते हैं, लेकिन किसी पुस्तक को खुद खरीदने और किताबों की अलमारी में सजाने में जो आनंद है, वह माँगकर पढ़ने में नहीं है। किताबें कम हैं या ज्यादा, इससे फर्क नहीं पड़ता। पुस्तक पढ़ना शुरू कीजिए, संग्रह खुद-ब-खुद बढ़ने लगेगा। किताबों में दिलचस्पी पैदा होने के बाद पुस्तक के मुख पृष्ठ का फटना दुःखदायी महसूस होगा। पुस्तक के पन्ने पलटते वक्त आप सलवटों पर ध्यान देने लगेंगे। पुस्तक को मोड़कर पढ़ना बंद कर देंगे। पुस्तक को निशान, सीलन, दीमक आदि से बचाने का प्रयत्न करेंगे। किताबों के प्रति प्रेम जाग्रत् होने के बाद किताबों का चयन करने में मुश्किल नहीं होगी और जानकारी का दायरा लगातार बढ़ने लगेगा।

यदि आपके पास किताबों की महत्ता और उत्तम लेखकों की जानकारी नहीं है तो पुस्तक खरीदने से पहले पुस्तक के बारे में पूर्ण जानकारी हासिल करें। पुस्तक पढ़ने का मतलब यह नहीं है कि कुछ भी पढ़ा जाए। सत्यता और जानकारी के प्रमाण के लिए इतना कहना काफी नहीं है कि 'मैंने पुस्तक में पढ़ा है।...' इसके लिए विचारक और लेखक का विश्वसनीय होना बहुत जरूरी है। कौन सी पुस्तक? इससे बड़ा सवाल है, कौन सा लेखक? क्या लेखक प्रस्तुत किए गए विषय का उत्तम जानकार है? लेखक की विश्वसनीयता का प्रमाण क्या है? लेखक किन अन्य विश्वसनीय लेखकों के विचारों को मानता है या नकारता है? इन अहम पहलुओं की सत्यता की जाँच के जरिए ही जालसाज लेखकों से बचा जा सकता है। कल्पना कीजिए कि आपके पास जाली रुपए हैं। आपको इसकी जानकारी तक नहीं है और आप पकड़े जाते हैं, तो क्या आपको सदमा नहीं लगेगा? लिहाजा जालसाज और जाली पुस्तकों से बचने की कोशिश कीजिए।

सर्वजन के समक्ष बोलने के विषय पर कोई भी पुस्तक आपको सीमा-शुल्क पर भाषण देना नहीं सिखा सकती। इसके लिए सीमा-शुल्क के बारे में जानकारी हासिल करनी ही होगी। इस विषय पर जितनी जानकारी हासिल की जाएगी, भाषण उतना ही प्रभावशाली सिद्ध होगा।

उदाहरण के तौर पर, सरकारी नीतियों पर चर्चा कर रहे उस समूह के बारे में

सोचिए, जो सरकार की सामाजिक नीतियों पर वाद-विवाद कर रहे हों। निस्संदेह इस विवाद में समाजवादी विचारक माननीय 'अ' के विचारों की आलोचना की जाएगी, साथ ही इस नीति से जुड़े निष्पक्ष नेता 'ब' की भी आलोचना होगी। ऐसा भी हो सकता है कि वाद-विवाद में केवल नेताओं के चरित्र पर ही चर्चा हो और नीति से जुड़े सामाजिक पहलू को छेड़ा ही न जाए। चर्चा का निष्कर्ष यह भी हो सकता है कि माननीय 'अ' और 'ब' को समाजवाद का ज्ञान ही नहीं है। रॉबर्ट लुइस स्टीवेंसन ने कहा है कि 'इनसान केवल रोटी पर जिंदा नहीं है। सूचक शब्द भी बराबर महत्त्व रखते हैं।' यदि आप भी इसी समूह की विचारधारा से प्रभावित व्यक्ति हैं, सरकार या सरकारी नीतियों की आलोचना या वकालत तथ्यों को जाने बिना करते हैं तो इस आदत को तत्काल सुधारने का प्रयत्न कीजिए। किसी मुद्दे के विषय में निष्कर्ष तक पहुँचने से पहले सभी तथ्यों और पहलुओं की बारीकी से जाँच कीजिए और विषय की गहराई को समझिए।

□

18

विषय एवं तैयारी

क्षमता के हिसाब से विषय का चुनाव कीजिए, विषय पर बारीकी से विचार कीजिए, ध्यान दीजिए कि किस विचार को कितना विस्तार देना चाहिए। वजन उठाने से पहले अवश्य जाँच लेना चाहिए कि कंधे कितना बोझ उठा सकते हैं।

—बायरन, *हिंट्स फ्रॉम हॉरेस*

जीवन से भरे इस दिन को देखिए, जीवन से खिलता हुआ दिन। इस छोटे से दिन में अस्तित्व की सभी विविधताएँ एवं हकीकत, विकास की खुशी, मेहनत का यश और सौंदर्य का वैभव शामिल है। गुजरा हुआ कल अब एक सपना है और आनेवाला कल एक उम्मीद है। लेकिन आज एक हकीकत है। इसे जिंदादिली से जियो। कल के अधूरे सपने को पूरा करो। आनेवाले कल की उम्मीदों को साकार करने की तैयारी करो। आज का स्वागत करो। हर सुबह का अभिनंदन कुछ ऐसा ही हो।

—संस्कृत की एक कविता का अंश

पिछले अध्याय में 'विचार एवं सुरक्षित शक्ति' के प्रभाव का महत्त्व समझा गया था। याद रखें, विचारों को जन्म देने के लिए तैयारी के महत्त्व को नजरअंदाज नहीं किया जा सकता। तैयारी चाहे किसी महान् पुस्तक और लेख के आधार पर की जाए या फिर स्वयं के विचारों के आधार पर, तैयारी अवश्य ही की

जानी चाहिए। याद रहे कि भाषण के लिए की गई तैयारी में जीवन से जुड़े सत्य और अनुभव का प्रयोग जरूर किया जाना चाहिए। लेकिन जीवन के सत्य और अनुभव का प्रयोग विषय के मुताबिक होना चाहिए, नहीं तो भ्रम की स्थिति पैदा हो सकती है। भाषण में दी जानेवाली जानकारी या तो किसी तथ्य से प्रेरित होती है या तथ्यों के समूह से। सुव्यवस्थित जानकारी को ही ज्ञान कहा जाता है। तथ्यों के क्रम और सुव्यवस्था से ज्ञान का आभास होता है।

अति महत्त्वपूर्ण है कि भाषण तैयार करने से पहले अपनी योग्यता और क्षमता को संदेश का रूप देते समय तथ्यों की सत्यता की बारीकी से जाँच करें, तथ्यों के क्रम को संयोजित करें और महत्त्वहीन हिस्सों को भाषण में जगह न दें। अपने भाषण को एक वक्ता के तौर पर सुनें, भाषण के महत्त्व को वक्ता के रूप में देखें और वक्ता के तौर पर ही पुस्तकों, साथियों, दृश्य और स्वर का चयन करें। वक्ता को जीवन में रोजमर्रा की गतिविधियों से सीखने, सबक लेने और ज्ञान बढ़ाने के अवसर मिलते रहते हैं। वक्ता के जीवन का यह सबसे आकर्षक पहलू होता है। वक्ता की सतर्क निगाहें निरंतर नए तथ्य, उदाहरण और विचारों की खोज में व्यस्त रहती हैं। वक्ता के जीवन का यही अनुभव मंच पर रंग जमा देता है।

तैयारी के दौरान समय का सही उपयोग

अकसर कहा जाता है कि तैयारी के लिए बहुत कम समय मिला। मेरा दिमाग कई उलझनों से घिरा हुआ था। डेनियल वैबेस्टर ने महान् वक्ताओं के भाषण से प्रेरणा और जानकारी लेने में कभी चूक नहीं की। युवा अवस्था में एक सिलाई कारखाने में काम करते वक्त डेनियल अकसर एक हाथ में पुस्तक रखते थे और मौका मिलते ही कुछ पन्ने पढ़ लेते थे। मैदानों और वीरान जंगलों में घूमते वक्त पैटरिक हेनरी प्रकृति में होनेवाली घटनाओं को गौर से देखते और समझते थे। प्रकृति से मिली जानकारी ने पैटरिक को एक महान् वक्ता बना दिया। दुनिया भर में दर्शकों की सबसे बड़ी संख्या को संबोधित करनेवाले महान् वक्ता डॉ. रसेल एच. कॉन्वैल मिल्टन की प्रसिद्ध पंक्तियों और वाक्यों को कॉफी बनाते वक्त भी याद किया करते थे। लेकिन आज के दौर में यदि वैबेस्टर एक हाथ में पुस्तक रखकर कारखाने पहुँच जाएँ तो नौकरी से हाथ धोना पड़ेगा और जंगलों में घूमते पैटरिक को अकेले घर से निकलने की सजा दी जाएगी। लेकिन सच्चाई को झुठलाया नहीं जा सकता। प्राकृतिक घटनाओं से अनुभव और मानसिक शक्ति हासिल कर इस प्रतिभा को प्रभावशाली ढंग से प्रस्तुत करनेवाला व्यक्ति समय

आने पर आरक्षित ऊर्जा से दर्शकों को वशीभूत करने में कामयाब होता है।

नेपोलियन ने कहा है कि राष्ट्र का भविष्य तय करने में केवल पंद्रह मिनट लगते हैं। सोचिए कि ऐसे कितने पंद्रह मिनट हम अपने जीवन में नष्ट कर चुके हैं! रॉबर्ट लुइस स्टीवेंसन ने समय का सही उपयोग किया और ऊर्जा को सुरक्षित रखा, जीवन के हर अनुभव को पूँजी की तरह संरक्षित किया। पूँजी का अर्थ है—'आज की कमाई को भविष्य के लिए बचाकर रखना।' रॉबर्ट ने अपने सभी लेख और भाषणों में अपने जीवन से जुड़े अनुभवों और जानकारियों का उल्लेख बहुत ही शानदार शैली में किया। एमरसन ने कहा है, 'आनेवाला कल भी आज की तरह होगा। जीवन खत्म हो रहा होगा और हम जीने की तैयारी कर रहे होंगे।'

अनुभव और जानकारी जुटाने के लिए सही मौके का इंतजार करना व्यर्थ है। इसके लिए क्या किसी मुहूर्त की जरूरत होती है? कार में पंद्रह मिनट के सफर से भी शायद कुछ नया अनुभव प्राप्त हो सकता है।

किसी ताजा भाषण का सस्ता संस्करण खरीदिए और काम पर जाने से पहले हर रोज कुछ पन्नों की कटिंग अपनी जेब में रखिए। मौका मिलते ही इन पन्नों को पढ़िए, ध्यान दीजिए कि कितने समय में आप हाल ही में दिए गए महान् भाषणों से परिचित हो गए हैं। यदि आपको पुस्तक के पन्ने फाड़ना अच्छा नहीं लगता है तो पुस्तक को अपने साथ रखिए, आजकल लगभग सभी महान् किताबें छोटे अंकों में प्रकाशित होती हैं। ओक्लाहोमा में हर रोज होनेवाले गैस रिसाव की ऊर्जा लगभग 10 हजार टन कोयले से मिलनेवाली ऊर्जा के बराबर होती है। लेकिन समय की बरबादी के मुकाबले ऊर्जा की यह बरबादी कुछ भी नहीं है। यदि समय का सही उपयोग किया जाए तो वक्ता सफलता के शिखर तक पहुँच सकता है। वैज्ञानिकों ने मक्का के पौधे से एक साथ तीन भुट्टे पैदा करने की विधि खोज ली है। इंजीनियर्स मशीन की क्षमता का एक भी अंश बरबाद नहीं होने देते हैं, मशीन की सौ फीसदी ताकत उत्पादन में खर्च होती है। आज के दौर की तेजी के साथ कदम मिलाने की कोशिश कीजिए और समय का एक भी क्षण बरबाद होने से बचाइए। दाढ़ी बनाते वक्त या कपड़े पहनते वक्त क्या आप अपनी मानसिक शक्ति का इस्तेमाल करते हैं? किसी विषय का चुनाव कीजिए और दिन के नियमित कार्य-कलाप के दौरान बरबाद होनेवाले समय का उपयोग कीजिए। परिणाम बहुत उत्साहजनक होंगे। रोजाना किसी महान् पुस्तक का एक वाक्य, किसी महान् विचारक का एक विचार और स्वयं किसी विषय पर प्रतिक्रिया ज्ञान के खजाने को दिन-ब-दिन बढ़ाने का काम करेगी। बेकार के कामों में समय नष्ट करने का कोई फायदा नहीं। 'एक

मामूली मिनट' को 'साठ महत्त्वपूर्ण क्षण' समझिए। याद रखिए, दौड़ में केवल कुछ क्षणों का फासला धावक को विजेता बनाता है। एक मामूली मिनट की देरी से रेल छूट जाती है।

ऊपर दी गई सलाह का मतलब यह नहीं है कि आप आराम और मनोरंजन के महत्त्व को ही भुला दें। मेहनती व्यक्ति के लिए आराम से ज्यादा महत्त्वपूर्ण कुछ नहीं होता, जबकि आलसी व्यक्ति आराम केवल समय नष्ट करने के लिए करता है। ध्यान रखें कि आराम के बाद कुछ खास करने की शक्ति मिलती है। इसका सही उपयोग करना जरूरी होता है।

विषय को चुनना

विषय और सामग्री एक-दूसरे को प्रभावित करते हैं।

'विषय को चुनने के दो सिद्धांत होते हैं—मनचाहा चुनाव तथा विचारों व अध्ययन से विकसित चुनाव।'

मनचाहा चुनाव—ऐसे विषय का चुनाव करनेवाला वक्ता विषय से संबंधित जानकारी, गहराई और विषय पर स्वयं की पकड़ का खयाल नहीं रखता। विषय को रुचि के आधार पर चुन लिया जाता है और वक्ता गर्व से घोषणा करता है कि 'मैंने विषय चुन लिया है।'

'मुझे विषय दीजिए!' क्या आम तौर पर छात्र अध्यापकों से यह अपील करते हैं? जाहिर तौर पर अध्यापक विषय से संबंधित सुझाव देता है, विषय को समझा जाता है। कई बार अध्ययन के बाद विषय को खारिज भी कर दिया जाता है। फिर किसी नए विषय पर चर्चा होती है। दरअसल अध्यापक छात्रों की विशेषताओं और कमजोरियों को बखूबी पहचानता है। इसलिए विषय का चुनाव सभी पहलुओं को ध्यान में रखकर किया जाता है। इस प्रकार चुना गया विषय प्रतिभा के मुताबिक होता है और वक्ता प्रभावशाली भाषण तैयार करने में कामयाब होता है।

विकास और उन्नति के आधार पर किया गया विषय का चुनाव पूर्णत: अलग होता है। यहाँ यह नहीं पूछा जाता कि क्या कहना है? मस्तिष्क स्वयं विषय पर केंद्रित हो जाता है और पूछता है—मुझे क्या सोचना चाहिए? अर्थात् वक्ता विषय का चुनाव कर चुका होता है और ध्यान विषय से संबंधित जानकारी, तथ्यों के क्रम एवं शब्दों के सटीक उपयोग पर केंद्रित होता है। भावों को प्रकट करने में असफल व्यक्ति अच्छा विचारक हो ही नहीं सकता। इसका मतलब व्यक्ति के विचार उपयोगी नहीं हैं। अध्ययन और गहन चिंतन की आदत वक्ता को कई अहम

विषय पर सोचने की प्रेरणा प्रदान करती है। इसमें कोई विरोधाभास नहीं है। यह एक सहज सत्य है।

यह स्पष्ट हो चुका है कि विचारों और अध्ययन से विकसित विषय सतर्कता से चुने गए विषय के मुकाबले ज्यादा प्रभावशाली होता है। विषय 'अचानक दिमाग में आ जाता है',"'निपुण विचारक के मस्तिष्क में विषय के लिए अहम स्थान होता है। अध्ययन और विचारों के माध्यम से नई सोच का जन्म होता है और इस प्रकार एक नए विषय का आधार तैयार होता है। आम तौर पर यह एक नियमित प्रक्रिया है। बिखरे हुए विचार पहले-पहल धुँधले होते हैं, लेकिन धीरे-धीरे विचारों का स्वरूप स्पष्ट होने लगता है। तथ्यों की एक कड़ी दूसरी कड़ी से जुड़ने लगती है और अंततः एक महान् विचार का जन्म होता है। एक ऐसा विचार, जिसकी शक्ति बहुत प्रबल होती है। विचार वक्ता के मस्तिष्क में जोर-जोर से चिल्लाता है, 'जागो, मैं तुम्हारा विषय हूँ।' अब मुझे अपने शब्दों के जादू से महान् स्वरूप देने में जुट जाओ। इसके अलावा फिलहाल कोई और लक्ष्य नहीं होना चाहिए।

निस्संदेह निपुण वक्ता विषय को चुनने के लिए दोनों सिद्धांतों का इस्तेमाल करता है। जे. बर्ग एसनवीन के मुताबिक, दोनों सिद्धांतों का इस्तेमाल करने की विधि में भी विचारों और अध्ययन से विकसित चुनाव का उपयोग होता है; क्योंकि कोई भी वक्ता ऐसे विषय का चुनाव नहीं करता, जिसमें गंभीरता का अभाव हो।

विषय-वस्तु का निर्धारण

यदि भाषण का विषय किसी दूसरे व्यक्ति द्वारा तय किया गया है तो बौखलाने से बेहतर है कि विषय से संबंधित उचित जानकारी जुटाई जाए और जमकर तैयारी की जाए। जिस सिद्धांत के आधार पर वक्ता विषय का चयन करता है, विषय-वस्तु का चयन भी उसी आधार पर किया जाता है। स्वयं से या अन्य लोगों से पूछिए—

किसी विशेष उत्सव या समारोह को किस अंदाज में आयोजित किया गया है? कितने दर्शकों के आने की उम्मीद की जा सकती है? समाज के किस वर्ग के दर्शक उपस्थित होंगे? विषय विशेष पर दर्शकों का नजरिया क्या है? मेरे अलावा और कौन भाषण देगा? समारोह के दौरान क्या मेरा नंबर पहला होगा या मुझे अंत में मौका दिया जाएगा? बाकी वक्ता किन मुद्दों पर भाषण देंगे? मंच किस तरह तैयार किया गया है? भाषण को प्रभावशाली बनाने के लिए क्या कुछ बदलाव करने चाहिए? भाषण के लिए कितना समय मिलेगा?

कई बार भाषण विषय, वक्ता, दर्शक, समारोह और जगह के मुताबिक नहीं होते हैं। लिहाजा, भाषण से पहले इन सभी पहलुओं की जानकारी आवश्यक होती है। क्या कहना चाहिए, कैसे कहना चाहिए और किस परिस्थिति के मुताबिक कैसा अंदाज अपनाना चाहिए, भाषण का 90 फीसदी प्रभाव इन पहलुओं पर आधारित होता है। इसके अलावा, वही फरमाइश पूरी करनी चाहिए, जो पूरी करनी संभव हो। निश्चित तौर पर एक गोल छेद में उसी आकार का चौकोर टुकड़ा नहीं डाला जा सकता।

अनुपात का सवाल

भाषण में विचार और संदेश के महत्त्व को समय के आधार पर निर्धारित कीजिए। यदि भाषण के लिए दस मिनट का समय निर्धारित किया गया है तो इसे ग्यारह या बारह मिनट तक न खींचें। ज्यादा बेहतर है कि भाषण को नौ मिनट में खत्म किया जाए। वक्ता के पास अगले वक्ता और दर्शकों का समय जाया करने का हक नहीं होता। सही समय पर भाषण खत्म करने के लिए उचित तैयारी कीजिए। खाका तैयार कीजिए कि विचार एवं संदेश को कितना समय देना है। भाषण के सभी हिस्सों को जरूरत के मुताबिक सही अनुपात में बाँटने की कोशिश कीजिए। भाषण कम समय में समेटनेवाले वक्ता को दर्शक बार-बार सुनना पसंद करते हैं। लिहाजा, भाषण को बेवजह लंबा कर अगले मौके को हाथ से न जाने दें।

अगला महत्त्वपूर्ण पहलू यह है कि भाषण के किस हिस्से को कितना महत्त्व देना है। एक बार निर्णय हो जाने के बाद वक्ता को मालूम होता है कि भाषण के किस हिस्से को ज्यादा प्रभावशाली बनाना है और उस विचार को प्रस्तुत करने के लिए कितने अभ्यास की जरूरत है। कई वक्ता दस मिनट के भाषण में आठ मिनट गँवा देने के बाद जाग्रत् होते हैं। यह बिलकुल इस प्रकार है कि मकान तैयार करने के लिए जमा राशि में से 80 फीसदी गलियारा बनाने में ही खर्च कर दी जाए।

यही अनुभव भाषण के दौरान समय के सही उपयोग का संकेत देता है। इसके आधार पर निपुण वक्ता भाषण के प्रभाव और संदेश को दर्शकों की उम्मीद से पहले खत्म कर देता है।

वास्तविक स्रोत का दोहन

भाषण की विषय-वस्तु को जीवन प्रदान करने के लिए सबसे पहले तथ्यों को जुटाना चाहिए। शब्दों के उच्चारण में प्रभुत्व स्थापित करना चाहिए, ताकि आप कह सकें, 'मैंने जिले की सभी मिलों के कर्मचारियों से संबंधित कागजातों की जाँच की है और निष्कर्ष निकाला है कि 32 फीसदी बच्चों की आयु नियमों के

अनुसार सही है।' प्रभुत्व का इससे बेहतर उदाहरण नहीं हो सकता। भाषण में पेश की गई दलील और अपील को प्रभावशाली बनाने के लिए तथ्यों की जाँच पत्रकारों की तरह करनी चाहिए। हालाँकि ऐसा करने में मेहनत लगती है, लेकिन यह प्रक्रिया कष्टप्रद नहीं होती। सही तथ्यों की जाँच के लिए रुचि का होना जरूरी है। याद रखें कि वास्तविक जाँच के द्वारा जुटाए गए तथ्यों से आत्मविश्वास बढ़ता है और यह आत्मविश्वास स्वाभाविक रूप से मंच पर प्रदर्शित होता है।

रचनात्मक कार्य करनेवाले लोगों के साथ समय व्यतीत कीजिए। सच्चाई को ग्रहण करने के लिए आँख, कान, दिल व दिमाग को चौकन्ना रखिए और सही निर्णय पर पहुँचने के बाद ही सत्य को उजागर कीजिए। इस प्रकार ग्रहण किए गए सत्य को दर्शक दिलचस्पी से सुनते हैं। याद रखें, जीवन से जुड़े वास्तविक सत्य को सुनना पसंद किया जाता है।

पुस्तकालय का प्रयोग

संदेह-रहित खजाना छोटे से पुस्तकालय में मिलता है। किसी पुस्तक को चाहे कितने भी मन और ध्यान से क्यों न पढ़ा जाए, पुस्तक में अध्यायों का क्रम याद नहीं रहेगा। पुस्तक में शामिल विभिन्न विचारों और महत्त्वपूर्ण विषयों की जानकारी तो जरूर रहेगी, लेकिन अध्याय के शीर्षक से विषय-वस्तु को याद करना मुश्किल महसूस होगा।

अतः शीर्षक के जरिए अध्याय की विषय-वस्तु याद रखने के लिए पुस्तक के अध्यायों पर मौका मिलते ही नजर डालने की आदत विकसित कीजिए। पुस्तकों के विभिन्न संकलनों की सूची पर मौका मिलते ही ध्यान दीजिए और अध्यायों को शीर्षक के अनुसार याद रखने की कोशिश कीजिए। इसके बाद पन्नों पर सरसरी नजर डालिए और मानसिक और वास्तविक टिप्पणी तैयार कीजिए। इसके बाद पुस्तक के रोचक और अहम संदेशों को ध्यान से पढ़िए। हर पुस्तकालय में ऐसी पुस्तकें जरूर होती हैं, जिन्हें आज नहीं तो कल जरूर पढ़ा जाएगा। यदि आप पुस्तकों से घनिष्ठता बनाए रखेंगे तो भाषण के दौरान उदाहरण के लिए कई किस्से याद आ जाएँगे। लंबे समय पहले पढ़ा गया विचार एकदम ताजा हो जाएगा। महान् पुस्तक के हर अध्याय में एक महान् संदेश छुपा होता है।

यदि पुस्तक में शामिल किसी महान् विचार की चर्चा विषय-सूची में नहीं की गई है तो हतोत्साहित नहीं होना चाहिए। संदेश की महानता विषय सूची पर निर्भर नहीं होती है।

इस विधि के अनुसार विचारधारा से संबंधित जानकारी जुटाने की कल्पना कीजिए। जाहिर है, सबसे पहले पुस्तक के शीर्षक पर ध्यान दिया जाएगा। इस प्रयत्न में आपके हाथ स्कैफर की 'विचारधारा और विचार करने का अभ्यास' नामक पुस्तक लग सकती है। इसके अलावा, क्रामर की 'चिंतन की कला पर छात्रों से वार्त्तालाप' नामक पुस्तक से कई महत्त्वपूर्ण जानकारियाँ हासिल की जा सकती है। स्वाभाविक तौर पर इसके बाद मनोविज्ञान से संबंधित पुस्तक की आवश्यकता महसूस होगी। इसके लिए भी रास्ता है। यदि आप मानव ज्ञान से संबंधित पुस्तक का अध्ययन कर रहे हैं तो इस ओर आपने एक कदम पहले ही बढ़ा दिया है। अचानक अहसास होगा कि मुहावरों से संबंधित विश्वकोश और शब्दकोश का अध्ययन भी करना चाहिए। जाहिर तौर पर इससे संबंधित ढेरों सामग्रियाँ उपलब्ध हैं। सवाल यह है कि मौजूदा सामग्री में से किसका अध्ययन किया जाए। विश्वकोश में चिंतन से संबंधित सभी उल्लेखों पर ध्यान दीजिए। मुहावरों से संबंधित शब्दकोश में भी समान दृष्टिकोण अपनाने की कोशिश कीजिए। यही नहीं, काल्पनिक कथाएँ पढ़ने से भी भाषा-शैली सुधारने में मदद मिलेगी। मुख्यत: जीवनियों और निबंधों पर विशेष ध्यान देने की जरूरत है।

शुरुआत करने के लिए अपने साथ नोटबुक रखें या फिर छोटी डायरी या कागंज का प्रयोग करें और दिन भर के अध्ययन को कागज पर उतारने की कोशिश करें। अपने अनुभव, विचारों व ज्ञान को नोटबुक पर उतारते रहें और अध्ययन के द्वारा मिली जानकारी के साथ उसका संबंध स्थापित करते रहें। कुछ समय में सकारात्मक प्रभाव महसूस होने लगेगा।

निस्संदेह, नोटबुक लिखने की आदत में कड़ी मेहनत की आवश्यकता होती है; लेकिन याद रखें, भाषण के बिगड़ने की मुख्य वजह प्रतिभा नहीं, बल्कि तैयारी की कमी होती है। अधिक आत्मविश्वास आलस्य का घनिष्ठ मित्र होता है और दोनों वक्ता के पुराने शत्रु होते हैं।

सभी उत्तम विचारों की सूची तैयार कीजिए और नोटबुक में सुरक्षित रखिए। यदि आप पत्रिका का संग्रह करते हैं तो महत्त्वपूर्ण लेख का वर्ष, महीना और तारीख के मुताबिक सूची तैयार करें। इन लेखों के साथ अपने विचारों को भी कागज पर उतारिए और संरक्षित कीजिए।

भाषण की रूपरेखा

भाषण की रूपरेखा तैयार करने की विधि कोई नहीं समझा सकता। कई

वक्ता सैर के समय भाषण की रूपरेखा तैयार करते हैं। कुछ वक्ता मानसिक तौर पर पूरे भाषण का ढाँचा तैयार करने के बाद ही रूपरेखा को कागज पर उतारते हैं। हालाँकि अधिकतर वक्ता नोट्स तैयार करते हैं, नोट्स के द्वारा विचारों का क्रम बनाते हैं, भाषण का प्रारूप तैयार करते हैं, तत्पश्चात् अभ्यास करते हैं। इन सभी विधियों को एक-एक कर आजमाइए और अपने मिजाज व सहूलियत के मुताबिक किसी एक का चयन कीजिए। किसी भी व्यक्ति को किसी और के अंदाज में काम करने के लिए विवश नहीं करना चाहिए; साथ ही उस व्यक्ति के अंदाज को भी नजरअंदाज नहीं करना चाहिए। संभव है कि दूसरे व्यक्ति के काम करने की शैली आपके अंदाज से ज्यादा कारगर हो।

नोट्स के आधार पर भाषण तैयार करनेवाले वक्ताओं के लिए निम्नलिखित सुझाव महत्त्वपूर्ण सिद्ध हो सकते हैं—

पर्याप्त अध्ययन और विचार के बाद एक अलग पन्ने पर विषय के मुख्य विचारों का क्रम तैयार कीजिए। जिस तरह विषय को प्रस्तुत करने के लिए पुस्तक की विषय-सूची तैयार की जाती है, उसी तरह भाषण के विचारों का क्रम होना चाहिए। इस प्रकार वक्ता के लिए विचारों को स्पष्ट रूप से प्रस्तुत करना आसान हो जाता है। एक विचार के प्रमाण में दूसरे विचार का प्रस्तुतीकरण स्पष्टता, वाद-विवाद, रुचि और प्रभाव को जन्म देता है।

क्रमबद्ध तरीके से विचारों को प्रस्तुत करते समय इस्तेमाल किए जानेवाले अनुभव, उदाहरण, तथ्य और अनुमान भाषण का महत्त्वपूर्ण हिस्सा बन जाते हैं। सभी विचारों को एक-दूसरे से अलग मानने की कल्पना कीजिए, तत्पश्चात् मानसिक तौर पर इन विचारों का क्रम निर्धारित करने की कोशिश कीजिए। अंततः सभी विचारों के साथ उपयोग में लानेवाले उदाहरण, अनुभव, तथ्य और अनुमानों का खाका तैयार कीजिए। ध्यान दीजिए कि किस विचार और संदेश पर ज्यादा बल देना है। इस प्रक्रिया के पश्चात् भाषण का संपूर्ण स्वरूप तैयार हो जाता है। मंच पर इस्तेमाल किए जानेवाले भाषण का साधारण स्वरूप कुछ इसी प्रकार होना चाहिए—

समृद्धि की मुख्य वजहें (भाषण का विषय)

समृद्धि का अर्थ क्या होता है? समृद्धि का वरदान धरती में छुपा है। अमेरिका में अतुल्य कृषि विकास, कृषि में विकास के नए सिद्धांत, कृषि उत्पादों की बेशुमार कीमत, व्यापार पर कृषि विकास का सकारात्मक प्रभाव, अन्य देशों में विकास का प्रभाव, देश की निजी अर्थव्यवस्था में मजबूती, बड़े कारोबार और बैंकिंग क्षेत्र का

नियंत्रण, विदेशी बाजारों के लिए नजरिए में बदलाव और समुद्री जलपोतों का आधुनिकीकरण समृद्धि के महान् उदाहरण हैं। इस प्रकार मुख्य बिंदु निर्धारित कर भाषण की रूपरेखा तैयार की जा सकती है।

स्पष्ट तौर पर इन सभी मुख्य बिंदुओं का विस्तार किया जा सकता है। साथ में उदाहरण, अनुभव, मुहावरों और अनुमानों को जोड़ा जा सकता है। इस क्षेत्र में समृद्धि से जुड़े आँकड़ों को शामिल किया जा सकता है, अर्थात् रूपरेखा के आधार पर भाषण को प्रभावशाली बनाने का उद्देश्य हासिल किया जा सकता है।

लेखन एवं अभ्यास

उत्तम रूपरेखा तैयार करने के बाद भाषण तैयार करने पर ध्यान देना चाहिए। यदि भाषण लिखने की जरूरत है तो अवश्य लिखें। भाषण की रूपरेखा को ध्यान में रखते हुए अंतर्मन से लेख तैयार करें। भाषण का पुनर्निरीक्षण करें और जरूरत के मुताबिक सुधार करें।

अंत में, भाषण पर आलोचक के नजरिए से ध्यान दें। शब्दों के चयन को प्रभावशाली बनाएँ, वाक्यों को जीवन प्रदान करें, विचारों की स्पष्टता का खयाल रखें, संदेश की सत्यता प्रमाणित करें और विशेष तौर पर ध्यान रखें कि भाषण का अंत तर्कसंगत हो। सबसे महत्त्वपूर्ण है कि खुद को दर्शकों के समक्ष महसूस करें। अभ्यास के दौरान ध्यान दें कि भाषण निबंध जैसा तो नहीं लग रहा है। भाषण-शैली का सहज और वास्तविक होना बहुत जरूरी होता है।

शीर्षक

अंत में यह खयाल जरूर आएगा कि भाषण की विषय-वस्तु क्या है। इसे एक शब्द या छोटे से वाक्य में किस प्रकार प्रस्तुत किया जाए। दरअसल, कम-से-कम शब्दों में भाषण के विषय का सार तैयार करने को शीर्षक कहते हैं। हेनरी वाट्सन के अंदाज की तरह भाषण का शीर्षक बहुत साधारण हो सकता है। उदाहरण के तौर पर, 'नया अमेरिकावाद'। भाषण का शीर्षक संकेतात्मक भी हो सकता है। उदाहरण के लिए, रसल एच. कॉन्वेल का 'एकड़ में फैले हीरे'। एल्बर्ट जे. बैवरिज की तरह कहावत को भी भाषण का शीर्षक बनाया जा सकता है, 'आस-पास फैली समृद्धि'। अंततः भाषण का उद्देश्य जो भी हो, शीर्षक संक्षिप्त होना चाहिए, विषय के मुताबिक होना चाहिए और दर्शकों में उत्तेजना प्रवाहित करने योग्य होना चाहिए। □

19

विवरण के द्वारा प्रभावित करना

विचार गंभीर नहीं है तो उसे व्यक्त न करें। विचार के व्याख्यान के बाद प्रतिफल की उम्मीद नहीं रखनी चाहिए। गंभीर विचार में छुपी सत्यता को पहचान अवश्य मिलती है।

***—थॉमस कार्लाइल,** जीवनी पर निबंध*

इस अध्याय में भाषण को आलंकारिक करनेवाली कला को निपुण बनाने के लिए 'वर्णन', 'व्याख्यान', 'वाद-विवाद' और 'वकालत' जैसी प्रतिभाओं पर विस्तार से चर्चा की जाएगी। वाक्पटुता की कला में निपुणता हासिल करने के इच्छुक पाठकों के लिए उपयोगी पुस्तकों का विवरण भी दिया जाएगा।

विवरण का स्वभाव

विवरण का अर्थ होता है—किसी घटना, विचार इत्यादि को विस्तार से समझाना। विवरण के दौरान व्याख्यान की तरह चित्रण नहीं किया जाता। मोटरगाड़ी के विवरण का अर्थ है—गाड़ी के मुख्य हिस्सों और कल-पुरजों की कार्यशैली को समझाना। लेकिन मोटरगाड़ी के मानसिक चित्रण के लिए गाड़ी के चमकते ढाँचे, प्रभावशाली रंग, तेज रफ्तार आदि का ब्यौरा देना होता है। विवरण और व्याख्यान में यही मुख्य अंतर होता है। रात में बच्चे के चेहरे पर डर का भाव दरशाने के लिए विवरण नहीं, व्याख्यान की जरूरत होती है। इन दोनों के बीच के अंतर को आगे 'व्याख्यान' अध्याय में और गहराई से समझाया जाएगा।

इसके अलावा, विवरण में घटनाओं का क्रम महत्त्वपूर्ण नहीं होता। क्रम

का ध्यान व्याख्यान में रखा जाता है। अपनी खोजों की जानकारी देते वक्त पैरी ने अक्षांश और देशांतर रेखाओं की खोज के लिए इस्तेमाल किए जानेवाले यंत्र के बारे में बताया। यह एक विवरण था। अपने औजारों और यंत्रों के स्वरूप को समझाने के लिए व्याख्यान का इस्तेमाल किया, ताकि मानसिक चित्रण स्थापित किया जा सके। रोजाना घटनेवाली जोखिम से भरी घटनाओं को कहानी के तौर पर प्रस्तुत किया, ताकि दर्शकों की रुचि बनी रहे। अपने दावों की वकालत के लिए वाद-विवाद का सहारा लिया। इस प्रकार पैरी ने एक ही भाषण में सभी कलाओं का बेजोड़ मिश्रण पेश किया।

विवरण का कारण और परिणाम से वास्ता नहीं होता। इनका इस्तेमाल वाद-विवाद के लिए किया जाता है। किसी संभावित ग्राहक को व्याख्यानों के क्रम के जरिए एक ब्रेंड के मुकाबले अपने ब्रेंड की गाड़ी खरीदने के लिए सहमत किया जाता है। ग्राहक को राजी करने के लिए दूसरे ब्रेंड से संबंधित खतरों और रिस्क को प्रस्तुत किया जाता है। जाहिर तौर पर इस प्रक्रिया में विवरण की कला का उपयोग होता है और मार्केटिंग के इस पैंतरे के प्रभाव को कोई नकार नहीं सकता। सत्य है; साधारण तथ्यों के मुकाबले किसी एक महत्त्वपूर्ण तथ्य का विवरण ज्यादा प्रभावशाली होता है; लेकिन ग्राहक तथ्य से जुड़े कई और अहम कारणों को नजरअंदाज नहीं करता और इन्हीं कारणों पर परिणाम आधारित होता है। महज एक तथ्य के विवरण से किसी को नहीं लुभाया जा सकता।

अर्थात्, ग्राहकों को लुभाने का क्षेत्र विवरण के दायरे से बाहर होता है। विवरण पूर्ण रूप से बुद्धि संबंधी प्रक्रिया है। इसमें भावना के लिए कोई स्थान नहीं होता है।

विवरण का महत्त्व

सामान्य भाषा में प्रस्तुत तथ्य का अर्थ स्पष्ट समझ में आता है। साधारण भाषा में उलझन की संभावना कम होती है, और यही विवरण का महत्त्व है।

विवरण की कला में निपुण होने के लिए विचार स्पष्ट होने चाहिए। लेखक से एक बहुत पेचीदा सवाल पर स्पष्टीकरण की माँग रखी गई तो लेखक ने जवाब में कहा, 'वैसे आप किस सवाल पर मुझसे स्पष्टीकरण नहीं माँगते।' अब कुछ धारणाएँ स्पष्ट परिभाषा को नकारने लगी हैं। लेकिन ऐसे अपवादों की शरण में नहीं जाना चाहिए। याद रखें, एक परिभाषा नाकाम होने पर दूसरी परिभाषा तैयार की जाती है। कभी-कभी लगता है कि विचारों की कला पर दक्षता हासिल हो गई है; लेकिन जब

विचारों को प्रस्तुत करने का समय आता है तो स्पष्ट विचार धुँधला जाते हैं। इस प्रकार उत्तम विवरण का अर्थ है—विषय की स्पष्ट समझ। प्रभावशाली ढंग से प्रस्तुतीकरण के लिए विषय की स्पष्ट और संपूर्ण जानकारी जरूरी होती है।' (जे. बर्ग ऐसनवीन)

'इस रास्ते के दोनों ओर गड्ढे हैं।' ऐसे कम व्याख्यानवाले विचारों से दर्शकों में वक्ता के प्रति शंका का भाव पैदा होता है। स्पष्ट तौर पर समझ न आनेवाले प्रश्न पर वाद-विवाद करने से लाभ नहीं होता। क्या कभी ऐसा हुआ है कि आप कुछ और बोल रहे हों और आपके मित्र कुछ और ही समझ रहे हों? यदि दो लोग संगीतकार की एक परिभाषा पर सहमत न हों तो जाहिर है कि इस विषय का सहमति से शीर्षक तय नहीं किया जा सकता।

रास्ते के दूसरी तरफ का गड्ढा खाई समान होता है, यानी किसी विचार का बहुत ज्यादा व्याख्यान करना। विचार के बहुत ज्यादा व्याख्यान से भी दर्शकों को ठेस पहुँचती है। दर्शकों को ऐसा अहसास नहीं कराना चाहिए कि उन्हें विषय से संबंधित कोई जानकारी ही नहीं है। ज्यादा व्याख्यान से दर्शकों में कुछ ऐसा ही भाव पैदा होता है। अर्थात्, भाषण देते वक्त सामान्य और विशेष मुद्दों पर दर्शकों के संभावित ज्ञान का अनुमान होना चाहिए। व्याख्यान को बहुत ज्यादा सरलता प्रदान करने में मूर्खता का प्रदर्शन होता है और व्याख्यान के बेवजह विस्तार से ऊर्जा की बरबादी होती है।

वर्णन के उद्देश्य

यह साफ हो गया है कि विचार के वर्णन से वक्ता और दर्शकों के बीच वैचारिक संबंध स्थापित होता है। वर्णन के जरिए भाषण में आगे प्रस्तुत किए जानेवाले तथ्य, विचार, अपील और वाद-विवाद के लिए आधार तैयार होता है। वर्णन के प्रभाव को स्पष्टता, शुद्धता, सत्यता, एकता और आवश्यकता जैसे स्थिर मानकों के आधार पर प्रमाणित किया जाता है। वर्णन के प्रभाव की यह व्याख्या कभी नहीं भूलनी चाहिए। इसका उपयोग केवल वर्णन के उद्देश्यों के लिए नहीं, बल्कि निम्नलिखित के लिए भी किया जाना चाहिए—

वर्णन की प्रणालियाँ

वक्ता द्वारा इस्तेमाल की गई वर्णन की विभिन्न प्रणालियाँ किसी-न-किसी मोड़ पर एक-दूसरे से प्रभावित होती हैं। यदि एक प्रणाली दूसरी से मिलती नहीं हो तो उसे प्रभावित जरूर करती है। कई मौकों पर एक प्रणाली दूसरी के साथ चलती है।

परिभाषा वर्णन की प्रचलित विधि है। निस्संदेह इस बात का विशेष खयाल रखना चाहिए कि वर्णन के लिए तैयार की गई परिभाषा को समझाने के लिए कई और परिभाषाओं की जरूरत न पड़े। परिभाषा की भाषा बहुत स्पष्ट और संक्षिप्त होनी चाहिए। परिभाषा में ज्यादा शामिल करना या ज्यादा छोड़ देना भी ठीक नहीं होता। परिभाषा का सामान्य उदाहरण निम्नलिखित है—

वर्णन के लिए परिभाषा में विषय के स्वभाव, महत्त्व और चरित्र के साथ विचार और विचारों के समूह के अभिप्राय को प्रदर्शित करना चाहिए।

—आर्लो बेट्स, *अंग्रेजी लेखन पर चर्चा*

परिभाषा के विस्तार के लिए विरोधाभास और प्रतिपक्षता का भी प्रभावशाली ढंग से इस्तेमाल करना चाहिए। उदाहरण के तौर पर, निम्नलिखित वाक्य में उक्त परिभाषा अनुकरण प्रस्तुत किया गया है—

व्याख्यान के मुकाबले वर्णन के जरिए सीधे तौर पर विषय के अर्थ और अभिप्राय को प्रदर्शित किया जाता है, विषय के स्वरूप से इसका वास्ता नहीं होता।

प्रतिपक्षता से परिभाषा का विस्तार किया जाता है। दरअसल जनता के समक्ष व्याख्यान की यह नियमित प्रक्रिया है, इस प्रक्रिया के जरिए दर्शक विषय के भाव को विस्तार और स्पष्टता से समझने के लिए आत्मचेतन का इस्तेमाल करते हैं और वक्ता के विचारों के साथ विषय की गहराई को समझने की कोशिश करते हैं। यह वर्णन के अभिन्न अंग के समान होता है। विषय से संबंधित तथ्यों के विस्तारपूर्वक वर्णन से स्पष्टता बढ़ती है।

उदाहरण के जरिए परिभाषा और ज्यादा स्पष्ट हो जाती है। इस प्रकार वर्णन बहुत प्रभावशाली हो जाता है।

आम तौर पर उत्तम वर्णन को व्याख्यान समझने की गलती की जाती है। मानकर चलिए कि आपका छोटा बेटा इंजन की कार्य-प्रणाली जानने के लिए प्रश्न करता है कि 'भाप का इंजन किस प्रकार कार्य करता है?' यदि आप इस प्रश्न के प्रति अशिक्षित बरताव करते हैं या जान-बूझकर प्रश्न को न समझने का दिखावा करते हैं तो बच्चे की नाराजगी झेलनी पड़ सकती है, अर्थात् बच्चे की जिज्ञासा का ज्ञान के मुताबिक सटीक-से-सटीक जवाब देना चाहिए। इंजन की वास्तविक कार्य-प्रणाली को समझाते वक्त व्याख्यान नहीं, वर्णन की कला का प्रयोग करें।

इस उदाहरण की मुख्य उपयोगिता यह है कि वर्णन के दौरान आप अनजानी

वस्तु को समझाने के लिए पहचानवाली वस्तुओं के उदाहरण का इस्तेमाल करते हैं। मंच पर दर्शकों को विचारों की स्पष्टता प्रदान करने के लिए सही और सटीक उदाहरण बहुत आवश्यक होता है। यह शिक्षण की कला का सबसे बेहतरीन तोहफा है। यह ऐसा तोहफा है, जिससे वक्ता की भाषा-शैली में दिन-ब-दिन निखार आता है। आर्लो बैट्स के तीन संकलनों पर ध्यान दीजिए। लेखक ने इसे कुछ इस प्रकार प्रस्तुत किया है कि तीनों संकलन एक वाक्य समान प्रतीत होते हैं। ऐसा लगता है जैसे एक-दूसरे में घुल रहे हों। हर हिस्सा दूसरे हिस्से की पूर्ति करता महसूस होता है।

अनुरूपता व असमान वस्तुओं के बीच समानता स्थापित करनेवाली कला वर्णन की सबसे महत्त्वपूर्ण विधि मानी जाती है। निम्नलिखित अनोखा उदाहरण बीचर के लिवरपूल भाषण से पेश किया गया है—

वन में जीवन जीनेवाले जंगली मनुष्य की बस एक कहानी है, और बस एक ही कहानी गढ़ी जा सकती है। मनुष्य के सभ्य होने के साथ कहानियों ने जन्म लेना शुरू कर दिया। लेकिन विकसित सभ्यता का ईसाई धर्म में परिवर्तन असंख्य कहानियों का स्रोत बना। कहानियों के ऊपर कहानियाँ गढ़ी गईं और हर निपुण लेखक ने कहानी को अपने विशेष अंदाज में पेश किया।

व्याख्या किसी विषय को समझाने की आम एवं साधारण विधि होती है। व्याख्यान के दौरान मुख्य विषय के इर्द-गिर्द घूमनेवाले संबंधित विषयों को भी विस्तार से समझाया जाता है। हालाँकि यह एक महत्त्वपूर्ण विधि है, लेकिन वर्णन के दौरान यह सिद्धांत नकारात्मक प्रभाव की छाप छोड़ता है। वर्णन में मुख्य विषय से भटकाव की गुंजाइश नहीं होती। निम्नलिखित उदाहरण के जरिए इस विधि को समझाया गया है—

मैं अदालत की निर्णायक समिति के समक्ष पेश किए गए मुद्दे से नहीं भटक सकता। इस बात का लिहाज रखने से कोई फायदा नहीं होगा कि कैदी एक दुखियारी का पति है और उसके बच्चों को जीवन की कठिनाइयों का सामना करना पड़ेगा। हम कैदी के माता-पिता के माथे पर औलाद के मुजरिम होने के कलंक का भी खयाल नहीं रख सकते। भावना से जुड़े मुद्दों के लिए अदालत में कोई जगह नहीं है। दुःख से आँखें मूँदे मित्रों का कष्ट अदालत के लिए व्यर्थ है। कैदी की लंबी और सम्मानजनक नौकरी भी अदालत के निर्णय को प्रभावित नहीं कर सकती। कैदी के खिलाफ पुख्ता सबूत इन सब मान्यताओं से ज्यादा महत्त्व रखते हैं। कैदी की सजा मुकम्मल करने में केवल एक सवाल अहम है

कि कैदी ने बदला लेने की मंशा से हत्या की या फिर परिस्थितिवश अपराध अनजाने में किया गया। इस बात का निर्णय मौजूदा गवाहों की गवाही के आधार पर किया जाएगा।

विषय को क्रमबद्ध करने से विचारों का वर्गीकरण आसान हो जाता है। यह कहना गलत नहीं होगा कि परिभाषा में क्रम, वर्ग और प्रकार को निश्चित स्थान प्रदान करना चाहिए। भाषण के विषय को क्रमबद्ध करने से विषय की गहराई तक पहुँचना आसान हो जाता है। इसके अलावा, एक तथ्य को दूसरे तथ्य से जोड़ना भी बहुत बहुमूल्य होता है। क्रम को परिभाषा और श्रेणी का निकट संबंधी माना जाता है।

'शराब की तस्करी लंबे समय से वाद-विवाद का नैतिक विषय रही है। इससे जुड़ा आर्थिक महत्त्व जो भी हो, इसके विरोध में जो भी सवाल उठते हों, राजनीतिक व्यवस्था पर इसका जो भी प्रभाव पड़ता हो, क्या कोई व्यक्ति तस्करी के नकारात्मक पहलू को सही साबित कर सकता है? दुनिया भर में जनता के हितों को सुरक्षित करने के लिए संवैधानिक सरकार का गठन किया गया है। संविधान के जरिए शराब के कारोबार को नियमित करने के लिए नियम तैयार किए गए हैं। कई देशों में अफीम के व्यापार, दास प्रथा इत्यादि को आर्थिक विकास की जगह सही और गलत का मुद्‍दा माना गया है। इन कुरीतियों के आर्थिक महत्त्व से ज्यादा सामाजिक प्रभाव को महत्त्व दिया गया है।'

विश्लेषण के जरिए विषय के महत्त्वपूर्ण हिस्सों को अलग किया जाता है। इस प्रक्रिया के कई सिद्धांत हैं उदाहरण के तौर पर—विश्लेषण की प्रक्रिया में समय, स्थान, तर्क, रुचि में वृद्धि और समापन के प्रभाव जैसे क्रमों का उपयोग किया जा सकता है। विश्लेषणात्मक वर्णन का उत्तम उदाहरण इस प्रकार है—

'दर्शनशास्त्र में मानव का अवलोकन या तो ईश्वर में निहित होता है या इसे प्रकृति से जोड़ा जाता है। ईश्वर और प्रकृति से जुड़ी शक्तियों को मानव में समाहित माना जाता है। दर्शन-शास्त्रियों के गहन अध्ययन से तीन अहम जानकारियाँ सामने आई हैं—ईश्वरीय दर्शनशास्त्र, प्राकृतिक दर्शनशास्त्र और मानवीय दर्शनशास्त्र यानी मानवता। यही तीन शास्त्र दर्शन के विचारों का आधार माने गए हैं। इन्हीं को ईश्वरीय शक्ति माना गया है, जिसका इस्तेमाल मानव-कल्याण के लिए किया जाता है।'

—**लॉर्ड बैकन,** *ज्ञान की प्रगति*

विभाजन और विश्लेषण के बीच मामूली फर्क यह है कि विश्लेषण के दौरान विषय को विभाजित किया जाता है। प्रस्तुतीकरण की सहूलियत के लिए विषय को मनमाने ढंग से विभाजित किया जाता है। ज्यादा जानकारी के लिए निम्नलिखित उदाहरण पर ध्यान दीजिए—

सभ्यता के इतिहास में इसका उपयोग तीन प्रकार से किया गया है। तीन अलग तसवीरों और स्थिति की तुलना करना अनुचित नहीं होता। कई तसवीरें अधूरी होती हैं, कई दोषहीन होती हैं और कुछ बिगड़ी हुई होती हैं। इसी प्रकार इतिहास के भी तीन प्रकार होते हैं—यादगार, उत्तम और प्राचीन इतिहास। यादगार इतिहास असमाप्त होता है, या फिर इसे इतिहास का पहला और असंपूर्ण प्रारूप माना जा सकता है; प्राचीन इतिहास विकृत होता है, यानी इतिहास की कई अहम घटनाओं की जानकारी बहुत धुँधली और अस्पष्ट होती है, जिन्हें प्रमाणित नहीं किया जा सकता।

—***लॉर्ड बैकन,*** *ज्ञान की प्रगति*

सामान्यीकरण से विस्तृत सिद्धांतों का व्याख्यान होता है, साधारण सत्य का बोध होता है। इसके लिए तथ्यों को प्रमाणित करने की आवश्यकता होती है। तर्कसंगत सामान्यीकरण की तुलना बनावटी वर्णन से नहीं की जा सकती। तर्कसंगत व्याख्यान में विषय-वस्तु की सत्यता प्रमाण के आधार पर की जाती है। ध्यान दीजिए कि किस प्रकार जॉर्ज ह्यूम ने एक तथ्य के आधार पर शुरुआत की थी और किस प्रकार एक तथ्य को दूसरे तथ्यों से जोड़कर संपूर्ण जानकारी तैयार की गई। यह वक्ता के खजाने की सबसे मूल्यवान् प्रतिभा होती है।

'ऊपर से खुला और नीचे से बंद एक बेलनाकार पात्र लीजिए और उसमें कुछ इंच की ऊँचाई तक पानी भर दीजिए। इसके बाद पात्र के मुँह को किसी चपटी धातु की चादर से ढक दीजिए। इसके बाद पानी को गरम कीजिए। कुछ समय बाद पानी उबलना शुरू हो जाएगा। पानी के उबलने से भाप बनेगी और भाप का दबाव ऊपर ढँकी चादर को धकेलने लगेगा। उबाल तेज होने से भाप की मात्रा बढ़ने लगेगी, और चादर और ऊपर उठने लगेगी, पूरे पानी के भाप में बदलने तक यह प्रक्रिया चलती रहेगी। बेलनाकार पात्र यानी सिलिंडर पानी, आग और भाप से गति प्रदान करनेवाले भाप के इंजन का मुख्य अंग होते हैं।' (जी.सी.वी. होम्स)

व्याख्यान के सभी प्रकारों के समान अनुभव का उल्लेख भी वर्णन का मुख्य सिद्धांत होता है।

वर्णन के उल्लेख का अर्थ है—तथ्य से जुड़ी सत्यता का व्याख्यान। जानकारी वह होती है, जिसका दर्शकों ने अनुभव किया हो, सुना हो, पढ़ा हो, महसूस किया हो, माना हो; यानी वह तथ्य, जिस पर दर्शक अपनी जानकारी के मुताबिक विश्वास करता हो। इसमें दर्शक की जानकारी के मुताबिक सभी विचारों, भावनाओं और अच्छे-बुरे अनुभव का मिश्रण होता है। इस प्रकार अनुभव के उल्लेख से मतलब है—दर्शकों की जिंदगी से जुड़े अनुभवों तक पहुँचना।

रहस्यमय स्वभाव से विज्ञान के महान् आविष्कार नहीं किए जा सकते। वैज्ञानिक उपलब्धियों के लिए तथ्यों को समझने और एक कड़ी को दूसरी कड़ी से जोड़ने की क्षमता होनी चाहिए। पुलिस का खोजी दल चोर के जूतों या उँगली के निशान से अपराध करनेवाले का पर्दाफाश कर देता है। इसी प्रकार जीव वैज्ञानिक कूवियर ने हड्डी के नमूनों के जरिए लुप्त प्राणियों के विषय में सटीक जानकारी जुटाई। जिंदगी के जिन आम अनुभवों पर सामान्यत: ध्यान नहीं जाता है, वैज्ञानिक उन्ही तथ्यों को बारीकी से समझते हैं और नई खोज या आविष्कार को जन्म देते हैं।

*—**थॉमस हेनरी हक्सले,** धर्मोपदेश*

क्या बच्चों के नाम वृद्धा अवस्था दरशानेवाली सोच से प्रेरित होते हैं? हरगिज नहीं। बच्चों का नाम रखते वक्त खास ध्यान रखा जाता है कि नाम का मतलब सकारात्मक हो। लेकिन क्या हम बूढ़े नहीं होते? क्या हमारी नजरें कमजोर नहीं होतीं? क्या हथेलियाँ शुष्क नहीं होतीं? क्या गाल पीले नहीं पड़ते? क्या दाढ़ी सफेद नहीं हो जाती? क्या आवाज भर्राने नहीं लगती? क्या साँसें नहीं उखड़ने लगतीं? क्या तोंद नहीं निकलती? क्या शरीर के सारे अंग प्राचीन नहीं दिखने लगते? और क्या ऐसे हालात में आप केवल नाम के आधार पर खुद को युवा कह सकते हैं? नहीं, नहीं, नहीं सर जॉन!

*—**शेक्सपीयर,** द मैरी फाइव ऑफ विंडसर*

अंततः वर्णन की सामग्री तैयार करने के लिए विषय से संबंधित इन प्रश्नों पर ध्यान देना चाहिए—

यह क्या है, और क्या नहीं है?
यह किसकी तरह है, और किसकी तरह नहीं है?
इसके कारण और प्रभाव क्या हो सकते हैं?
इसका विभाजन किस प्रकार करना चाहिए?
यह किस विषय से जुड़ा है?
इससे किस अनुभव की याद ताजा होती है?
किन उदाहरणों से इसका व्याख्यान होता है?

□

20

चित्रण के द्वारा प्रभावित करना

ईडन के चेहरे पर झुर्रियाँ लंबे समय पहले खत्म हो गई हैं। जीवन का चित्रण करो, गीतों में जवाँ रहो।

—एलेक्जेंडर पॉप, *विंडसर फॉरेस्ट*

जैसे ही विवाद परिचित तथ्यों के स्तर से ऊपर उठ जाता है और जुनून एवं असाधारण विचार से उत्तेजित हो जाता है, उस पर कल्पना का आवरण चढ़ने लगता है। गंभीरता से बात करते वक्त यदि बौद्धिक प्रक्रिया पर ध्यान दिया जाए तो दिमाग में ज्ञान ज्योति प्रकाशित होने का आभास होता है। यह ज्ञान ज्योति विचारों के परिधान के समान होती है। यह स्वाभाविक एवं अकस्मात् होनेवाली कल्पना है। यह दिमाग में उपज रहे तत्काल विचारों और अनुभव का मिश्रण होता है। यह वास्तविक रचना होती है।

—रॉल्फ वाल्डो एमरसन, *प्रकृति*

भाषण के अन्य बहुमूल्य संसाधनों की तरह चित्रण के विस्तार से भी प्रभाव हलका हो जाता है। ज्यादा साज-शृंगार से विषय हास्यप्रद हो जाता है। धूल साफ करने का कपड़ा उपयोगी होता है तो क्या उस पर कढ़ाई कर देनी चाहिए? चित्रण को उचित दायरे में रखा जाए या विस्तार के जरिए भव्य प्रदर्शन किया जाए, यह वक्ता की पसंद पर आधारित होता है। चित्रण के अंदाज से वक्ता के बौद्धिक स्वभाव का पता लगता है।

चित्रण का अंदाज

वक्ता का किसी विषय को चित्रित करने का अंदाज ऐसा होना चाहिए कि दर्शकों के जेहन में कथा-वस्तु की छवि तैयार होती रहे। 'चित्रण का अर्थ है चित्र तैयार करना, उसकी रूपरेखा तय करना, उसमें रंग भरना और चित्रकारी की अन्य प्रतिभाओं का इस्तेमाल करना। चित्रण का स्रोत कल्पना होती है, अर्थात् चित्रण के जरिए कल्पना को सचित्र किया जाता है।' [जे. बर्ग एसनवीन]

यदि आपसे गोलियों की तेज बौछार करनेवाली बंदूक का व्याख्यान करने के लिए कहा जाए तो सामान्य तौर पर दो में से किसी एक निम्नलिखित तरीके को अपनाया जा सकता है—या तो हथियार को बनाने की तकनीक का व्याख्यान किया जाए या फिर इसे नर-संहार के प्रचंड हथियार के तौर पर प्रस्तुत किया जाए, यानी इसकी बनावट की जगह प्रभाव पर जोर दिया जाए।

इस हथियार के व्याख्यान की पहली प्रक्रिया को वर्णन कहते हैं, जबकि दूसरी प्रक्रिया चित्रण है। वर्णन में साधारण तथ्यों पर जोर दिया जाता है, जबकि चित्रण में बारीक-से-बारीक पहलू को भी ध्यान में रखते हैं। वर्णन के जरिए विचार को स्पष्ट किया जाता है, जबकि चित्रण से विषय-वस्तु के बरताव को दरशाया जाता है। वर्णन का वास्ता आंतरिक तथ्यों से होता है, जबकि चित्रण प्रभाव को प्रदर्शित करता है। वर्णन का उपयोग गणना के लिए किया जाता है, वहीं चित्रण साहित्यिक प्रक्रिया है। वर्णन बौद्धिक क्रिया है, जबकि चित्रण संवेदनशील प्रक्रिया है। वर्णन में औपचारिकता है तो चित्रण व्यक्तिगत होता है।

विषय-वस्तु के स्पष्ट प्रस्तुतीकरण के लिए वक्ता कल्पना के माध्यम से चित्रण करता है, वहीं दर्शक वक्ता के व्याख्यान के आधार पर मानसिक चित्र तैयार करते हैं। जाहिर है, वक्ता चित्रण के माध्यम से केवल उसी विषय-वस्तु का व्याख्यान कर सकता है, जिसका उसने स्वयं अनुभव किया हो। वक्ता अपनी कल्पना और शब्दों के मायाजाल से अपने अनुभव का व्याख्यान इतने प्रभावशाली ढंग से कर सकते हैं कि दर्शक मंत्रमुग्ध हो जाएँ।

पिछले अध्याय ('विषय एवं तैयारी') में आँखों में झाँकने के प्रभाव का वर्णन किया जा चुका है। वहीं पिछले अध्याय में कल्पना की शक्ति का व्याख्यान भी किया गया है। लेकिन फिलहाल चित्रण की बौद्धिक शक्ति पर चर्चा की जा रही है—किसी घटना के सभी पहलुओं को देखने और समझनेवाली बौद्धिक शक्ति दरअसल आँखों से ज्यादा दिमाग में होती है। बारीकियों पर ध्यान देनेवाला दिमाग घटना के विषय का जरूरत के वक्त दोबारा स्पष्ट चित्रण करने की शक्ति रखता

है। यही चित्रण दर्शकों में रुचि पैदा करता है। किसी विषय, दृश्य, परिस्थिति, घटनाक्रम और व्यक्ति को कल्पना की उड़ान देने की आदत बहुत उपयोगी सिद्ध होती है। चित्रण की स्पष्टता से दर्शकों के जेहन में विषय से संबंधित भ्रम दूर किया जा सकता है।

विषय को स्पष्टता प्रदान करने की इस प्रक्रिया में वाक्चातुर्य की भूमिका अहम होती है। निम्नलिखित समूहों को संपूर्ण नहीं माना जा सकता, लेकिन फिर भी इनके व्याख्यान के लिए एक भी शब्द जोड़ने की आवश्यकता नहीं है।

वक्ता के लिए चित्रण

वस्तु	{स्थिर
,,	{गतिशील
दृश्य	{स्थिर
,,	{घटनाक्रम
परिस्थिति	{पूर्वगत बदलाव
,,	{बदलाव के दौरान
,,	{बदलाव के बाद
घटनाक्रम	{मानसिक
,,	{शारीरिक
व्यक्ति	{आंतरिक
,,	{ऊपरी

इनमें से कुछ प्रक्रियाएँ एक ही समय पर घटनेवाली होती हैं, जबकि बाकी प्रक्रियाएँ या तो संयुक्त होती हैं या फिर एकल।

यदि चित्रण की प्रक्रिया का इस्तेमाल किसी वस्तु की स्पष्ट जानकारी की जगह वस्तु के स्वरूप को समझाने, उदाहरण के तौर पर जैपलिन एयरशिप के लिए किया जा रहा है तो इसे वैज्ञानिक चित्रण कहते हैं। यह प्रक्रिया काफी हद तक वर्णन के समान होती है। यदि इस प्रक्रिया में अबाधित कल्पना के माध्यम से किसी परिस्थिति एवं दृश्य की प्रबल छाप छोड़ने की मंशा हो तो इसे 'कलात्मक चित्रण' कहते हैं। इस कला को प्रभावशाली बनाने के लिए वाक्चातुर्य का इस्तेमाल किया जाता है।

चित्रण के प्रकार

भाषण के दौरान चित्रण मुख्य रूप से सुझाव के माध्यम से होना चाहिए। सुझाव के माध्यम से किया गया चित्रण संक्षिप्त होने के साथ गहरी छाप छोड़ने में कामयाब होता है। सांकेतिक व्याख्यान के माध्यम से विषय का विस्तारपूर्ण चित्रण किया जा सकता है। इसके द्वारा दर्शकों के दिमाग में विषय से संबंधित कल्पना और चित्रों का जन्म होता है। डिकेंस 'क्रिसमस कैरोल्स' में कहते हैं, 'जब श्रीमती फैजिविग एक लंबी एवं संतोषजनक मुसकराहट के साथ आईं।' तो जाहिर तौर पर दर्शकों के जेहन में फैजिविग का खुशनुमा चरित्र तैयार हो गया। इस तरह का साधारण व्याख्यान बहुत प्रभावशाली होता है और इसी कला पर निपुणता की जरूरत होती है। यहाँ कुछ और उदाहरण पेश किए गए हैं—'जनरल ट्रिंकल कठोर, ताकतवर एवं तंदुरुस्त व्यक्ति थे। वह कहाँ मिलेंगे, लोगों को सदा मालूम रहता था।' डिकेंस ने श्रीमती प्रीचर का व्याख्यान कुछ इस तरह किया है—'एक छोटी सी गद्दी, एक छोटी सी गृहिणी, एक छोटी सी पुस्तक, एक छोटी से डिब्बी, छोटी सी मेजें और तौलने-नापने की सामग्री का समूह और सब चीजों के बीच में समाई एक छोटी सी महिला।'

आप चित्रण के किसी भी प्रकार को नजरअंदाज कर सकते हैं, लेकिन सुझाव की कला में दक्षता के महत्त्व को नहीं नकार सकते।

चित्रण साधारण संकेतों के माध्यम से होना चाहिए। चित्रण का प्रभाव विषय-वस्तु के महत्त्व को दरशाता है। मोजले ने कहा है, 'यदि देखनेवाला चकाचौंध की वजह से पलकें झपकाने लगे, तो हम मान लेते हैं कि उसने किसी चमकीली या प्रकाशित वस्तु को देखा है। यदि चेहरा पीला पड़ जाए तो डर के आभास का बोध होता है। खुशी से खिला चेहरा सौंदर्य के दर्शन की अनुभूति कराता है; वहीं शांत चित्त में ध्यान का अहसास होता है।'

संक्षिप्त चित्रण उपाधि विशेषक होता है। 'नीली आँखें', 'मोहक मुसकान', 'सुर्ख गाल', आज पारंपरिक उपमाएँ प्रतीत होती हैं; लेकिन हॉमर की यह उपमाओं उस दौर में एकदम ताजा थीं। शताब्दियों से 'आठ तिल्लियों पर पहिया बेशर्मों की तरह घूमता है' 'हथौड़े की लगातार चोट से तलवार की धार बनती है' जैसे मुहावरों में कोई बदलाव नहीं किया गया है। विल लिविंगटन के 'द फाइटिंग डेथ' की उस उपमा को याद कीजिए, जिसमें लेखक ने फिलीपींस में मुकाबला करते सैनिकों को 'दीवार पर जोंक की तरह चिपका' हुआ दरशाया।

चित्रण भाषण के आँकड़ों को दरशाता है। उन्नत वाक्‌चातुर्य के प्रकार की चर्चा के साथ मार्गदर्शन के सुझावों पर भी ध्यान देना चाहिए। यह बेदह महत्त्वपूर्ण

है, इस पर जरूर ध्यान दें। आँकड़ों को प्रदर्शित करने का सहज, बौद्धिक, संक्षिप्त, तीक्ष्ण, खुशनुमा और हास्यप्रद अंदाज मंच पर प्रस्तुतीकरण का सबसे बेहतर तरीका होता है।

चित्रण साधारण और सीधे रूप में भी किया जा सकता है। बयान एकदम सीधा, साधारण और वर्णन-मुक्त भी हो सकता है। चित्रण के अंदाज का निर्धारण स्वयं के बुद्धि-विवेक से करना चाहिए। निर्धारित किए गए अंदाज के बाद फैसला करना चाहिए कि व्यापक विषय के बाद विस्तृत व्याख्यान करना चाहिए या फिर विस्तृत व्याख्यान के बाद विषय की व्यापकता का प्रस्तुतीकरण। ध्यान रहे कि अंदाज हर स्थिति में संक्षिप्त होना चाहिए।

वॉशिंगटन इरविंग्स के 'निकरबोकर्स' में मौजूद संक्षिप्त व्याख्यान पर ध्यान दीजिए—

'उस छोटे, चौकोर और गठीले चेहरेवाले बूढ़े भद्र व्यक्ति की दोहरी ठुड्डी, चौड़ा मुँह और फैली हुई नाक थी और वह लगातार सिगार पी रहा था।'

'उसकी लंबाई ठीक पाँच फीट छह इंच थी, जबकि उसका दायरा छह फीट पाँच इंच तक था। उसकी खोपड़ी वृत्ताकार थी और आश्चर्यजनक रूप से चौड़ी थी। उसके हर अंग से चतुराई झलक रही थी। प्रकृति ने उसकी गरदन की रचना कुछ इस उलझन में की थी कि गरदन पर सिर का सँभलना अविश्वसनीय प्रतीत हो रहा था। ऐसा लग रहा था जैसे प्रकृति गरदन की रचना करना ही नहीं चाहती थी। ऐसा लगता था जैसे उसकी खोपड़ी को दोनों कंधों के बीच सीधे रीढ़ की हड्डी पर रख दिया हो। उसका शरीर अंडाकार था, मुख्यत: निचला हिस्सा बहुत भारी था। ऐसा लगता था कि इस हिस्से को बनाने के लिए विशेष तौर पर विधाता से निवेदन किया गया था। वह बहुत आरामपसंद व्यक्ति था और सामान्य सैर-सपाटे से भी मन चुराता था।' यह व्याख्यान हालाँकि हास्यास्पद है, लेकिन बहुत लंबा है। तथ्यों को बेवजह विस्तार दिया गया है। किसी हास्यास्पद व्यक्तित्व के व्याख्यान के लिए यह तरीका उत्तम हो सकता है, क्योंकि व्यक्ति की शारीरिक रचना के जरिए स्वभाव को दरशाया गया है।

ऐतिहासिक आदतों के व्याख्यान के जरिए चित्रण को चपल बनाया जा सकता है। डॉ. टी.डी. विट टालमेज के भाषण 'बिग ब्लंडर्स' (बड़ी गलतियाँ) की निम्नलिखित सजीव हाव-भाव से परिपूर्ण नाटकीय व्याख्या पिछले तीस सालों से लोगों के दिमाग में अमिट छाप की तरह मौजूद है। बल्ले की आवाज आज भी स्पष्ट सुनाई देती है।

'बल्ले को हाथ में लो और उचित मुद्रा में खड़े हो जाओ। अब गेंद पर ध्यान

जमाओ। बहुत नीची, जमीन से रगड़ती हुई गेंद पर ऊँचा शॉट मत मारो। जब गेंद तेज रफ्तार से आए तो जोर से शॉट मारो, लंबा शॉट! आसमान छूता हुआ! ऊँचा, बहुत ऊँचा! भागो! तेज! तेज भागो!'

व्याख्यान के दौरान वक्ता, दर्शक और मौजूद खिलाड़ियों के भीतर ऊर्जा के संचार पर ध्यान दीजिए। आपको महसूस होगा जैसे खुद खेल रहे हों। होमर के अंदाज में तालमेल का दृश्य व्याख्यान भी कुछ इसी प्रकार था। ऐसा प्रतीत हो रहा था जैसे घटना न केवल घट रही हो, बल्कि साक्षात् आँखों के सामने घटित हो रही हो।

यदि आपने सफर के दौरान चर्चाओं में बढ़-चढ़कर हिस्सा लिया हो तो ध्यान दिया होगा कि वक्ता या तो भाषा को ज्यादा अलंकारित करता है या फिर भौंडी भाषा का इस्तेमाल करने लगता है। यदि आप भाषा की जादुई शक्ति सीखना चाहते हैं और दृश्य, घटना, विचार, कल्पना आदि के व्याख्यान को मनमोहक बनाना चाहते हैं तो लैफकेडियो हरन, रॉबर्ट लुइस स्टीवेंसन, पेयरी लोटी और एडमॉण्डो डी एमीसिस का अध्ययन जरूर कीजिए।

'उनके पीछे कारवेन स्टोन की ब्लू डिस्टेंट पर्वतमाला का दृश्य साफ दिखाई दे रहा था। ऐसा प्रतीत हो रहा था मानो मंदिर की चोटी को खासतौर पर स्वर्ग के लिए तराशा गया हो। मंदिर का सुनहरा श्रृंगार आसमान को छू रहा था।'

*—**लैफकेडियो हरन,** चीन की प्रेतात्मा*

आसमान में तारे साफ, रंग-बिरंगे आभूषणों के समान चमकते हुए नजर आ रहे थे। सितारों की झिलमिलाहट में रूखापन नहीं था। आकाशगंगा में चाँदी के रंग का धुँधलका था। मेरे चारों ओर अँधेरा-ही-अँधेरा था, दूर तक फैला हुआ अँधेरा। काठी से झलकती सफेद रोशनी में मैं गधे को खूँटे से बँधी रस्सी के सहारे चारों ओर घूमता देख सकता था। मैं घास के मैदान में उसके चरने की आवाज सुन सकता था। इसके अलावा कोई और आवाज थी, नदी के बहते पानी की पत्थरों से टकराने की लयबद्ध आवाज।

*—**रॉबर्ट लुइस स्टीवेंसन,** गधे के साथ यात्रा*

वसंत अपने चरम पर है। वसंत का सबसे रुपहला अंतराल, सूनी रातों का गहराता अँधेरा, अँधेरे में लुप्त होतीं पुरानी झोंपड़ी में रखी चीजें और दूर तक धरती पर फैली उदासी की छाया। धुँधलके में बीतते हुए दिन। बादलों का गहरा गुबार। धीरे-धीरे फासला तय करता हुआ दिन अचानक से दोपहर को रात में बदल देगा।

लगातार बहती हुई हवाओं की दूर किसी गिरजाघर में बजती घंटियों जैसी आवाजें, एक-दूसरे का अनादर करते हवा के तेज झोंके, हतोत्साहित करते हवा के शोक-गीत। एक के बाद एक दरवाजों के करीब से गुजरती हुई हवा का झोंका जंगली भेड़ियों के विलाप की चीख जैसा प्रतीत होता है।

—पेयरी लोटी, *आइसलैंड का मछुआरा*

एक खुले बड़े मैदान को रौंदता सैनिकों का विशाल दस्ता; मेजों की एक लंबी कतार, झुककर खाते हुए पाँच सौ सिर, एक साथ खड़कती पाँच सौ चम्मचें, तेजी से चलते हुए हजार हाथ और सोलह हजार दाँतों के चबाने की आवाज; इधर-उधर भागते नौकरों के झुंड; बरतनों के टकराने की खड़खड़ाहट, कानों को भेदती चिल्लाहट, खाने से भरे मुँह से 'रोटी, रोटी!' पुकारती घुटी आवाजें मुझे एक बार फिर भयानक भूख, जबड़ों की असीम ताकत और प्रसन्नता से भरी पुरानी जिंदगी का अहसास करा रही थीं।

—एडमॉण्डो डी एमीसिस, *स्कूल के मित्र*

चित्रण के लिए उपयोगी सुझाव

दर्शकों के समक्ष प्रस्तुत किए जानेवाले विषय के दृष्टिकोण को चित्रण के व्याख्यान से पहले निर्धारित करें। एक दृष्टि से सामने के पहाड़ और चारों ओर खड़े व्यक्ति को नहीं देखा जा सकता। लिहाजा दृष्टिकोण निर्धारित कीजिए और विषय से मत भटकिए।

विषय के मुताबिक रवैए का चुनाव कीजिए—निर्धारित कीजिए कि आदर्श प्रस्तुतीकरण का तरीका क्या होगा? हास्यास्पद? उपहास से भरा? बढ़ा-चढ़ाकर किया गया व्याख्यान? रक्षात्मक? या फिर निष्पक्षता से प्रेरित?

अपने मिजाज के लिए विश्वस्त रहें, क्योंकि मिजाज के माध्यम से ही चित्रण में रंग भरे जा सकते हैं। निराश मन को गुलाब से महकता उद्यान भी वीरान महसूस होता है।

व्याख्यान के निर्धारित क्रम के साथ आगे बढ़िए। क्रम तय करने के बाद भटकाव की गुंजाइश नहीं होनी चाहिए। विषय से ऊपर-नीचे, दाएँ-बाएँ, सामान्य से विशेष बिंदुओं, छोटे से बड़े मुद्दों, महत्त्वपूर्ण से महत्त्वहीन हिस्सों, विस्तृत से संक्षिप्त वर्णन और शारीरिक से मानसिक कल्पना की सीमाओं तक नहीं भटकना

चाहिए। निर्धारित क्रम के अनुकरण से प्रभाव बढ़ता है। अस्त-व्यस्त क्रम से विषय का मूल धुँधला जाता है।

गैर-जरूरी बारीकियों पर समय नष्ट नहीं करना चाहिए। कुछ महत्त्वपूर्ण बारीकियाँ श्रेणी से विषय का संबंध स्थापित करती हैं, जबकि कुछ बारीकियाँ विषय को श्रेणी से अलग कर देती हैं।

चित्रण की भव्यता के लिए केवल महत्त्वपूर्ण और सांकेतिक बारीकियों का चयन कीजिए। सौंदर्य के महत्त्व को इश्तेहार चित्रित करनेवाले कलाकार से सीखा जा सकता है।

दर्शकों की दिलचस्पी के मुताबिक तय कीजिए कि भाषण के किस हिस्से का चित्रण करना है, किसका व्याख्यान और किस हिस्से को केवल छूकर सफाई से निकल जाना है। दर्शकों की जानी और अनजानी चीजों से संबंधित जिज्ञासा का सम्मान कीजिए। जाहिर तौर पर दर्शक कम जानकारीवाली चीजों पर ज्यादा ध्यान देते हैं।

चित्रण के दौरान विषय से भटकना नहीं चाहिए। यह एक निरंतर प्रक्रिया के समान है। इसके बीच में विषय से भटकाव या रुकावट दर्शकों की दिलचस्पी खत्म कर देती है। रुकावट से भरा चित्रण अस्त-व्यस्त मुहावरों के समान होता है। क्रमबद्ध व्याख्यान से चित्रण का प्रस्तुतीकरण स्वाभाविक तौर पर प्रभावशाली हो जाता है।

चित्रण करते वक्त वास्तविक दृश्य के दौरान उत्पन्न भावों का अनुभव कीजिए और उसी भाव को दर्शकों के समक्ष प्रस्तुत करने की कोशिश कीजिए। चित्रण का वास्तविक अर्थ है—भावना के असल भाव को प्रदर्शित करना। भावहीन चित्रण हड्डियों में जमनेवाली ठंड की तरह निराशाजनक होता है। प्रभावशाली चित्रण के लिए भावनाओं की गरमाहट आवश्यक होती है।

किसी तसवीर के व्याख्यान की शुरुआत को सहज एवं प्रभावशाली रखें और अंतिम भाग को तेजी से खत्म करें। शुरुआती छाप अमिट होती है, जबकि अंत को भुला दिया जाता है। किसी विषय के मुख्य बिंदुओं के महत्त्व को समझने के लिए दिमाग को अभ्यस्त किया जा सकता है। इसी प्रकार किसी एक दृश्य की स्पष्टता, कार्यकलाप, अनुभव, किरदार और आपसी संबंधों को भी याद रखा जा सकता है। किसी विषय के चित्रण को पूर्णता प्रदान करने के लिए विषय की पूर्ण जानकारी होनी जरूरी होती है। इस कला पर निपुणता हासिल करनेवाला वक्ता चित्रण की कला में भी दक्ष हो जाता है।

अभ्यास के लिए विभिन्न अनुभवों का चित्रण कीजिए

मैं एक बार वॉशिंगटन के कैपिटल हिल पर खड़ा था। अपने देश की राजधानी में ऊँची खड़ी संगमरमर की इमारत देखकर मेरा दिल तेजी से धड़कने लगा। जब मैंने उस इमारत की अहमियत, विशाल राष्ट्रीय कोष, भव्य सेना, न्यायाधीश एवं राष्ट्रपति, अदालत एवं कांग्रेस और बाकी मौजूद महानुभावों के बारे में जाना तो मेरी आँखों के सामने अँधेरा सा छाने लगा। मुझे महसूस हुआ कि क्षितिज पर मौजूद सूर्य के लिए धरती पर दुनिया भर को स्वतंत्रता का पाठ पढ़ानेवाली इस इमारत से खूबसूरत व सम्मानित कुछ और नहीं हो सकता।

दो दिन बाद मैं एक मित्र से मुलाकात के लिए उसके घर पहुँचा। मेरे भद्र मित्र का घर उसी की तरह असाधारण एवं प्रशंसनीय था। घर के चारों ओर बड़े-बड़े पेड़ थे, बीच में एक छोटा सा घास का मैदान था और क्यारियों में खूबसूरत फूल उगे हुए थे। फूलों की मनमोहक महक बगीचे में पके रसीले फलों की खुशबू के साथ मिलकर मदहोश कर रही थी। बाड़े में मुरगियों की गुटर-गूँ, बगीचे में चिड़ियों की चहचहाहट और फल-फूलों के आस-पास मँडराती मधुमक्खियों की भिनभिनाहट ने एक विचित्र संगीत को जन्म दे रखा था।

अंदर पूर्ण शांति, आराम, समृद्धि और शुद्धता थी। एक पुरानी दीवार घड़ी घर में आनेवाले सभी आगंतुकों का स्वागत कर रही थी। टिक-टिक की आवाज में मृतात्मा के लिए महान् शोक-गीत जैसा खिंचाव था। ऐसा प्रतीत हो रहा था जैसे आराम बिस्तर के पास घड़ी रात के चौकीदार का काम कर रही हो। वहाँ पुराने लेकिन बहुत आरामदायक बिस्तर बिछे थे। गरमाहट के लिए खुले अलाव थे। एक पुराना पारिवारिक धार्मिक ग्रंथ था। परिवार के लोगों की आँखों में आँसू डबडबा रहे थे। इस तरह गृहस्थी के प्रभावशाली इतिहास का स्पष्ट आभास हो रहा था।

बाहर मेरा काबिल दोस्त खड़ा था, एक साधारण व्यक्ति। उसके सिर पर किसी ऋण का बोझ नहीं था। उसके खेतों में लहराती फसल भी कर्ज-मुक्त थी। वह खुद का और अपनी जमीन का अकेला मालिक था। वह स्वतंत्र था। अधेड़ उम्र की वजह से उसके पिता के हाथ-पैर काँपते थे, लेकिन वह दिल से खुश और संतुष्ट थे। घर की ओर जाते वक्त उसके पिता के हाथ जवान बेटे के कंधों पर टिक जाते थे। मेरे दोस्त के पिता का आशीर्वाद सदा उसके साथ रहता था।

दरवाजे की दहलीज पर उसकी सुनहरे बालोंवाली माँ सदा स्वागत के लिए तैयार रहती थी। उनको देखते ही उसकी माँ की आँखों में खुशी की चमक आ जाती थी। माँ के दिल में धड़कनों का संगीत बजने लगता था। होंठों पर मुसकराहट

लिये वृद्ध महिला हाथों को फैलाकर अपने पति और बेटे का स्वागत करती थी। घर के भीतर बेटे की पत्नी गृहस्थी का काम करती नजर आती थी। मन और दिल से बहुत साफ महिला, अपने पति के सुख-दुःख की संगिनी। घर में चहलकदमी करते छोटे-छोटे बच्चे, गाय के पीछे भागते-चिल्लाते, अपने छोटे से घोंसले में चहचहाती चिड़ियों की तरह शोर मचाकर खेलते शैतान बच्चे।

मैंने घर पर रात के अँधेरे की चादर को फैलते देखा, किसी अदृश्य पक्षी के विशाल पंखों के साए जैसा अँधेरा। जंगल के घुप अँधेरे में गूँजती झींगुर की आवाजों के बीच से निकलता विशाल पक्षी का साया। पूरे परिवार को आकाश से निहारते झिलमिलाते तारे—घुटनों के बल बैठकर पुराने धार्मिक ग्रंथ पर नजर टिकाए माँ के आँचल में मुँह छुपाता छोटा बच्चा। ईश्वर इस परिवार पर सदा अपनी कृपा बनाए रखे। उसी वक्त मैंने संगमरमर से बने अमेरिकी कांग्रेस भवन को शाम के अँधेरे में धुँधलाते देखा। उसकी गरिमा और अपार खजाने को नजरअंदाज करते हुए मैंने कहा, 'ओह, निश्चित रूप से इस भवन में रहनेवाले महानुभाव सरकार को मजबूती और स्थिरता ही नहीं, लोकतांत्रिक उम्मीद और वादे भी मुहैया कराते हैं।'

—हेनरी डब्ल्यू. ग्रेडी

जिंदगी में एक जरूरत दूसरी का आवाहन करती है। ज्यादातर मौकों पर घटनाओं और स्थान में अनुरूपता होती है। हरियाली से भरा सुंदर दृश्य लंबे समय के लिए याददाश्त का हिस्सा बन जाता है। एक स्थान कार्यशीलता के लिए प्रेरित करता है तो दूसरा आदर्श जीवन की ओर इशारा करता है, वहीं तीसरा स्थान भटकाव से भरे जीवन का व्याख्यान करता महसूस होता है। अँधेरी घुप रात का प्रभाव, पानी का बहता झरना, जगमगाते शहर, सूर्योदय का निर्मल उजाला, भेड़ों का झुंड और दूर तक फैला समुद्र गुमनाम हसरतों और लुत्फ को जन्म देता है। ऐसे में हम किसी प्रिय घटना की कल्पना करते हैं। हमें मालूम नहीं होता कि क्या, लेकिन बावजूद इसके हम कुछ पाने के लिए आगे बढ़ते रहते हैं। सौंदर्य से भरे ऐसे महान् दृश्यों, घटनाओं और स्थान से आकर्षित होकर हम जीवन के कई हसीन लमहों को जीते हैं और जिंदगी भर उन लमहों को याद रखते हैं। इस तरह हमारी कल्पनाओं का विस्तार होता है। नीचे गिरते पत्थरों की भारी आवाज कभी कर्णप्रिय लगती है तो कभी अति कष्टदायक। इन स्थानों पर अवश्य ही कुछ भिन्न घटा होगा। सदियों पहले हमारी जाति के साथ कुछ विचित्र घटा होगा। मैंने उनके मनोरंजन के लिए एक विशेष खेल रचने की कोशिश की थी। मैं अभी भी इसी

कोशिश में हूँ। पहले की तरह व्यर्थ कोशिशों में तल्लीन दरअसल मैं सभी घटनाओं के तार जोड़ने की कोशिश में लगा हूँ और इसी कोशिश में लगा रहूँगा। लेकिन कुछ स्थान बिलकुल अलग कहानी बयाँ करते हैं। निश्चित तौर पर नम बगीचों में से मानव हत्याओं की चीख सुनाई देती है। कुछ पुराने वीरान घर भूतिया प्रतीत होते हैं। समुद्र के कुछ किनारे टूटे जहाज़ों के मलबों से मुक्ति पाना चाहते हैं। कुछ स्थानों ने अपनी स्थिति को खुद की किस्मत मान लिया है। फूलों से खिली लताओं, हरे-भरे बगीचों और शांति से भरपूर बफोर्ड ब्रिज के पास स्थित पर्यटक स्थल में कीट्स ने महान् पुस्तक 'एंडिम्योन' का लेखन कार्य किया था। यहीं नेल्सन ने एमा से रिश्ता समाप्त किया था—ऐसी ऐतिहासिक घटनाओं का गवाह रहा यह पर्यटक स्थल आज भी नई घटनाओं के लिए उत्सुक नजर आता है। चारदीवारी के बीच मौजूद पुराने दरवाजे के पीछे आज भी नई घटनाओं के लिए उत्सुकता का धुआँ सुलग रहा है। महारानी की नौका के पास मौजूद यह पर्यटक स्थल एक बार फिर मेरी कल्पना को जाग्रत् कर रहा है। शहर से दूर स्थित समुद्री टापू के किनारे एक नौका लहरों से जूझ रही है और एक तटरक्षक समुद्री जहाज लंगर डालने में मदद कर रहा है। यह सारा नजारा पुराने बगीचे के घने पेड़ों के बीच से साफ नजर आ रहा है। अमेरिकी लेखकों ने इस दृश्य पर बहुत कुछ लिखा है। लेकिन मुझे यह बताने की आवश्यकता नहीं है कि इस दृश्य में अभी भी कई अधूरी कहानियाँ छिपी हैं। इन कहानियों के जरिए इस पर्यटक स्थल के मायने और ज्यादा साफ हो जाएँगे···मेरी शाश्वत घबराहट ने इस पर्यटक स्थल के हर जोखिम से टक्कर ली है। लेकिन पूर्णता हासिल करने के लिए अभी भी कई साहसिक कार्य बाकी बचे हैं। रात की गहरी नींद से मैं हर सुबह एक अधूरी चाहत को पूर्ण करने और शंकाओं को दूर करने के लिए उठता हूँ; लेकिन हाथ लगती है तो सिर्फ नाकामी। अभी वह समय नहीं आया है, लेकिन मुझे विश्वास है कि एक दिन वह लमहा जरूर आएगा, महारानी की नौका कार्गो जहाज की व्याकुलता को समाप्त करेगी। रात के अँधेरे में दु:खदायी समाचार के साथ एक घुड़सवार आएगा और बफोर्ड के दरवाजे को अपने कोड़ों की बौछार से ढेर कर देगा।

*—**आर.एल. स्टीवेंसन,** प्रेमकथा पर गपशप*

'मिडनाइट इन लंदन' का एक संस्मरण

टन! टन! टन! अग्नि चेतावनी की घंटी! ट्रिन! ट्रिन! ट्रिन! अलार्म घड़ी!

एक ही क्षण में शांति भंग और शोर-शराबा शुरू—आवाज का एक धमाका, उत्तेजना, चिल्लाहट—पागलखाने जैसा माहौल। ट्रिन! ट्रिन! ट्रिन! खड़खड़ाहट, संघर्ष और खलबली। चौपट खुला दरवाजा; सामान को लादते बलिष्ठ लोग। ट्रिन! ट्रिन! ट्रिन! वे नजरों से ओझल हो गए! घोड़ों की टापों से सड़कों को रौंदते हुए। ट्रिन! ट्रिन! ट्रिन! और इसी के साथ घड़ियाल शांत हो गया।

'रास्ते से हट जाओ! भारी मशीनें आ रही हैं! भगवान् के लिए झट से रास्ते पर खेलते बच्चों को उठा लो!'

जंगी घोड़ों का झुंड क्रोधित पशुओं की तरह दौड़ता आ रहा है। ट्रिन! ट्रिन! घड़ियाल फिर बजने लगा। क्रोधित जंगी घोड़ों का झुंड हवा के झोंके के समान तेजी से गायब हो गया। मशीनों की गड़गड़ाहट चारों ओर गूँजने लगी। और शाम ढलने तक लगातार जारी रही। धूल के भँवर में कष्ट से साँस लेने की प्रक्रिया और रात में आकाश को घेरने की तैयारी करता चिमनियों से निकलता दमघोंटू काले धुएँ का गुबार। घर की उत्तर दिशा में आग उगलता ज्वालामुखी, आँखों को चकाचौंध करता लावे का उफान। आकाश को अपनी लपटों से प्रज्वलित करता लावा। आग की लपटों से घिरा छोटे घरों का समूह। खतरे में फँसे पाँच से ज्यादा लोग। दयालु ईश्वर! इन मासूमों पर रहम करो! क्या मशीनें आ रही हैं? हाँ, आ रही हैं, सड़कों पर तेजी से लुढ़कती हुई। देखो, घोड़े हवा की रफ्तार से दौड़ते हुए इधर की ही तरफ आ रहे हैं। आँखें आग के गोलों के समान लग रही हैं। नथने फूले हुए हैं। आग की दहकती, बुझती, लुढ़कती, उभरती, फैलती, डूबती और पागलों की तरह एक-दूसरे से अलग होती लपटें, अपनी बाँहों को फैलातीं, घेरा बनाती, सिकुड़ती और भड़कती आस-पास की सभी चीजों को पिघलाती, एक भूखे दानव की तरह मुँह खोलकर आगे बढ़ती लपटों की आँधी।

देखो, कैसे घोड़े घबराहट से एक कोने में छिप रहे हैं! जानवरों की प्रवृत्ति इशारा कर रही है। कुछ अप्रिय घट सकता है। कठोर परिणामों की ओर जानवरों का इशारा।

'सभी लोग सीढ़ियों से ऊपर चढ़ जाओ!' ऊँची खड़ी इमारत भीषण जलधारा में समा रही है। काँटेदार जीभा डूब रही है तो कभी उबर रही है। लहरें इधर-उधर झाँसा दे रही हैं और तेज हवा हर वस्तु के किनारों को काटने में लगी है। दूर किसी धमाके के बाद आसमान पर गहराता धुआँ। इमारत की छत पर पागलों की तरह हवा में हाथ हिलाता एक भयभीत काला साया। हाथों को फैलाए जोर-जोर से चिल्लाता काला साया। फिर अचानक एक डरावने स्थान पर लुढ़कता शरीर।

दीवार के किनारे को पकड़ने की कोशिश में फड़फड़ाते हाथ। डूबते वक्त अचानक पास खड़े व्यक्ति के हाथों का सहारा। डर से थरथराते हाथ, कँपकँपाते स्वर में मदद के लिए गुहार लगाती आवाज। भाव-रहित लोगों का मदद से मुँह फेरना और पास खड़ी एक औरत का डर से मूर्च्छित हो जाना।

व्यक्ति की तैरती लाश देखकर चिल्लाते मजदूर, 'बेचारे की मौत हो गई!'

'मैं और जोय उसे अच्छी तरह पहचानते थे! वह मेरा पड़ोसी था। मेरे घर से पाँचवाँ घर उसका था। उसकी एक विधवा माँ है और दो बच्चे हैं, जो अब अनाथ हो गए हैं। करीब दो हफ्ते पहले मैंने उसकी बीवी की लाश को दफनाने में मदद की थी। अब उसके अनाथ बच्चों की जिंदगी कष्टों से भर जाएगी।'

'क्या सभी को बचा लिया गया है, अग्निशामक व्यक्ति?'

'नहीं, अभी भी कुछ लोग फँसे हैं! इमारत की आखिरी मंजिल पर गोद में बच्चा लिये एक महिला है! उधर सीधे हाथ की तरफ सीढ़ी लगाई गई है। दमकल कर्मचारी उसे बचाने की कोशिश में जुटे हैं।'

दर्जनों दमकल कर्मचारी प्रयास कर रहे हैं। उनमें से सबसे लचीला कर्मचारी सीढ़ी के आखिरी छोर तक पहुँच गया है। उसे कोई डर नहीं है। वह बहादुरी की मिसाल है।

'बस, थोड़ा सा और!' नीचे से एक कर्मचारी ने आवाज लगाई।

कर्मचारी और ऊपर चढ़ गया। वह खिड़की पर खड़ा हो गया। उसने रस्सी बाँधी, साथ में माँ और बच्चे को भी बाँधा और एक खाली स्थान की ओर धकेल दिया और अपने साथी कर्मचारियों को उन्हें धीरे-धीरे नीचे उतारने का इशारा किया।

'शाबाश, दमकल कर्मचारी!' नीचे खड़ी भीड़ ने नारे लगाने शुरू कर दिए।

तभी कड़कड़ाहट की आवाज के साथ छत नीचे गिरने लगी।

'हे भगवान्! ये क्या हो रहा है! देखो, छत नीचे गिर रही है!'

इमारत की दीवार भी हिल रही है। जोर-जोर से पत्थरों के गिरने की आवाज नीचे आ रही है। यह दृश्य देखकर नीचे खड़े लोगों की साँस रुक गई। माँ-बच्चे को बचानेवाला दमकल कर्मचारी आग की भट्ठी में गिर गया। उम्र के बोझ से झुकी वृद्ध महिला तेजी से आग के पास पहुँचकर छाती पीट-पीटकर प्रलाप करने लगी।

'बेचारा जॉन! मेरा उसके अलावा कोई नहीं था। वह एक बहादुर लड़का था। लेकिन वह अब जिंदा नहीं है। दो मासूम जानों को बचाने के लिए उसने

अपनी जान गँवा दी। अब वह दूर, बहुत दूर चला गया है!' क्रूर भट्ठी की ओर इशारा कर वह महिला देर तक प्रलाप करती रही।

मशीनें अपना काम करती रहीं। लपटें धीरे-धीरे कमजोर होती गईं। चारों ओर उदासी छा गई।

इस तरह शाम का उजाला रात में तब्दील हो गया।

–अर्डनेस जॉन्स-फॉस्टर

□

21

वर्णन के द्वारा प्रभावित करना

वर्णन की कला मुख्य रूप से लेखन की कला के समान होती है। उत्तम विचारों का क्रम इस कला का मुख्य सिद्धांत होता है। इसके अंतर्गत एक तथ्य को दूसरे तथ्य से प्रमाणित किया जाता है। पहले मस्तिष्क में विचारों की कड़ी जन्म लेती है और फिर इन विचारों को सही शब्दों के चयन के द्वारा क्रमबद्ध रूप से प्रस्तुत किया जाता है।

—**वॉल्टर बैगहॉट,** *साहित्यिक अध्ययन*

हमारी भाषा दिलचस्प रूप से ऐतिहासिक है। यदि आपने गौर किया हो तो अधिकतर व्यक्ति वर्णन की शैली में वार्त्तालाप करते हैं। वर्णन के दौरान आम तौर पर विचारों को प्रस्तुत नहीं किया जाता। हालाँकि विचारों को प्रस्तुत करना बहुत आसान होता है, लेकिन इसे नजरअंदाज किया जाता है। आम तौर पर घटना से संबंधित तथ्यों के आधार पर वर्णन किया जाता है। इस तरह वर्णन का विस्तार किया जाता है। वर्णन से घटना के वक्त उपस्थित व्यक्तियों को हटा दीजिए। सोचिए, अब वर्णन का प्रवाह कैसा होगा, वाक्‌चतुर वक्ता के पास भी शब्दों की कमी हो जाएगी। ज्ञानी-से-ज्ञानी व्यक्ति मौन हो जाएगा। भाषा के निपुण जानकारों के कंठ सूख जाएँगे और मूर्ख तो मानो सभा से गायब ही हो जाएँगे। इस प्रकार हम केवल इतिहास के नियमों का पालन करते हैं। हम कहते कम हैं और जिक्र ज्यादा करते हैं।

—**थॉमस कार्लेल,** *इतिहास पर चर्चा*

वर्णन का एक छोटा सा हिस्सा वक्ता को साधन प्रदान करता है। इस हिस्से में या तो कोई किस्सा छिपा होता है या फिर जीवनी से संबंधित तथ्य। साथ ही वर्णन से संबंधित घटना के साधारण पहलू भी सम्मिलित होते हैं।

वर्णन का अर्थ है, किसी घटना को कथा के समान प्रस्तुत करना या फिर तथ्यों के समूह और घटनाओं को किसी किस्से के समान पेश करना।

वर्णन के मुट्ठी भर सिद्धांत होते हैं, लेकिन इसके सफल अभ्यास के लिए भाषा की कला की आवश्यकता होती है। इसमें कला का उपयोग इतना गहन होता है कि वर्णन के दौरान नियमों और सिद्धांतों पर ध्यान ही नहीं दिया जा सकता।

प्राथमिक तौर पर ध्यान दीजिए कि किस प्रकार वक्ता और लेखक के वर्णन का अंदाज भिन्न होता है। संवाद के विस्तार और किरदार के चित्रण का इस्तेमाल कहाँ नहीं किया जाता, कहाँ तथ्यों के विस्तार की स्वतंत्रता नहीं होती और मंच पर वर्णन की कला का अर्थ क्या होता है। निश्चित रूप से वर्णन की सभी विधियों में कुछ समानताएँ अवश्य होती हैं। विवरण, व्याख्यान, वाद-विवाद और अपील के द्वारा वर्णन की कड़ियों को जोड़ा जाता है। कड़ियों को इस प्रकार जोड़ा जाता है कि वर्णन का अंत बहुत प्रभावशाली हो जाए। प्रभावशाली क्षण तक वर्णन के अहम विचार को गुप्त रखा जाता है और गैर-जरूरी पहलुओं को दबाने की कोशिश की जाती है। इसी प्रकार हानिकारक तथ्यों को उजागर नहीं किया जाता है।

हम कह सकते हैं कि चाहे मंच हो या पत्रिका, वर्णन की कला में ऐतिहासिक तथ्यों के अलावा भी बहुत कुछ होता है। घटनाओं को क्रमबद्ध तरीके से जोड़ना भी बहुत अहम प्रक्रिया होती है। इस प्रकार वर्णन प्रभावशाली हो जाता है।

ध्यान देने योग्य है कि मंच पर प्रस्तुत किए जानेवाला वर्णन या तो कम सुसंस्कृत होता है या फिर बहुत नाटकीय। इसके विपरीत, लेख के द्वारा किया गया वर्णन ज्यादा निपुण होता है, या कह सकते हैं कि उसमें नाटकीय प्रभाव कम होता है। लेकिन आज के दौर में मंच पर वर्णन की कला प्रस्तुत करनेवाले वक्ता पुराने जमाने के वक्ताओं के मुकाबले अलग अंदाज पेश करने में विश्वास रखते हैं। आज के वक्ता या तो बहुत गौरवशाली ढंग से प्रस्तुतीकरण करते हैं या फिर आडंबरपूर्ण तरीके से जनता के समक्ष वर्णन की कला पेश करते हैं। भाषण की कला में निपुण वक्ताओं के एक ही अंदाज को बार-बार सुना जाता है, तो वक्ता में बोरियत का अहसास पैदा होने लगता है। लिहाजा वर्णन के अंदाज को एकरूपता के दंश से बचाना चाहिए। कथा और किस्से के अनुसार वर्णन के अंदाज में भिन्नता आवश्यक होती है।

कथा का प्रभाव

किसी घटना को लघुकथा के रूप में प्रस्तुत करना महत्त्वपूर्ण कला है। इस कला के माध्यम से मुख्य विचार को प्रभावशाली ढंग से प्रस्तुत किया जा सकता है। मुख्य विचार जितना गहरा होता है, उसका स्वरूप उतना ही सघन हो जाता है। वक्ता के अचानक विषय-वस्तु पर पहुँचने से दर्शकों में किस्से के लिए दिलचस्पी बढ़ जाती है।

किसी किस्से को उदाहरण या चित्रण के तौर पर प्रस्तुत करने से विचार का मुख्य विषय स्थिर रहता है। इस प्रकार वक्ता भाषण के मकसद को पूर्ण करता है। यदि किसी बहुत हास्यप्रद चुटकुले को नीरस अंदाज में सुनाया जाए तो जाहिर तौर पर उसका हास्य नष्ट हो जाता है। इसके विपरीत, किसी नीरस किस्से को वर्णन के द्वारा दिलचस्प बनाया जा सकता है।

'किसी हास्यप्रद और हाजिर जवाब किस्से को बातचीत में शामिल करने का मौका आसानी से मिल जाता है। हाजिर जवाबी बहुत दिलचस्प होती है, गहरी छाप छोड़ती है और कभी-कभी सीधे दिल को छू जाती है। हास्य का स्वभाव शालीन होता है। इससे कभी चोट नहीं पहुँचती। दो विचारों के बीच संबंधों के रहस्य को जानने से हास्य का जन्म होता है। हास्य वस्तुओं के बीच सामान्य संबंधों से ऊपर होता है। हास्य का किसी से मेल नहीं किया जा सकता। यह असंगत होता है। हाजिर जवाबी के माध्यम से डगलस जेरॉल्ड ने क्रोध से भरे उस अजनबी को कड़ा जवाब दिया था, जिसके कंधे पर डगलस ने जान-पहचान का व्यक्ति होने का बहाना कर थाप मारी थी। कृपया मुझे माफ कीजिए, मुझे लगा कि मैं आपको जानता हूँ; लेकिन अफसोस कि मैंने गलत अंदाजा लगाया।' [जे. बर्ग एसनवीन]

इस उदाहरण के जरिए कथा के महत्त्व का पहला और सामान्य रूप प्रस्तुत किया गया है, वाक्य में मौजूद तीखेपन को दरशाने की कोशिश की गई है।

इसके अलावा, साधारण तौर पर पारंपरिक तरीके से भी हाजिर जवाबी का प्रदर्शन किया जा सकता है। जॉर्ज ऐड की पसंदीदा हास्यप्रद घटना कुछ इस प्रकार है—

'रेल के एक डिब्बे में गंभीर दिखनेवाले दो भद्र पुरुष एक साथ बैठे थे। एक भद्र पुरुष ने दूसरे से कहा, 'क्या इन गरमियों के मौसम में आपकी पत्नी मनोरंजन के मूड में हैं?' तब दूसरे भद्र पुरुष ने जवाब दिया, 'कुछ खास मूड में नहीं है।''

कुछ किस्सों के जरिए वक्ता दर्शकों तक एक निश्चित सत्य पहुँचाने की कोशिश करता है। इन किस्सों के जरिए दर्शक किस्से के हर पहलू की किसी-न-

किसी चीज से तुलना करते हैं। अपने एक महान् संबोधन 'द न्यू साउथ' में हेनरी डब्ल्यू. ग्रैडी ने कुछ इसी प्रकार कथा का वर्णन किया था।

उम्र शक्ति और विशेषताओं के आधार पर कुशलता प्रदान नहीं करती और न ही हर नई कुशलता का तिरस्कार करती है। जूते बनानेवाले कारीगर की दुकान पर 'जॉन स्मिथ, स्थापना 1970' के बोर्ड के मुकाबले एक नवयुवक ने सामनेवाली दुकान पर 'बिल जॉन्स, स्थापना 1986, यहाँ केवल ताजा सामान मिलता है।' बोर्ड लगाकर चुनौती खड़ी कर दी। नई दुकान की ओर लोगों का आकर्षण ज्यादा देखने को मिला।

'द न्यू साउथ' के दोनों किस्सों में ग्रैडी ने वर्णन के प्रयोग के दो प्रभावशाली तरीकों का इस्तेमाल किया। दोनों किस्सों में विचार को भिन्न रूप से दरशाया गया। पहले विचार को किस्से की शुरुआत में प्रस्तुत किया गया, जबकि दूसरे विचार को किस्सा दोहराने के बाद। वक्ता ने शब्द की उत्पत्ति के भाव को अलग-अलग तरीक़े से पेश किया। खास है कि भाव में बदलाव के बावजूद किस्से में मौजूद हास्य लगातार बना रहा।

आज की रात आपके द्वारा दिए गए सम्मान की मैं सराहना करता हूँ। मैं इस भद्र व्यवहार की चर्चा कुलीन परिवारों के बीच जरूर करूँगा। मैं इस बात को लेकर चिंतित नहीं हूँ कि मैं किन लोगों के बीच से आया हूँ। आपको उस व्यक्ति के बारे में जानकारी है, जिसे उसकी पत्नी ने दूध के बरतन के साथ पड़ोसी के घर जाने को कहा। वह पड़ोसी के दरवाजे के पास पहुँचकर अचानक फिसल गया। वह कुछ इस तरह से गिरा कि सीधा नीचे पहुँच गया। उसने सँभलते हुए अपनी पत्नी की आवाज़ सुनी—

'जॉन, क्या बरतन गिरा दिया है?'

जॉन ने कहा, 'नहीं, बरतन नहीं गिरा है। लेकिन बरतन नहीं गिरा होता तो टनटन की आवाज भी नहीं होती।'

जाहिर है, पीछे से पुकार लगाते वक्त़ तुमने साहस के लिए नहीं तो शायद प्रोत्साहन देने की कोशिश की थी। मैंने तुम्हारी आवाज में नम्रता महसूस की थी। मैं गुजारिश करता हूँ कि मेरी बात समझने के लिए अमेरिकी निष्पक्षता और स्पष्टवादिता का उपयोग जरूर करोगे। सुबह के वक्त कुछ छात्रों को 'बाइबल' का पाठ पढ़ाते समय एक धर्मोपदेशक ने एक अहम सुझाव दिया था। उपदेश सुनने से पहले छात्र आपस में चिपके पृष्ठों को उलट-पलट रहे थे। अगले दिन धर्मोपदेशक ने एक पृष्ठ के निचले हिस्से से कुछ पढ़ा—'जब नोहा 120 वर्ष का था तो वह अपनी

धर्मपत्नी को अपने साथ ले गया।' यह पढ़ते समय उसने पृष्ठ को पलटा, 'नोहा के पास पुस्तक रखने के लिए लकड़ी का एक बॉक्स था।' यह पढ़ने के बाद धर्मोपदेशक आश्चर्य से घिर गया। उसने इस किस्से को दोबारा पढ़ा और कहा, 'मित्रो, मैं इस किस्से को पहली बार पढ़ रहा हूँ। 'बाइबल' के इस किस्से पर मेरा ध्यान पहले कभी नहीं गया। यदि मैंने इसके भाव का सही प्रस्तुतीकरण किया है, यदि मैं इस किस्से में मौजूद निर्भीक एवं आश्चर्यजनक भाव को समझाने में सफल रहा हूँ और यदि आप लोग इस निर्भीकता को अपने भीतर ढालने में सफल हुए हैं तो ही मैं धर्मोपदेश के पवित्र कार्य को जारी रखूँगा, अन्यथा मुझे यह कार्य किसी और को समर्पित करना होगा।'

इस प्रकार जाने-अनजाने कई बार वक्ता किस्से की भूमिका को अनदेखा कर देता है। परिणामस्वरूप वर्णन के प्रयोग का सिलसिला टूट जाता है। निम्नलिखित उदाहरण पर ध्यान दीजिए—

'एक तरफ टैकसिस में स्थित डिब्बे के कारखाने में दोपहर का भोंपू बजते ही कर्मचारियों में काम पर वापस लौटने की हड़बड़ी मची थी, वहीं पास के रेलवे स्टेशन के एक कोने में मजबूत पैरोंवाला साँवला व्यक्ति सिर झुकाए स्थिर बैठा था। उसने कारखाने के भोंपू की आवाज खत्म होने तक स्थिरता बरकरार रखी। भोंपू की आवाज खत्म होने के बाद एक लंबी और भारी साँस लेते हुए खुद पर टिप्पणी की—

'आवाज पूर्व की ओर गई है। वहाँ लोगों के लिए इस वक्त रात के भोजन का समय हो गया होगा, लेकिन मेरे लिए तो फिलहाल दोपहर के बारह बजे हैं।'

'अमेरिका के सभी छोटे व बड़े कारखानों में फिलहाल लगभग ऐसा ही माहौल होगा; लेकिन क्यों?'

निस्संदेह किस्से-कहानी सुनाने की कला का ज्यादातर इस्तेमाल मंच पर ही होता है। धर्मोपदेश देते वक्त आम तौर पर विस्तार से व्याख्यान नहीं किया जाता, लेकिन उपदेश के भाव को उदाहरणों के द्वारा समझाने का प्रयास जरूर किया जाता है। डॉ. अलेक्जेंडर मैक्लारेन के निम्नलिखित उदाहरण पर ध्यान दीजिए।

'भारतीय फकीरों की तरह कुछ लोग हाथों को सिर से ऊपर उठाकर तब तक खड़े रहते हैं, जब तक हाथ अकड़ न जाएँ। हम इन लोगों को धार्मिक स्थल के पास सालों डेरा डाले देखते हैं। वे लगातार तपस्या करते रहते हैं, लंबे समय तक स्थिर रहते हैं। इनके लंबे बालों में चिड़ियाँ घोसला बना लेती हैं। यह धूल, गरमी, शीत और बरसात जैसी विपदाओं के बावजूद एक स्थान से दूसरे पवित्र स्थान तक

लंबा सफर तय करते हैं। इनके लंबे बाल वस्त्रों का कार्य करते हैं। ऐसा प्रतीत होता है जैसे किसी ने इन्हें अभिशापित कर दिया हो। ये लोग मंदिरों और मठों की स्थापना करते हैं। ये वह कार्य करने में सक्षम होते हैं, जिसे कई लोग मिलकर भी नहीं कर सकते। इन्हें कठिन कार्य करने का दौरा सा पड़ता है। ये लोग अपने शरीर को मानव-कल्याण के लिए कष्ट देते हैं, ताकि आम इनसान को स्वर्ग के मार्ग का ज्ञान प्राप्त हो सके। ये लोग उच्च आचरण, अनुशासन और धर्म के मार्ग को अपनाकर जन-कल्याण के कार्य को पूर्ण करते हैं। ये लोग इन सभी कार्यों को खुशी-खुशी करते हैं। ये जीवन के आम उपदेशों पर ध्यान नहीं देते, 'शरीर की शुद्धता के लिए स्नान आवश्यक है'। स्नान और जल के द्वारा शरीर की शुद्धि होती है। जल हर मैली चीज को शुद्ध कर सकता है। स्नान करें और शुद्ध रहें! लेकिन योगी पुरुषों के लिए जल शुद्धता का कारण नहीं होता। उनके लिए ईश्वर की शरण ही शुद्धता का मुख्य स्रोत है। जॉर्डन के जलाशय में स्नान करने से कुष्ठ रोग का निवारण नहीं होता। शुद्धता का स्रोत प्रभु के रक्त में बसा होता है। ईश्वर सभी विकारों को दूर करने की शक्ति रखता है। ईश्वर की साधना से बड़े-से-बड़े विकार दूर हो जाते हैं और परम शुद्धता प्राप्त होती है।'

किसी किस्से-कहानी की प्रस्तावना के विषय में आखिरी सुझाव यह है कि फूहड़ शुरुआत आत्मघाती सिद्ध होती है। इसके विपरीत, सटीक व स्पष्ट वाक्य से प्रस्तावना को बल मिलता है और दर्शकों में रुचि पैदा होती है। अंग्रेजी के हास्यरस लेखक कैप्टन हेनरी ग्राहम ने लड़खड़ाकर बोलने के विषय पर परम आलोचनात्मक उदाहरण पेश किया है—

'मेरे लिए सर्वप्रिय किस्सों में से श्रेष्ठतम स्थान पर सन् 1905 का एक किस्सा है। बॉस्टन की यात्रा करते वक्त मुझे महसूस होने लगा कि मैं बॉस्टन पहुँचने वाला हूँ, लेकिन वास्तव में मेरी बुद्धि जैसे बंद थी। मैं असल में वॉशिंगटन पहुँच गया था।'

एक बार एक बड़े मजेदार व्यक्ति के साथ समय गुजारने का मौका मिला। अफसोस कि मुझे उसका नाम याद नहीं है। शायद उसका नाम विलियम था या विल्सन या फिर विल्किंस—कुछ ऐसा ही नाम था उसका। ट्रॉली कार में घूमते वक्त उसने मुझे एक किस्सा सुनाया।

मुझे आज भी अच्छी तरह याद है कि उस किस्से को सुनने के बाद मैं दिल खोलकर हँसा था। रात में सोने से पहले मुझे वह किस्सा फिर याद आ गया और मैं एक बार फिर जोर-जोर से हँसने लगा। उस किस्से में जबरदस्त हास्य था, कमाल

का हास्य। मैं विश्वास के साथ कह सकता हूँ कि किसी ने इतना हास्यप्रद किस्सा कभी नहीं सुना होगा; लेकिन अफसोस, मुझे वह किस्सा याद नहीं है।

जीवन संबंधी तथ्य

व्यक्तित्व और जनता के समक्ष भाषण देने की कला में गहरा संबंध होता है। स्वाभाविक तौर पर जीवन से संबंधित तथ्यों के व्याख्यान में किस्सों को शामिल किया जाता है। प्रशंसा करने के लिए भी किस्सों का सहारा लिया जाता है। इसके अलावा यादगार संबोधन, राजनीतिक भाषण, धर्मोपदेश, उपदेश और मंच पर पेश किए जानेवाले अन्य प्रस्तुतीकरण के लिए भी किस्सों का सहारा लिया जाता है। इसी प्रकार 'मोसेस' और 'ली' पर किस्सों के सहारे पूर्ण धर्मोपदेश तैयार किया जा सकता है।

अधिक स्पष्टता के लिए निम्नलिखित उदाहरण पर ध्यान दीजिए—

लैक्सिंगटन की स्मृति

इस महीने की 19 तारीख की सुबह पूरे अस्सी साल बीत जाएँगे—हैनकॉक एवं एडम, मोसिस एवं ऐरॉन सभी इसी शहर में मौजूद लैक्सिंगटन में मौजूद थे। अपने निडर वाक्यों से उन्होंने एक बड़े अधिकारी के विरुद्ध सवाल खड़े किए थे। ब्रिटेन के करीब हजारों सैनिक इन महान् हस्तियों को गिरफ्तार कर समुद्र के किनारे मुकदमे के लिए ले गए। इस तरह वसंत की उस सुबह को अमेरिका में स्वतंत्रता संग्राम को कुचलने की तैयारी की गई। लेकिन इसके विरुद्ध अमेरिकी स्वतंत्रता सेनानी एकजुट हो गए। स्वतंत्रता सेनानियों का सेनानायक एक लंबे कद और चौड़ी भौंहोंवाला गंभीर व्यक्ति था। वह सेना में काम कर चुका था। उसने अपनी सेना को तैयार किया। सेना में कुल सत्तर जवान थे। सभी स्वतंत्रता सेनानियों ने राइफल और गोलियों का भंडार इकट्ठा किया। उसने सभी सैनिकों को संबोधित करते हुए कहा कि यदि जंग के दौरान एक भी सैनिक घबराकर भागने की कोशिश करेगा तो मैं उसे खुद गोली मार दूँगा और भगवान् न करे, यदि मेरा हौसला डगमगा जाए तो आप मुझे बेझिझक गोली मार देना। याद रहे कि हम पहली गोली नहीं चलाएँगे; लेकिन यदि उस ओर से गोली चलती है तो उन्हें कड़ा जवाब दिया जाएगा।

महानुभावो, आप जानते हैं कि फिर क्या हुआ? किसानों और मजदूरों को जुटाकर तैयार की गई उस सेना ने जमकर लड़ाई की। शायद दुनिया में ऐसी गोलीबारी किसी फौज ने पहले कभी नहीं की होगी। ब्रिटिश सैनिकों की कई गुना फौज से स्वतंत्रता सैनिकों ने जमकर लोहा लिया। कई बार ब्रिटिश फौज के पैर

उखाड़े। अमेरिकी स्वतंत्रता सेनानियों की यही बहादुरी आगे चलकर अमेरिका की स्वतंत्रता का मुख्य कारण बनी। उन सेनानियों की बहादुरी को यादगार बनाने के लिए उस स्थान पर एक भव्य स्मारक की स्थापना की गई। मुझे गर्व है कि मैंने भी उसी छोटे से शहर में जन्म लिया है। इसी शहर की आबोहवा में मैंने अपना बचपन बिताया है। एक रविवार की सुबह मेरी माँ मुझे उस स्मारक तक लेकर गई। मैंने पहली बार उस पर अंकित पंक्तियों को पढ़ा। उस पर लिखा था—'ईश्वर के पवित्र कार्य और देश के लिए बलिदान करनेवाले वीर सपूत'।

महानुभावो, स्वतंत्रता का जज्बा और न्याय की अहमियत उसी दिन से मेरे दिल में समा गई। उस स्मारक के नीचे मेरे पूर्वजों की अस्थियाँ विराजमान हैं। उनके खून से सींची गई लैक्सिंगटन के मैदानों की घास आज भी हरी है। उस स्मारक पर मेरे नाम का एक हिस्सा सबसे ऊपर अंकित है। ब्रिटिश सैनिकों को धूल चटानेवाले अमेरिकी किसानों व मजदूरों को प्रोत्साहित करनेवाले, अपने शब्दों और भाषण के द्वारा अमेरिकी स्वतंत्रता संग्राम को एक कोने से दूसरे कोने तक प्रसिद्ध करनेवाले, लड़ाई के मैदान में आखिरी दम तक टिकनेवाले वह महान् शक्तिशाली सेनानायक और कोई नहीं, मेरे दादा थे। उनके बहादुरी भरे किस्सों और दुश्मनों से छीनी गई मसकेट राइफल से मुझे एक और शिक्षा मिली कि 'अन्याय के खिलाफ शस्त्र उठाना ईश्वर की आराधना के समान होता है।' मैं किस्सों की उस पुस्तक और राइफल को हर वक्त अपने साथ रखता हूँ। इस जीवन में मेरा बस एक ही लक्ष्य है—'ईश्वर और देश के लिए पूर्ण समर्पण।'

—थियोडोर पारकर

सामान्य तौर पर घटनाओं का व्याख्यान

इस विस्तृत एवं बंधनमुक्त व्याख्यान में बातचीत के कई तरीकों का मिश्रण उपस्थित है, इससे भाषण को प्रभावशाली बनाने में सहायता मिलती है। निपुण वक्ता बदलाव के द्वारा भाषण को और आकर्षक बना देता है। भाषण के अंदाज में बदलाव ही इस विश्लेषण का मुख्य उद्देश्य है, लेकिन इस उदाहरण को कंधे पर न ढोएँ, जरूरी नहीं है कि एक ही उदाहरण सभी परिस्थितियों में कारगर साबित हो।

जॉर्ज विलियम कर्टिस की 'पॉल रिवर्स राइड' में घटनाओं के शुद्ध व्याख्यान को भाषण के दौरान कई नए अंदाज में पेश किया गया।

"उस शाम, दस बजे, लेफ्टिनेंट कर्नल स्मिथ की अगुवाई में ८०० ब्रिटिश

सैनिक नौकाओं के सहारे कैंब्रिज तट तक पहुँचे। गैज सोच रहा था कि आम लोगों तक खबर नहीं पहुँच सकी है, दरअसल लॉर्ड पर्सी ने लोगों को कहते सुना था कि फौज अपना लक्ष्य प्राप्त करने में चूक जाएगी। पर्सी ने यह खबर गैज तक पहुँचाई। गैज ने तुरंत आदेश दिया कि कोई भी शहर छोड़कर नहीं जाएगा। वहीं जैसे ही सैनिक दस्ते ने नदी पार की, ऐबेनेजर डौर संदेश के साथ दौड़ता हुआ आया और पॉल रिवेर नदी के रास्ते चार्ल्सटाउन की ओर रवाना हो गया। अपने साथी से सहमत होकर रॉबर्ट न्यूमैन ने उत्तरी गिरजाघर की और लालटेन की रोशनी धीमी-तेज कर ब्रिटिश सेना के नदी तट तक पहुँचने का संकेत भेजा।

इस घटना को व्याख्यान के जरिए इस प्रकार रोचक बनाया गया—

''वह एक शानदार रात थी। ठंडी हवा चल रही थी, लेकिन रात ज्यादा ठंडी नहीं थी, वसंत की दस्तक साफ महसूस हो रही थी। पहाड़ हरी घास से ढके हुए थे। खेतों में गेहूँ लहरा रहे थे और हवा में बागीचों की ताजा खुशबू महक रही थी। रॉबिन ने सीटी बजाई, चिड़ियों ने चहचहाना शुरू कर दिया, लेकिन थोड़ी ही देर में माहौल फिर पहले की तरह शांत हो गया। चाँद की साफ रोशनी में फौजी दस्ता दबे पाँव आगे बढ़ता रहा, पॉल रिवेर तेज कदमों के साथ मेडफोर्ट और पश्चिमी कैंब्रिज के रास्ते होता हुआ लोगों को लैक्सिंगटन, हैनकॉक और एडम के खिलाफ उकसाने का काम करता रहा। इस खबर को फैलने से रोकने के लिए भेजी गई ब्रिटिश फौज को पॉल की हरकतों की कानों-कान खबर तक नहीं लगी।

श्रीमान कर्टिस ने भी भाषण के दौरान एक घटना का बड़ी खूबसूरती के साथ वर्णन किया—

शिक्षित व्यक्ति द्वारा नेतृत्व

एक आधुनिक अंग्रेजी चित्र ने हॉथ्रॉन की मानसिक योग्यता को नई प्रेरणा प्रदान की। चित्रकार ने उस चित्र को 'वे कैसे मिले थे' का नाम दिया। घबराए हुए दो दुबले-पतले स्त्री-पुरुष जंगल में भटक रहे थे। रास्ते में उन्हें एक महिला और बालक दिखाई दिया। एक अलौकिक आकर्षण से वशीभूत होकर वे दोनों उस महिला और बालक को एकटक नजरों से देखने लगे। उनका आकर्षण इतना गहरा होता गया कि कुछ देर बाद वे दोनों खुद को उस महिला और बालक के रूप में महसूस करने लगे। उनके गालों पर यौवन की चमक उत्पन्न होने लगी। उनकी आँखों में उम्मीद की किरण प्रज्वलित हो गई। उनके कदम विश्वास से भर गए और उनके चेहरे पर प्रसन्नता का भाव स्पष्ट दिखाई देने लगा। उन्हें ऐसा प्रतीत होने

लगा कि आज उनकी मुलाकात खुद से हुई है। इस प्रसिद्ध चित्रण के अलावा कई और स्थानों पर ऐसे कई सत्कार योग्य परंपराओं का चित्रण किया गया है। रोजर विलियम्स की शांत सीकॉन्क घाटी में निश्चिंतता के साथ अंडे सेती चिड़ियों से संबंधित चित्रण भी कुछ इसी प्रकार है। एक ऐतिहासिक नदी में अब्राहम वहिप्पल का दबी हुई आवाज में पतवार चलाना; यहाँ जीवित लोगों के शहर में चहल-पहल; वहाँ शहर की शांति में छुपा मौत का सन्नाटा। आम तौर पर व्यक्ति स्वयं ऐसे स्थानों पर नहीं जाता, लेकिन ऐसे स्थानों की परिस्थितियों को महसूस जरूर करता है। महाविद्यालय की खिड़की से झाँकते मछुआरे के प्रसन्नचित्त चेहरे में निश्चित रूप से पाठक को स्वयं के चेहरे की झलक महसूस होती है। पहाड़ों पर घने पेड़ों के नीचे आप खुद को टहलता हुआ महसूस करते हैं, उम्मीदों और सपनों से लबालब, आत्मचेतना से लबरेज और 'अपने भीतर यौवन महसूस करते हुए' : इस प्रसिद्ध मंदिर में, जिसमें वाक्पटुता के आवेश का अहसास कभी भी इतना प्रखर नहीं था, यह वह यौवन नहीं है जब इन गलियारों में, हसीन कन्याओं से धीमी आवाज में फुसफुसाया करते थे; यह आपके यौवन का वो समय है, जो अब नहीं बचा है, यह वह समय नहीं है, जब इन हसीनाओं के बारे में माँ और दादी से बातें किया करते थे।

–जॉर्ज विलियम कर्टिस

□

22

सुझाव के द्वारा प्रभावित करना

किसी विषय पर एक दृष्टिकोण कभी-कभी मानसिक तौर पर सोचने की शक्ति को खत्म कर देता है। ऐसी परिस्थिति में एक स्तर तक सोचने की प्रक्रिया बाधित हो जाती है, अर्थात् यह निष्कर्ष निकाला जा सकता है कि विचारक को आंतरिक जीवन की विषम परिस्थितियों को दबाकर रखना चाहिए। इस प्रकार किसी बड़ी भूल से बचा जा सकता है। ईश्वर ने मानव को सोचने, समझने और इच्छा प्रकट करने की शक्ति दी है, साथ ही इन शक्तियों पर नियंत्रण रखने का गुण भी दिया है—अर्थात् व्यक्ति को इन शक्तियों के बीच संघर्ष की स्थिति से बचना चाहिए। ये सभी शक्तियाँ एक-दूसरे गुणों को सकारात्मक ऊर्जा प्रदान करती हैं, वहीं किसी एक गुण के दूषित होने से बाकी गुणों पर दुष्प्रभाव पड़ने लगता है।

—नैथन सी. शैफर

विचार के लिए विचार करना और शिक्षा ग्रहण करना

किसी विचार की महत्ता से संबंधित आकलन, तुलना और निर्णय किसी विशेष कारण से प्रेरित होता है। किसी कार्य या मत के लिए उत्पन्न विचारधारा सर्वप्रथम सुझावों से प्रेरित होती है।

इनसान को प्राथमिक तौर पर तर्क-वितर्क के योग्य प्राणी माना गया है। प्राकृतिक तर्कों के आधार पर इनसान जीवन से जुड़े तथ्यों की जानकारी हासिल करता है। स्वाभाविक तौर पर किसी निर्णय तक पहुँचने के लिए वह विषय से

संबंधित सकारात्मक और नकारात्मक पहलुओं का आकलन करता है, साथ ही तर्क-वितर्क के साधारण नियमों का पालन भी करता है। लेकिन आधुनिक शोध पूर्णत: विपरीत प्रक्रिया का समर्थन करते हैं। आधुनिक शोध के मुताबिक व्यक्ति का मत और कार्य-कलाप तर्क-वितर्क के सिद्धांतों पर आधारित न होकर सुझावों पर आधारित होता है। कई प्रमाणित शोधों से साबित हुआ है कि औसतन दिमागवाले व्यक्ति शुद्ध तर्क-वितर्क की योग्यता ही नहीं रखते। आम तौर पर महत्त्वपूर्ण और दूरदर्शी निर्णय सुझावों के आधार पर लिये जाते हैं।

इस शब्द पर ध्यान दीजिए 'मुख्य रूप से', साधारण एवं परिपक्व विचार के लिए, यह एक ऐसा सिद्धांत है, जिसका अकसर अनुसरण किया जाता है, जबकि विचारक की मान्यता होती है कि किसी भी घटना का निष्कर्ष आसान तर्क के आधार पर तय किया गया है।

सुझाव का आधार

सुझाव स्वयं कारण भी हो सकता है और प्रभाव भी। प्रभाव की महत्ता की वजह से सुझाव ग्रहण किया जाता है। कारण से प्रेरित सुझाव किसी विशेष परिस्थिति में पैदा होता है, अर्थात् कारण का महत्त्व प्रभाव पर हावी होता है। ईमानदारी और निष्पक्षता के साथ कार्य पूर्ण करना आसान नहीं होता, वहीं तिकड़म और बेईमानी के साथ कार्य पूर्ण करना भी एक समस्या है। मानव-कल्याण के लिए दिए जानेवाले सुझावों की प्रक्रिया का ईसा मसीह ने भी समर्थन किया है। लेकिन अफसोस, आम तौर पर लोगों की प्रवृत्ति लालची होती है, अर्थात् सुझावों को तोड़-मरोड़कर पेश करना आदत में शामिल हो जाता है। इसीलिए ईमानदार व्यक्ति सत्य के कारण, प्रभाव एवं लक्ष्य के महत्त्व का बारीकी से अध्ययन करता है। सत्य के पथ पर चलनेवाला व्यक्ति इस कसौटी पर खरे उतरनेवाले सुझावों का ही प्रयोग करता है।

तीन आधारभूत वजहों से सुझावों के प्रति शंका का भाव उत्पन्न होता है—

प्रभुत्व के प्रति स्वाभाविक आदर। सभी व्यक्तियों में प्रभुत्व के प्रति आदर का भाव होता है, हालाँकि इस आदर की मात्रा कम या ज्यादा हो सकती है। कई व्यक्ति पूर्ण रूप से अपना जीवन सुझावों के हवाले कर देते हैं, वहीं कई व्यक्तियों पर सुझावों का असर ही नहीं होता है।

सुझावों को ग्रहण करने की मात्रा कभी भी समान नहीं होती। किसी प्रभावशाली व्यक्ति के सुझावों को ग्रहण करनेवाला व्यक्ति साधारण व्यक्तियों द्वारा दिए गए महत्त्वपूर्ण सुझावों को अनदेखा कर देता है। लोगों को अपने व्यक्तित्व के तेज से

आकर्षित करनेवाली हस्ती का प्रभाव सभी पर एक जैसा नहीं होता।

वशीभूत करनेवाले व्यक्ति के व्यक्तित्व में आकर्षण की कला का चरम बिंदु देखने को मिलता है। वशीभूत हो चुके व्यक्ति से कहा जाता है कि वह पानी में है। व्यक्ति इस कथन को सत्य मान लेता है और तैराक की तरह हाथ-पैर चलाने लगता है। उसे कहा जाता है कि सड़क पर गाने-बजानेवालों की टोली 'वंदे मातरम्' का संगीत बजा रही है और वशीभूत व्यक्ति को यह संगीत सुनाई देने लगता है। नतीजतन व्यक्ति सावधान की मुद्रा में खड़ा हो जाता है।

इसी प्रकार कुछ वक्ता दर्शकों पर संशोधित वशीकरण विधि से प्रभाव डालते हैं। ऐसे मौकों पर दर्शक वक्ता के इशारों पर तालियाँ बजाने या जोर से ठहाका लगाने के लिए विवश हो जाते हैं।

दूसरा महत्त्वपूर्ण सिद्धांत यह है कि भावना, विचार और इच्छा पर थोड़ा नियंत्रण रखा जाए। किसी एक भाव को मस्तिष्क पर हावी होने से पहले उस भाव, विचार, इच्छा या फिर तीनों को अच्छी तरह से समझने की कोशिश करनी चाहिए। भावनाओं का निर्णय-शक्ति पर सीधा प्रभाव पड़ता है। इससे यह सिद्ध होता है कि दर्शकों को अपने विचारों से वशीभूत करना बहुत कठिन कार्य है। इस निपुणता को हासिल करने के लिए विचारों की सत्यता का महत्त्व सर्वोपरि होता है। यदि वक्ता के विचार शुद्ध एवं निर्विरोध हैं तो स्वाभाविक तौर पर दर्शक आकर्षित होंगे। इसी आधार पर लिवरपूल के भाषण में हैनरी वार्ड बीचर ने अतुल्य सफलता हासिल की थी।

भावनाओं की शुद्धता की झलक विचारों में दिखाई देती है। शुद्ध और प्रभावशाली विचारों का जन्म इच्छा की शुद्धता से होता है। मस्तिष्क तक पहुँचनेवाले सभी विचार तब तक सही प्रतीत होते हैं, जब तक उनकी सत्यता और शुद्धता का आकलन नहीं किया जाए। तर्क-वितर्क के जरिए विचारों के महत्त्व को स्पष्टता से समझा जा सकता है।

दर्शकों को अपने विचारों से आकर्षित करनेवाला वक्ता विचारों के प्रति उत्पन्न विरोधाभास के दमन की कला में निपुण होता है। विचारों की प्रबलता व्यक्त करनेवाले वक्ता के समक्ष दर्शक मूक हो जाते हैं। ऐसी स्थिति में विचारों के प्रभाव से बाहर निकलना मुश्किल हो जाता है। निश्चित तौर पर तर्क-वितर्क के बाद लिये गए निर्णय कुछ इस प्रकार होते हैं—किसी विचार को ग्रहण करते वक्त यदि परस्पर विरोधी विचारों को दूर कर दिया जाए तो स्वाभाविक तौर पर विचार से संबंधित उचित शिक्षा ग्रहण की जा सकती है। 90 प्रतिशत प्रकाशन संस्थानों का मानना है कि वार्षिक शुल्क के जरिए पुस्तक खरीदनेवाले पाठक उन पुस्तकों को

कभी नहीं पढ़ते। उन पुस्तकों के लिए वार्षिक शुल्क देने का मुख्य कारण विक्रेता की वाक्पटुता होती है। विक्रेता उन पुस्तकों के महत्त्व को कुछ इस तरह प्रकट करता है कि पाठक उससे वशीभूत हो जाते हैं। मस्तिष्क में प्रवेश करनेवाला हर विचार कार्य को जन्म देता है, केवल उन्हीं विचारों के लिए कार्यशीलता रद्द होती है, जिनके लिए विरोधाभास का भाव उत्पन्न होता है। मस्तिष्क में तैयार लय के प्रति रुझान, उसकी महत्ता क्षीण होने के बाद ही खत्म होती है। घोड़े के पैर में मरहम-पट्टी की आवश्यकता तभी महसूस होती है, जब वह लड़खड़ाने लगे। शरीर में सूजन का आभास तभी होता है, जब शरीर का वह हिस्सा सुचारु रूप से काम करना बंद कर देता है। होंठों और जीभ की मांसपेशियों को हिलाए बिना अभिवादन नहीं किया जा सकता। बच्चे को नाक में मोती न डालने की सलाह दी जाए तो बच्चे का दिमाग नाक और मोती में ही उलझा रहता है। ऐसे में बच्चे को ओर से चूक की संभावना बढ़ जाती है। दर्शकों के समक्ष प्रकट किए गए विचार या तो वक्ता के पक्ष में होते हैं या फिर विपक्ष में। विचार निर्जीव नहीं होते। विचारों में सक्रिय ऊर्जा होती है। विचार कार्यशीलता का स्रोत होते हैं। 'विचारों का दूसरा नाम भाग्य होता है।' दर्शकों के विचारों पर प्रभुत्व जमाने और अंतर्विरोधी विचारों पर काबू पानेवाले वक्ता के विचारों का प्रवाह प्रभावशाली होता है।

प्रखर उल्लंघन और दृढ़ विचारों के प्रति विरोध की गुंजाइश बहुत कम होती है। इस सिद्धांत को आदत बना लेना चाहिए। सलाह के बावजूद विचारों को न बदलनेवाले व्यक्ति में बदलाव की गुंजाइश बहुत कम होती है। याद रखिए, व्यक्तित्व में बदलाव की प्रक्रिया धीमी हो सकती है, लेकिन नाकाम नहीं होती। प्रयत्न करने से उम्मीद के मुताबिक परिणाम अवश्य ही मिलते हैं।

प्रभुत्व विचारों में बदलाव का एकमात्र कारण नहीं होता। व्यक्ति पर माहौल का भी खासा असर पड़ता है। जन-समूह के प्रभाव से बाहर निकलना आसान नहीं होता—समाज के द्वारा प्राप्त उत्साह और भय संक्रामक होता है। दरअसल समाज में इससे संबंधित राय लगभग एक समान होती है। समाज की आम मान्यता को हम आम तौर पर अपना लेते हैं, उसका कभी विरोध नहीं करते। हम मान लेते हैं कि समाज की मान्यता में कोई-न-कोई सत्य जरूर छिपा होगा। दरअसल, दस का गुणा दस से करने पर सौ से ज्यादा का परिणाम हासिल किया जा सकता है। दस वक्ताओं में से प्रत्येक वक्ता को दस दर्शकों के समक्ष बोलने का अवसर प्रदान कीजिए। इसके बाद उन दस वक्ताओं की कुल क्षमता का आकलन कीजिए। निश्चित तौर पर ऐसी सभाओं में दस वक्ताओं के द्वारा सौ से ज्यादा विचार जन्म

लेंगे। किसी सभा के संबोधन के लिए दस वक्ताओं का समूह निश्चित करना ज्यादा तर्कसंगत लगता है, लेकिन वास्तव में दस में से एक ही वक्ता जनता को प्रभावित करने में कामयाब होता है।

आम तौर पर व्यक्ति खुद को माहौल के मुताबिक ढाल लेता है; लेकिन माहौल में मौजूद खामियों को समझनेवाला व्यक्ति बदलाव की लहर को जन्म देता है। यदि भाषण के लिए उदासी से भरे नीरस कक्ष का चयन किया जाए तो निश्चित रूप से दर्शकों में नीरसता का भाव पैदा हो जाएगा। माहौल में नीरसता का अहसास सभी को होगा। लेकिन यदि वक्ता सीधे मुद्दे की बात करे और अपनी भावनाओं को शुद्धता से पेश करे, शब्दों और वाक्यों का सही चयन करे तो ऐसे कक्ष में भी उत्साह का प्रवाह उत्पन्न किया जा सकता है। यदि वक्ता चाहे तो अपने सुझावों से दर्शकों तक सही संदेश पहुँचाने में सफल हो सकता है, फिर चाहे भाषण का मंच कितना ही कष्टदायक क्यों न हो।

इस प्रकार तीनों सिद्धांत—प्रभुत्व के लिए आदर, विचारों के प्रति समर्पण की इच्छा और माहौल के प्रति संदेह का दृष्टिकोण दर्शकों में सुझावों के प्रति झुकाव पैदा करता है। इसका प्रभाव केवल दर्शकों पर ही नहीं, बल्कि वक्ता पर भी समान रूप से महसूस किया जा सकता है। अर्थात् हमें वक्ता की इस योग्यता को ध्यान से समझना चाहिए।

सुझावों को प्रभावशाली बनाने की योग्यता

हमने जाना कि किस प्रकार वक्ता के प्रखर भाषण और प्रभुत्व से दर्शक आकर्षित होते हैं और कम-से-कम विरोध की स्थिति पैदा होती है। लेकिन दर्शक केवल तभी समर्पण की स्थिति में पहुँचते हैं, जब उन्हें वक्ता की योग्यता पर पूर्ण विश्वास हो। यदि वक्ता के प्रति दर्शकों का भरोसा कम है तो वक्ता के विचारों और संदेश के विरोध में प्रश्नों की झड़ी लग जाती है। कई बार दर्शक किसी विषय विशेष पर वक्ता के निष्कर्ष का पूर्ण विरोध तक कर देते हैं। लिहाजा इस प्रक्रिया में वक्ता के प्रति दर्शकों का भरोसा अडिग होना आवश्यक होता है। वक्ता को या तो दर्शकों से मिलनेवाले समर्थन और आदर का पूर्वाभास होना चाहिए या फिर दर्शकों के द्वारा उत्पन्न विरोध और असमर्थन को सुलझाने की योग्यता होनी चाहिए। ऐसा सामर्थ्य रखनेवाले वक्ता के सुझावों को दर्शक निश्चित रूप से ग्रहण करते हैं। आत्मविश्वास ही निश्चय को दृढ़ता प्रदान करता है।

ध्यान दीजिए कि किस प्रकार रात्रि-भोज के बाद हेनरी डब्ल्यू. ग्रैडी ने

भाषण के जरिए दर्शकों का विश्वास हासिल किया। उसने एक हास्यप्रद किस्से के साथ स्वयं के लिए आदर अर्जित किया, ईमानदारी और गंभीरता के साथ बोलने की इच्छा प्रकट की, दर्शकों की रुचि को स्वीकार किया, दर्शकों की रुचि के विरुद्ध उत्पन्न विचारों का दमन किया और नम्रता के साथ लोगों से बातचीत की। जाहिर तौर पर इस तरह की शुरुआत और इसके परिणाम से वक्ता में आत्मविश्वास पैदा होता है।

माननीय राष्ट्रपतिजी, मैं जातीय मुद्दों पर वाद-विवाद के लिए दिए गए निमंत्रण का स्वागत करता हूँ। मैं आभारी हूँ कि जिस वाद-विवाद को जनता के समक्ष मंच पर नहीं किया जा सकता, उसके लिए इस सभा में आपने अवसर प्रदान किया है। मैं जातिवाद से संबंधित आदेशों को जल्द-से-जल्द वापस लेने की योजना का भी स्वागत करता हूँ। मुझे मालूम हुआ है कि तैराकी सीखने की प्रबल इच्छा रखनेवाली एक नौकरानी को शपथ दिलाई गई है और कहा गया है कि 'अब तुम इच्छा की पूर्ति कर सकती हो। अपने कपड़े उस वृक्ष की डाल पर टाँग दो, लेकिन किसी भी स्थिति में पानी के पास मत जाना।'

'गिरजाघर के कट्टर धर्मदूतों को पादरी कहा जाता है। जहाँ भी वे अपना झंडा गाड़ दें, वह स्थान पादरियों के लिए निश्चित मान लिया जाता है। वह स्थान पवित्र हो जाते हैं और जन-समूह का कल्याण होता है। मुझे आज बॉस्टन हाउस में दक्षिणी लोकतांत्रिक राज्यों के मानक तय करने के लिए आमंत्रित किया गया है। इसके अलावा फिलिप्स और समनर में निवास करनेवाली जातियों के विषय में चर्चा का भी निमंत्रण दिया गया है। लेकिन माननीय राष्ट्रपतिजी, यदि भाषण का उद्देश्य पूर्ण रूप से ईमानदारी और स्पष्टवादिता है। यदि वास्तव में जनता की भलाई के लिए चर्चा होने वाली है; यदि इस संकल्प का परिणाम नकारात्मक हो जाए और इस चर्चा से जनता में गलतफहमी और मन-मुटाव पैदा हो जाए और यदि यह भाषण सभ्यता के दायरे को लाँघ जाए तो श्रीमान, क्या मेरे पास इस भाषण को प्रस्तुत करने का हौसला बचेगा?'

ध्यान दीजिए, किस प्रकार ब्रायन ने शिकागो में आयोजित सन् 1896 के राष्ट्रीय जनतांत्रिक सम्मेलन में भाषण की शुरुआत में ही लोगों का भरोसा जीतने की कोशिश की थी। उसने सम्मेलन में मौजूद प्रतिष्ठित हस्तियों के विचारों का विरोध न कर सकने की क्षमता जाहिर की। लेकिन उसने अपने विचारों की गरिमा और पवित्रता को ठेस नहीं लगने दी। उसने घोषणा करते हुए कहा कि वह केवल जन-कल्याण से संबंधित विषय पर ही भाषण प्रस्तुत करेगा। जाहिर है कि जन-

कल्याण से संबंधित विचारों का कोई विरोध नहीं करता। भाषण की इस शुरुआत ने जन-समूह के दिलो-दिमाग पर प्रभुत्व स्थापित करने का काम किया और इस भाषण ने ब्रायन को प्रसिद्ध वक्ता बना दिया।

'सम्मेलन में उपस्थित माननीय अध्यक्ष महोदय एवं अन्य प्रतिष्ठित सभाजनो!' मैंने पहले से मान लिया है कि यहाँ मौजूद महान् हस्तियों और वक्ताओं के बीच विचार व्यक्त करने का मौका बहुत चुनौतीपूर्ण है। मेरी आपसे से गुजारिश है कि इन महान् हस्तियों से मेरी तुलना न की जाए; क्योंकि इस सम्मेलन का आयोजन व्यक्ति विशेष की काबिलियत आँकने के लिए नहीं किया गया है। यहाँ किसी के बीच कोई मुकाबला नहीं है। सम्मेलन में मौजूद विनम्र एवं उदार जनसमूह अच्छी तरह जानते हैं कि जब मुद्दा जनता की भलाई से जुड़ा होता है तो वक्ता के मुकाबले विचारों को ज्यादा सम्मानित माना जाना चाहिए। मैं यहाँ एक बहुत अहम मुद्दे की वकालत करने आया हूँ। यह मुद्दा प्रजातंत्र से जुड़ा है, जन-कल्याण से जुड़ा है।'

अर्थात् कई वक्ता केवल शालीनता और वाक्यों के सौंदर्य से जन-समूह पर अमिट छाप छोड़ देते हैं, वहीं इस कला को नजरअंदाज करनेवाले वक्ता को केवल निराशा से संतुष्टि करनी पड़ती है।

आत्मविश्वास हासिल करने के लिए आत्मविश्वासी होना आवश्यक होता है। जिस विचार में स्वयं वक्ता का विश्वास पूर्ण न हो, उस विचार को किसी और पर कैसे थोपा जा सकता है। खुद में विश्वास प्राथमिक सवाल होता है। आत्मविश्वास महामारी के समान संक्रामक होता है। नेपोलियन ने एक सैनिक को केवल 'नामुमकिन' शब्द का इस्तेमाल करने की वजह से सेना से बाहर निकाल दिया था। पराजय के विचार का समर्थन न करनेवाला वक्ता ही जीत के उत्साह को प्रकट कर सकता है। लेडी मैक्बेथ सफलता के लिए पूर्ण रूप से आशावादी थीं, इसीलिए उन्होंने हत्याओं के विरोध का आदेश पारित किया। कोलंबस की योजना के दृढ़ विश्वास से प्रभावित होकर रानी इसाबेला ने अपने आभूषण गिरवी रखकर रकम का इंतजाम किया। संदेश को विश्वास के साथ प्रस्तुत करो। याद रखो कि खुद की मान्यता कार्य को सफल अंजाम तक ले जाने की असीम शक्ति प्रदान करती है।

विज्ञापन के क्षेत्र में इस सिद्धांत का जमकर इस्तेमाल किया जाता है। 'इस उपकरण को आप आखिरकार जरूर खरीदेंगे।' 'उस व्यक्ति से पूछिए, जिसके पास यह उपकरण है।' 'इस उपकरण में अतुल्य शक्ति है।' इन सभी विज्ञापन में विश्वास का भरपूर इस्तेमाल होता है और यही विश्वास समय के साथ ग्राहकों के विश्वास में तब्दील हो जाता है।

हर बार ऐसा ही होना चाहिए, लेकिन होता नहीं है। यह कहने की आवश्यकता ही नहीं है कि विश्वास का आधार होता है विषय की पूर्ण जानकारी और निपुणता। झाँसा देनेवाले लोगों के लिए आत्मविश्वास और सुझाव देने की आदत कभी-न-कभी मुसीबत जरूर खड़ी करती है।

कुछ समय पहले सार्वजनिक वाद-विवाद के स्थान पर एक वक्ता ने जमीन पर राख डालते हुए कहा कि इस स्थान पर कुछ समय बाद बिना बीज डाले घास उग जाएगी। वक्ता के इस विचार का मजाक उड़ाया गया, लेकिन वक्ता अपने कथन पर अडिग रहा और बार-बार उसी बात को और ज्यादा आत्मविश्वास से दोहराता रहा। वक्ता ने कहा कि वह इस प्रकार पहले भी घास उगा चुका है। दर्शकों के बीच मौजूद एक ज्ञानी व्यक्ति ने कुछ समय बाद वक्ता की बात को सत्य समझना शुरू कर दिया। उस व्यक्ति की मान्यता में बदलाव को देखते हुए उससे पूछा गया कि आप इस बात पर अचानक विश्वास क्यों कर रहे हैं, तो उसने जवाब दिया, 'वक्ता इस बात को बहुत विश्वास के साथ कह रहा है।'

यदि वक्ता की ऐसी बेतुकी धारणा से ज्ञानी व्यक्ति तक प्रभावित हो सकता है तो जाहिर है कि वक्ता का विश्वास के साथ प्रस्तुतीकरण सामान्य दर्शकों को प्रभावित करने में सफल होता है।

निम्नलिखित संकलन में मौजूद आश्वासन पर ध्यान दीजिए—

मुझे नहीं मालूम कि बाकी लोग कौन सा रास्ता अपनाएँगे। मुझे इससे कोई वास्ता नहीं है। या तो मुझे मेरे तरीके से काम करने की स्वतंत्रता प्रदान की जाए या फिर मुझे मृत्युदंड दिया जाए।

—पैट्रिक हेनरी

मैं जहाज के अफसर से कभी सवाल नहीं करूँगा। मैं कभी तुम्हारा दास नहीं बनूँगा। मैं नर-संहार के इस समुद्र को अकेले पार करूँगा। मैं रक्त से भरी लहरों में डूब जाने तक युद्ध करता रहूँगा।

—पैटन

एक आओ या सभी आ जाओ, इस चट्टान को इसके आधार से हटाना ही होगा।

—सर वॉल्टर स्कॉट

सुझाव देने में प्रभुत्व की भूमिका अहम होती है। प्रभुत्व रखनेवाले वक्ता के सुझाव को अकसर सही माना जाता है और उन सुझावों की आलोचना की भी गुंजाइश नहीं होती। जब ऐसा व्यक्ति बोलता है तो मस्तिष्क में विरोधाभास की स्थिति पैदा ही नहीं होती। सभी सुझावों को सत्य मान लिया जाता है। महान्यायाधीश के वचनों को उसकी प्रतिष्ठा का बल मिला होता है, इसलिए उन वचनों को गंभीरता से सुना जाता है।

विज्ञापन के क्षेत्र में भी इस सिद्धांत का उपयोग किया जाता है। हमें बताया जाता है कि दो महान् राजाओं के राजवैद्यों ने एक निश्चित बीमारी के लिए एक जैसे उपचार की सलाह दी थी। हमें जानकारी दी जाती है कि अमेरिका का सबसे बड़ा बैंक, सबसे बड़ी कंपनी, राज्य सरकार, युद्ध विशेषज्ञ और तटरक्षक विभाग सभी एनसाइक्लोपीडिया ब्रिटेनिका का इस्तेमाल करते हैं।

यदि आप सुझावों के माध्यम से दर्शकों को प्रभावित करना चाहते हैं, यदि आप चाहते हैं कि आपके सुझाव को बिना विरोध और आलोचना के मान लिया जाए तो सर्वप्रथम प्रभुत्व स्थापित करना होगा और इस प्रभुत्व को कायम रखना होगा। यदि सुझावों में तथ्यों की सत्यता प्रमाणित है तो जाहिर तौर पर प्रभुत्व अडिग रहेगा। लेकिन इस प्रभुत्व का ऐलान केवल तभी करना चाहिए, जब आप पूर्ण रूप से तैयार हों और आपको विश्वास हो कि सभी तथ्य सत्यता की कसौटी पर खरे उतर चुके हैं।

विज्ञान के जरिए ख्याति बढ़ती है, लेकिन उस ख्याति को कायम रखना आसान नहीं होता। एक छोटी सी भूल ख्याति को नष्ट कर सकती है। एक पत्रिका में महान् लेख लिखनेवाले एक लेखक में वक्ता बनने की महत्त्वाकांक्षा उत्पन्न हो गई। उसे लगा कि अच्छा लिखनेवाला व्यक्ति अवश्य ही अच्छा वक्ता भी बन सकता है। इस प्रयोग की आजमाइश के लिए उसने अखबारों में विज्ञापन दिया, साथ ही कई और माध्यमों से भी प्रचार किया; लेकिन दर्शकों के समक्ष पहुँचने पर उसके मुँह से शब्द निकलने मुश्किल हो गए। सीधी सी बात है, यदि रिवॉल्वर का प्रचार दुनाली बंदूक की उपयोगिता के मुकाबले पर किया जाए तो जगहँसाई जरूर होगी।

ध्यान दीजिए कि वक्ता की अपील को मान्यता देने के लिए किस प्रकार प्रभुत्व का इस्तेमाल किया गया—

'प्रोफेसर अल्फ्रेड रसेल वैलेस ने हाल ही में अपना नब्बेवाँ जन्मदिन मनाया। मानव विकास से संबंधित सिद्धांतों की खोज पर प्रोफेसर अल्फ्रेड को चार्ल्स डारविन के साथ सम्मानित किया गया। इसके अलावा प्रो. अल्फ्रेड को कई वैज्ञानिक

खोजों और शोध के लिए सम्मानित किया जा चुका है। लंदन में आयोजित एक रात्रिभोज के मौके पर प्रो. अल्फ्रेड के भाषण को आज भी याद किया जाता है। इन्होंने पिछली एक शताब्दी में सभ्यता के विकास पर गहन अध्ययन किया है। प्रो. अल्फ्रेड ने सन् 1813 के मुकाबले 1913 में इंग्लैंड की सभ्यता की तुलनात्मक तसवीर प्रस्तुत की है। इस अध्ययन में प्रोफेसर ने साफ किया है कि पिछले एक दशक में विकास केवल कागजों तक सीमित है। वास्तव में विकास हुआ ही नहीं है। प्रो. अल्फ्रेड ने जोर देते हुए कहा है कि पिछली शताब्दी के चित्रकार, मूर्तिकार, एथेंस और रोम के वास्तुकार वर्तमान कारीगरों से ज्यादा निपुण थे। हालाँकि आधुनिक मानव ने ज्यादा बेहतर टेलीस्कोप एवं नजर के चश्मे बना लिये हैं, लेकिन पहले के मुकाबले वास्तविक दृष्टिकोण क्षीण हो रहा है। आधुनिक मानव ने बेहतर कपड़े बनाना सीख लिया है, लेकिन शरीर कमजोर कर लिया है। वाहनों को विकसित कर लिया है, लेकिन पैर कमजोर कर लिये हैं। नए किस्म के व्यंजनों को बनाना सीख लिया है, लेकिन पाचन-शक्ति कमजोर कर ली है। सबसे अफसोस की बात यह है कि गोरी चमड़ी के लोगों ने इनसानों की खरीद-फरोख्त शुरू कर दी है, लोगों को गुलाम बनाना शुरू कर दिया है। आधुनिक काल में पनपे कारखानों में काम करनेवाले मजदूर छोटे-छोटे घरों में रहने के लिए मजबूर हैं। बीसवीं शताब्दी के इतिहास में इस दौर को काले अध्याय के तौर पर याद किया जाएगा।'

प्रो. अल्फ्रेड के इस अध्ययन पर संसद् के एक आयोग ने गहन चिंता व्यक्त करते हुए कारखानों में काम करनेवाले मजदूरों की दयनीय स्थिति पर अफसोस जाहिर किया। इसी प्रकार प्रो. जॉर्डन ने अपने शोधपत्र 'खून की खेती' के द्वारा ब्रिटिश सरकार को भविष्य में युद्ध, नशाखोरी, अति श्रम, गरीब बच्चों के लिए भोजन की कमी और आम लोगों में असंतुष्टि जैसे गंभीर मुद्दों पर सचेत किया। प्रो. जैंक्स ने तो और ज्यादा निराशावादी संकेत दिए। इनका मानना है कि जिंदगी की तेज रफ्तार और शहरी जीवन के तनाव ने लोगों के नैतिक मूल्यों को खत्म करना शुरू कर दिया है। आनेवाली शताब्दी में संगठित परिवारों का अस्तित्व ही नष्ट हो जाएगा। इसके अलावा शरणार्थियों की बाढ़ ब्रिटिश संस्कृति को इस प्रकार मैला कर देगी जैसे निआग्रा फॉल का मटमैला पानी साफ पानी की धाराओं में मिला दिया गया हो। न्यू हैवन में एक संबोधन के दौरान प्रो. किलॉग ने कहा कि जाति के लगातार पतन से आनेवाले समय में वास्तविक जातियों का अस्तित्व ही नष्ट हो जाएगा।

—नेवेल ड्वइट हिल्स

प्रभुत्व शंका के खिलाफ सबसे बड़ा हथियार होता है; लेकिन जातिभेद की भावना और कुविचारों के सामने इसकी शक्ति क्षीण हो जाती है। अर्थात् प्रभुत्व और सुझाव के बीच के मध्य मार्ग को समझना बहुत आवश्यक है। अपनी कमजोरियों को जानना मध्य मार्ग होता है। इस मार्ग को समझने के बाद वक्ता भाषण की कई और कलाओं को जन्म देता है। किसी सभा में दर्शकों के बीच टोपी फेंककर लड़ाई का आह्वान करने की सलाह कोई समझदार व्यक्ति नहीं देगा। भाषण की शैली को चुनना वक्ता की समझ-बूझ पर आधारित होता है। खास खयाल रखना चाहिए कि भाषण की शुरुआत किस प्रकार की जाए। भाषण की शुरुआत मौके के मुताबिक शालीन हो सकती है और तल्ख भी।

सुझाव देने की प्रक्रिया में उदाहरण की अहम भूमिका होती है। इससे पहले हमने पढ़ा है कि वातावरण का दर्शकों पर खासा प्रभाव पड़ता है; लेकिन नकारात्मक वातावरण से घबराना नहीं चाहिए, न ही संकोच और आलोचना करनी चाहिए; बल्कि वातावरण के मुताबिक खुद को ढालकर केवल भाषण के प्रभाव पर ध्यान केंद्रित करना चाहिए। पेरिस में खास किस्म की टोपी और कपड़े पहने जाते हैं और बाकी दुनिया इन परिधानों की नकल करती है। बच्चा दूसरे लोगों के आचरण की नकल करता है, माता-पिता की तरह बोलने और चलने की कोशिश करता है। यदि बच्चा किसी को बोलता ही नहीं सुनेगा तो जाहिर तौर पर खुद बोलना नहीं सीख पाएगा। अमेरिका के सबसे बड़े डिपार्टमेंटल स्टोर ने एक विज्ञापन के लिए जबरदस्त खर्चा किया—'सभी सबसे बड़े डिपार्टमेंटल स्टोर को पसंद करते हैं'। इस प्रचार ने लगभग सभी लोगों में वहाँ जाने की जिज्ञासा पैदा कर दी।

संदेश की महत्ता को बार-बार शक्ति प्रदान की जा सकती है। इसके लिए केवल यह साबित करना होता है कि ज्यादा-से-ज्यादा लोग आपके संदेश के प्रति भरोसा जता रहे हैं। राजनीतिक संगठनों द्वारा आयोजित जनसभाओं में बार-बार तालियों की गूँज से जाहिर होता है कि संगठन के राजनीतिक विचारों को स्वीकार किया जा रहा है। विज्ञापन सुझाव की महत्ता और शक्ति का सबसे बड़ा उदाहरण हैं।

ध्यान दीजिए कि किस प्रकार इस संस्करण में इन सिद्धांतों का इस्तेमाल किया गया है और किस प्रकार हर संभावित मौके पर सुझावों के द्वारा प्रभावित करने की कला का इस्तेमाल किया जाता है—

'वास्तव में युद्ध शुरू हो गया है। उत्तर की ओर से आनेवाला अगला तूफान

जल्द एक नए संघर्ष को जन्म देगा। हमारे भाई–बंधु पहले से युद्धभूमि में संघर्ष कर रहे हैं··· तो यहाँ निष्क्रिय रूप से खड़े रहने की क्या जरूरत है?'

–पैट्रिक हेनरी

प्रतीकात्मक और अप्रत्यक्ष भाषा में भी सुझाव की शक्ति होती है। इस प्रकार दिए गए बयान में किसी व्यक्ति विशेष को संबोधित नहीं किया जाता, अर्थात् दर्शकों के मस्तिष्क में विचारों से संबंधित विरोधाभास जन्म नहीं लेता। फलस्वरूप सुझाव प्रस्तुत करने के आधारभूत सिद्धांत की पूर्ति हो जाती है। प्रतीकात्मक और अप्रत्यक्ष तौर पर निष्कर्ष प्रस्तुत करने से सुझाव का महत्त्व बढ़ जाता है।

ध्यान दीजिए कि किस प्रकार विलियम ब्रायन ने कहा ही नहीं कि माननीय मैकेनले हार जाएँगे। इस वाक्य को बहुत प्रभावशाली ढंग से प्रस्तुत किया गया—

सेंट लुइस के एक मंच पर माननीय मैकेनले को सोने की शुद्धता के मानक को तब तक कायम रखने के लिए चुना गया, जब तक अंतरराष्ट्रीय समझौते के मुताबिक नए मानकों को अपनाने की प्रक्रिया पूर्ण हो। रिपब्लिकंस के बीच माननीय मैकेनले बहुत प्रसिद्ध व्यक्ति थे और चुनाव से तीन महीने पहले ही रिपब्लिकंस ने माननीय मैकेनले के आगामी चुनाव के नतीजों पर भविष्यवाणी करनी शुरू कर दी। लेकिन आज के हालात क्या हैं? क्यों आज वह व्यक्ति, जो खुद को नेपोलियन जैसा दिखने की उपमा से खुश होता था, आज यह सोचकर काँप जाता है कि उसकी नियुक्ति वाटरलू के युद्ध की वर्षगाँठ पर की गई थी।

थॉमस कार्लेयल ने कहा है, 'झूठा व्यक्ति धर्म ज्ञान प्राप्त नहीं कर सकता।' न तो कार्लेयल के वाक्य में सुझाव का भाव नजर आता है और न ही प्रभुत्व; लेकिन जब इस वाक्य के अर्थ को गहराई से समझा गया तो परिणाम कुछ और ही निकले—

झूठे व्यक्ति ने धर्म का ज्ञान प्राप्त किया! क्या एक झूठा व्यक्ति घर का निर्माण नहीं कर सकता? यदि किसी व्यक्ति को चिनाई के मिश्रण का सही औसत मालूम नहीं है और न ही उस मिश्रण के गुणों के बारे में जानकारी है तो वह किस प्रकार इमारत का निर्माण कर सकता है? जाहिर तौर पर इस प्रकार बनाई गई इमारत कमजोर होगी। यह बारह शताब्दियों तक खड़ी नहीं रह पाएगी। इस इमारत में लोग नहीं रह सकेंगे। यदि रहेंगे तो यह इमारत गिर जाएगी। व्यक्ति को प्राकृतिक नियमों का सम्मान करना चाहिए, प्रकृति से सवाल करने चाहिए, वस्तुओं के गुणों से संबंधित जानकारी एकत्र करनी चाहिए।

ध्यान दीजिए कि बैवेस्टर द्वारा किया गया निम्नलिखित चित्रण कितना सुनिश्चित एवं प्रभावशाली है—

श्रीमान, मुझे नहीं मालूम कि लोगों की प्रतिक्रिया कैसी होगी; लेकिन जब मैं अपने आस-पास शिक्षा प्राप्त करनेवाले लोगों को महसूस करता हूँ तो ऐसा महसूस होता है जैसे सीजर सदन में खड़ा हो। इस सभा में बार-बार क्षति पहुँचानेवाले लोग भी शामिल होते हैं। मैंने कभी मुड़कर नहीं कहा है कि 'इन लोगों में मेरी औलाद भी शामिल है।'

—बैवेस्टर

भाषण को मजबूत तार्किक आधार पर तैयार करना चाहिए। इस प्रकार तैयार किए गए भाषण की कमजोर कड़ियों पर भी कोई सवाल नहीं उठा सकता। यदि किसी विषय पर वाद-विवाद हो जाए तो दर्शकों के जेहन में विरोधी विचार जन्म ले सकते हैं। इसलिए, स्थिति पर काबू पाने के लिए उठाए जानेवाले तत्कालीन कदमों में वाद-विवाद के स्थान पर मजबूत उदाहरणों का सहारा लेना चाहिए, स्थिति स्वयं नियंत्रण में आ जाएगी।

□

23

वाद-विवाद के द्वारा प्रभावित करना

इनसान का सामान्य ज्ञान दरअसल बहुत सामान्य होता है। इस ज्ञान की प्राप्ति साधारण अध्ययन और अनुभव से होती है। यह विनम्र, साधारण एवं सरल होता है। इसका अनुभव सभी की आँखें करती हैं और सभी के कानों से इसको सुना व समझा जा सकता है। इसमें कोई अस्थिर भिन्नता नहीं होती, कोई जटिलता नहीं होती, साथ ही इसका कोई रहस्य नहीं होता। सामान्य ज्ञान उलझन भरा नहीं होता। यह उत्तम ज्ञान होता है। इसमें कोई तुच्छता नहीं होती। इसके व्याख्यान को सरलता से समझा जा सकता है। इसको भाषा की स्पष्टता के रूप में भी जाना जाता है। इसका बस एक ही उद्‌देश्य होता है— साधारण ज्ञान का बोध।

—जॉर्ज जैकब हॉलयॉक

सार्वजनिक तौर पर बोलना एवं वाद-विवाद

ज्यादातर युवा वक्ता तर्क शास्त्र को अद्‌भुत मानते हैं। लेकिन धीरे-धीरे उन्हें अहसास होने लगता है कि तर्क शक्ति जटिल स्थिति में भी कार्यशील रहती है। सामान्य ज्ञान से अर्जित किए गए तथ्यों को केवल सही शब्दों के चयन की आवश्यकता होती है। इन तथ्यों को प्रस्तुत करने के अभ्यास से तर्क शक्ति से जुड़ा भय खत्म हो जाता है। दरअसल तर्कशास्त्र बहुत दिलचस्प विषय है। वक्ता के लिए इसका महत्त्व सर्वोपरि होना चाहिए। वाद-विवाद, चर्चा एवं प्रमाण प्रस्तुत करने में तर्क के सिद्धांतों का इस्तेमाल किया जाता है।

वाद-विवाद का अर्थ है—तर्कों एवं उदाहरणों के द्वारा अपने विचारों की सत्यता को प्रमाणित करना। इसके अलावा, सुझावों के जरिए भी विचार की सत्यता को प्रमाणित करने में सहायता मिलती है।

किसी विषय पर निष्पक्ष भाव से विचार करने के लिए सभी पहलुओं की सत्यता को जानने की कोशिश की जाती है, अर्थात् वाद-विवाद को दो मुख्य श्रेणियों में बाँटा जा सकता है—वाद-विवाद के दौरान चर्चा को बढ़ाना या फिर वाद-विवाद के दौरान महत्त्वहीन विचारों को अलग करना, यानी वाद-विवाद से संबंधित विचारों के ढाँचे की स्थिरता का आकलन करना। इस प्रकार न केवल मुख्य विचारों को सँभाला जाता है, बल्कि आलोचकों द्वारा संभावित विरोध के खिलाफ मजबूत तैयारी भी की जा सकती है। ऐसे में खास खयाल रहे कि विचार में कोई कमजोर कड़ी न हो। सभी विचारों से संबंधित तथ्यों की बारीकी से जाँच करना आवश्यक होता है, अन्यथा विचारों के विरोध में प्रस्तुत किए गए तर्क हावी हो सकते हैं।

निम्नलिखित प्रश्न संभवतः तीन उद्देश्यों की पूर्ति करते हैं—किस प्रकार तथ्यों की जाँच के बाद विचारों को प्रस्तुत किया जाए, किस प्रकार वक्ता विचार के प्रभुत्व का आकलन करे और किस प्रकार विरोध में उत्पन्न तर्कों का स्पष्टता से सामना किया जाए।

तर्क की जाँच

I. चर्चा से संबंधित आम प्रश्न

1. क्या प्रश्न स्पष्ट तौर पर पूछा गया है?

(अ) क्या हर विवादी के लिए प्रश्न का अर्थ समान है? (उदाहरण के तौर पर, जरूरी नहीं है कि 'सभ्य पुरुष' का अर्थ सभी विवादियों के लिए एक समान हो।)

(आ) क्या चर्चा के मुख्य उद्देश्य पर उलझन की स्थिति है?

2. क्या बयान निष्पक्ष तौर पर जारी किया गया है?

(अ) क्या बयान में सभी पहलुओं को शामिल किया गया है?

(आ) बयान में जरूरत से ज्यादा तथ्यों को तो शामिल नहीं किया गया?

(इ) बयान का इस्तेमाल फँसाने के लिए तो नहीं किया गया है?

3. क्या प्रश्न वाद-विवाद के योग्य है?

4. प्रश्न का केंद्रबिंदु क्या है?

5. प्रश्न से संबंधित बाकी तथ्य क्या हैं?

II. प्रमाण एवं गवाह

1. तथ्य से जुड़े प्रमाण एवं गवाह

(अ) क्या हर गवाह, प्रमाण निष्पक्ष है? विवाद से संबंधित विषय का इनसे क्या संबंध है?

(आ) क्या गवाह मानसिक तौर पर स्वस्थ है?

(इ) क्या गवाह के नैतिक मूल्य पर विश्वास किया जा सकता है?

(ई) क्या वह तथ्यों को समझने की स्थिति में है? क्या वह चश्मदीद गवाह है?

(उ) क्या वह स्वेच्छा से गवाही दे रहा है?

(ऊ) क्या उसकी गवाही पर सवाल उठे थे?

(ए) क्या उसकी गवाही की पुष्टि की जा चुकी है?

(ऐ) क्या उसकी गवाही तथ्यों और सामान्य सिद्धांतों के विरुद्ध में है?

(ओ) क्या ऐसा संभव है?

2. सरकारी व गैर-सरकारी संस्थाओं की ओर से गवाही

(अ) क्या संस्थाएँ मान्यता प्राप्त हैं?

(आ) संस्थाओं को किस कानून के अंतर्गत मान्यता प्राप्त है?

(इ) क्या संस्थाओं का रुख निष्पक्ष है?

(ई) क्या संस्थाएँ स्पष्ट रूप से सलाह दे रही हैं?

(उ) क्या प्रमाण के लिए पेश की गई पुस्तक व कागजात इत्यादि विश्वसनीय और निष्पक्ष हैं?

3. प्रमाण के तौर पर पेश किए गए तथ्य

(अ) क्या तथ्य उपयुक्त हैं और प्रमाण के तौर पर पेश करने योग्य हैं?

(आ) क्या तथ्यों की सत्यता पर भरोसा किया जा सकता है?

(इ) क्या तथ्यों का मसले के विषय से सीधा संबंध है?

(ई) क्या तथ्यों का एक-दूसरे से संबंध स्थापित किया जा सकता है या उनमें विरोधाभास है?

(उ) क्या तथ्य दाखिल किए जा चुके हैं? तथ्यों को लेकर कोई शंका या विवाद तो नहीं है?

4. प्रमाण के तौर पर पेश किए गए सिद्धांत

(अ) क्या सिद्धांत स्वतः सिद्ध करने योग्य हैं?

(आ) क्या सिद्धांतों में सामान्य अनुभव की सत्यता है?

(इ) क्या सिद्धांतों में विशेष अनुभव की सत्यता है?

(ई) क्या सिद्धांतों की सत्यता को प्रयोग द्वारा प्रमाणित किया गया है? प्रयोग साधारण या विशेष प्रक्रिया से किए गए हैं? प्रयोग प्रभुत्व स्थापित करते हैं या निष्कर्ष पेश करते हैं?

III. तर्क-वितर्क

1. अनुमान

(अ) क्या सामान्य तौर पर तथ्यों की सत्यता को निष्कर्ष के रूप में माना जा सकता है?

(आ) क्या व्याख्यान के नजरिए से देखने पर ही तथ्य निष्कर्ष से मेल खाते हैं?

(इ) क्या किसी विवादित तथ्य को नजरअंदाज किया गया है?

(ई) क्या विवादित तथ्यों का पूर्ण रूप से व्याख्यान किया गया है?

(उ) क्या सभी विवादित तथ्यों के बीच संबंधों में स्पष्टता की कमी है?

(ऊ) क्या अनुमानों को तथ्य मान लिया गया है?

2. परिणाम

(अ) क्या कानून और सिद्धांत पहले से स्थापित हैं?

(आ) क्या कानून और सिद्धांतों में तथ्यों के द्वारा निकाला गया निष्कर्ष शामिल है या फिर निष्कर्ष को जबरदस्ती शामिल किया गया है?

(इ) क्या कानून और सिद्धांत की महत्ता के साथ निष्कर्ष की महत्ता को जोड़ा जा सकता है?

(ई) क्या परिणाम पर्याप्त माने जाने योग्य हैं?

3. तुलनात्मक मसले

(अ) क्या विचाराधीन मसला किसी और मसले से मेल खाता है? क्या दोनों मसलों में एक जैसे प्रमाण, गवाह और तथ्यों का इस्तेमाल हुआ है?

(आ) क्या विवाद के मुख्य बिंदु किसी और मसले के समान हैं?

(इ) क्या विचाराधीन मसले को किसी और मसले से जबरदस्ती जोड़ा जा रहा है?

(ई) क्या विचाराधीन मसले से संबंधित कोई और मसला है, जिसे ज्यादा उपयोगी एवं उपयुक्त सिद्ध किया जा सकता है?

4. संबंधित तथ्य

(अ) क्या मसले से संबंधित व्यक्ति के पूर्व पद को ध्यान में रखते हुए आरोपों पर आशंका की गुंजाइश है?

(आ) क्या तथ्यों से संबंधित संकेत स्पष्ट हैं? क्या इनके आधार पर तथ्यों की सत्यता प्रमाणित की जा सकती है?

(इ) क्या संकेत एक-दूसरे से मेल खाते हैं? क्या सभी संकेत एक-दूसरे के अनुकूल हैं?

(ई) क्या संकेतों के आधार पर विवादास्पद स्थिति पैदा हो सकती है?

5. न्याय

(अ) क्या न्याय की घोषणा से पहले किसी अहम मुद्‌दे को नजरअंदाज किया गया है? यदि ऐसा है तो फैसले से पहले छूटे हुए मुद्‌दे को शामिल करना चाहिए।

(आ) क्या न्याय की घोषणा करने में अफसोस की स्थिति का सामना करना पड़ रहा है? क्या निष्कर्ष से संबंधित कोई उलझन है?

(इ) क्या न्याय बेतुका महसूस हो रहा है?

□

24

उत्साह द्वारा प्रभावित करना

वह महान् योग्यता की धनी है। बस, उसे कारण और चर्चा की कला पर ध्यान देना है। यदि वह ऐसा कर सकी तो वह लोगों को प्रभावित कर सकती है।

–शेक्सपियर

उस व्यक्ति को सबसे महान् कलाकार की उपाधि दी जानी चाहिए, जो दर्शकों की भारी भीड़ से घबराए बिना पियानो पर उँगलियों का जादू दरशाने में सक्षम हो, जो दर्शकों की उग्रता को सहजता में बदलने का हुनर रखता हो, जो सुरों में मौजूद मस्ती से दर्शकों को हँसा सके और शोक के सुरों से दर्शकों की आँखों को पनीला कर दे। उसे दर्शकों के समक्ष लेकर आओ, चाहे दर्शक कैसे भी हों— उजड्ड या सभ्य, खुश या नाखुश, शिष्ट या जंगली। महान् कलाकार को अपनी कला से दर्शकों को खुश या मस्त करने की कला आनी चाहिए। ऐसे कलाकार अमर होते हैं।

–रॉल्फ वाल्डो एमरसन, *वाक्चातुर्य पर निबंध*

दर्शकों में उत्साह पैदा करने का हुनर कम या ज्यादा सफलता का अहम कारण होता है। दर्शकों के लिए महत्त्व रखनेवाले मुद्दे के प्रति उत्साह पैदा कर अपेक्षा अनुसार परिणाम हासिल किए जा सकते हैं। इसका उद्देश्य कम या ज्यादा, सही या गलत, उचित या अनुचित और शांत या भड़कीला हो सकता है; लेकिन

बावजूद इसके इस कला का प्रभाव अतुल्य होता है।

मैथ्यू अरनॉल्ड के व्याख्यान के अनुसार, दृढ़ विश्वास रखने की शिक्षा देना स्वाभाविक रूप से जटिल प्रक्रिया है। इस प्रक्रिया में वाद-विवाद और अकसर सुझावों की सहायता ली जाती है। इससे संबंधित उपयुक्त जानकारी की अगले अध्याय में विस्तार से चर्चा की जाएगी। दरअसल जनता के समक्ष बोलने की कला में कहीं-न-कहीं दर्शकों को प्रोत्साहित करने की कला का इस्तेमाल किया ही जाता है।

दर्शकों को प्रोत्साहित करने की कला पूर्णत: बौद्धिक होने के मुकाबले भावनात्मक होती है। इसमें जनता के समक्ष भाषण देने की कला के लगभग सभी सिद्धांतों का इस्तेमाल किया जाता है। इसमें चर्चा के सभी प्रकार शामिल होते हैं। निम्नलिखित वाक्य के द्वारा इस विधि का इस्तेमाल समझा जा सकता है—

जातिवाद के विरुद्ध अपील सदैव प्रभावशाली साबित होती है। आम तौर पर इसे न्यायसंगत माना जाता है। किसी विशेष विचार या अपील के साथ जातिवाद के मुद्दे को खड़ा किया जा सकता है। रुड्यार्ड किपलिंग ने इस विधि का इस्तेमाल किया था। इस मुद्दे के आधार पर यूरोपीय युद्ध पर चर्चा की गई। किपलिंग ने युद्ध के दौरान जातिवाद के मुद्दे का इस्तेमाल निजी स्वार्थ के लिए किया। यह ऐसा मुद्दा है, जिसके लिए आम जनता का समर्थन मिल ही जाता है। इसे प्रगतिशील अपील का महत्त्वपूर्ण उदाहरण माना जा सकता है। कई लोग छोटे उद्देश्य के साथ शुरुआत करते हैं और फिर निजी स्वार्थ के लिए मुद्दे को बड़े स्तर पर भुनाने की कोशिश करते हैं।

'बिना गलती, बिना इच्छा के जर्मनवासियों को युद्ध के लिए मजबूर किया गया है। जर्मनी एक ऐसी राष्ट्रीय शक्ति है, जो पिछले बीस सालों से इस युद्ध की तैयारी में जुटी है। एक ऐसी शक्ति, जो सभ्य समाज को बंदूक की नोक पर जीतने का दम रखती है।

'पिछली दो पीढ़ियों से जर्मन सरकार पुस्तकों, शिक्षा संस्थानों, भाषणों और चर्चाओं के जरिए बड़ी सावधानीपूर्वक अपने देश की जनता को समझाती आई है कि विश्व-विजय ही सभी तैयारियों और कुर्बानियों का मुख्य लक्ष्य है। हमने बड़ी सावधानीपूर्वक तैयारी की है और महान् बलिदान दिए हैं।

'हमें सैनिकों, सैनिकों और बस सैनिकों की जरूरत है। यदि हमें हमारे मित्र राष्ट्रों का साथ मिलता है तो हम संगठित बर्बर विरोधियों को कुचल डालेंगे।

'कोई गलतफहमी की गुंजाइश नहीं है। हम आधुनिक हथियारों से सुसज्जित

दुश्मनों का मुकाबला करने जा रहे हैं। दुश्मन ताकतवर है, लेकिन हमारा बस एक ही लक्ष्य है—दुश्मनों की जड़ से खत्म कर देना। बेल्जियम पर हमला, फ्रांस पर आक्रमण और रूस से मुकाबला, हमारे पास बस यही एक रास्ता बचा है। जर्मनवासियों का मुख्य उद्‌देश्य, जो बार-बार दोहराया जा चुका है, जिसकी कसम बार-बार खाई जाती है, वह है ब्रिटिश साम्राज्य को नेस्तनाबूद करना, ब्रिटिश सरकार की संपदा एवं व्यापार को नष्ट करना और विश्व से ब्रिटिश सरकार के प्रभुत्व को खत्म कर देना।

'यदि आप कुछ देर के लिए आक्रमण के सफल होने की कल्पना करें तो यकीनन सफलता खुद-ब-खुद कदम चूमेगी। कुछ लोगों का कहना है कि ब्रिटिश सरकार नहीं झुकेगी; लेकिन हम विश्व के नक्शे से इंग्लैंड का अस्तित्व खत्म कर देंगे।

'हमारे भाग्य में जीत लिखी है। हम एक नए युग में कदम रखने जा रहे हैं। युद्ध की जिस गरिमा और सच्चाई को हम पिछले सौ सालों से भूल चुके हैं, उसे याद करने का समय आ गया है। हमें अपने पराक्रम का उसी तरह इस्तेमाल करना है, जैसे हमारे पूर्वजों ने किया था। मुश्किलों से भरे इस लंबे सफर में उतार-चढ़ाव जरूर आएँगे, हमें कठिनाइयों और निराशा का भी सामना करना पड़ सकता है; लेकिन हमारे कदम कभी नहीं डगमगाएँगे। हम इस युद्ध को अंजाम तक लेकर जाएँगे। हम सभी साथ मिलकर इस युद्ध का सफल परिणाम तय करेंगे।

सामाजिक भेदभाव जैसी बुराइयाँ हमारे देश से खत्म हो चुकी हैं। इस संघर्ष ने सभी जाति के लोगों को केवल और केवल जर्मन बना दिया है। जीवन को लेकर हमारी सभी इच्छाएँ एवं जरूरतें भी महज छह हफ्तों पहले खत्म हो चुकी हैं। अब हमारे सामने बस एक ही लक्ष्य है, जो हर व्यक्ति के दिल का हिस्सा बन चुका है—जीत, जीत और बस जीत।

'यदि हमें अपने अधिकारों को हासिल करना है और स्वतंत्रता को धरती का मूल सिद्धांत बनाना है तो जर्मनी के हर व्यक्ति को युद्ध करना होगा, बलिदान देना होगा।'

इस उदाहरण से साफ होता है कि दर्शकों को प्रभावित करने के लिए उनके हित से जुड़े मुद्‌दों को प्राथमिकता देनी चाहिए और उनकी भावनाओं के मुताबिक लक्ष्य तय करने चाहिए। इन दो महत्त्वपूर्ण सिद्धांतों को कभी नजरअंदाज नहीं करना चाहिए। जनता में उत्साह भरने के लिए ये सिद्धांत मूल मंत्र का कार्य करते हैं।

पहले सिद्धांत की समझ के लिए माननीय उद्‌देश्यों और महत्त्वाकांक्षाओं

की गहन जानकारी होना बहुत आवश्यक है। वे कौन से उद्देश्य हैं, जो व्यक्ति को कार्यशील बनाते हैं? इन उद्देश्यों को गंभीरता के साथ समझने की कोशिश कीजिए। अध्ययन कीजिए कि किस प्रकार उन उद्देश्यों को हासिल किया जा सकता है। ध्यान दीजिए कि कौन से उद्देश्यों और महत्त्वाकांक्षाओं से दर्शक प्रभावित हो सकते हैं? दर्शकों के आदर्श और जीवन के प्रति रुचि का स्रोत क्या है? आपके आकलन में कमी का भुगतान स्वयं आपको ही करना होगा, अर्थात् विषय को बारीकी से समझना चाहिए। पैलेस्टाइन में यहूदियों के लिए समर्थन माँगने से कुछ हासिल नहीं होगा। ऐसा प्रयास केवल निराशा ही दे सकता है। दर्शकों के बारे में अध्ययन कीजिए। उनकी विचारधारा, रुचि आदि के बारे में जानकारी हासिल कीजिए। इसके पश्चात् जबरदस्त तैयारी के साथ दर्शकों के समक्ष पहुँचिए, निश्चित रूप से सफलता कदम चूमेगी।

दर्शकों की तादाद जितनी ज्यादा हो, विषय और भाषण का अंदाज उतना ही व्यापक होना चाहिए। अविवाहित लोगों को फर्नीचर के बीमे से संबंधित विषय के प्रति आकर्षित नहीं किया जा सकता; लेकिन विचार प्रकट करने की स्वतंत्रता के मुद्दे पर जनता का समर्थन बटोरा जा सकता है।

प्रमाणित दवाओं के विज्ञापन में सबसे पहले बीमारी का जिक्र किया जाता है। इस प्रकार ग्राहकों का ध्यान आकर्षित करना आसान होता है। यदि सबसे पहले दवा की मात्रा और खर्च या फिर दवा की विशेषता और निवारण का जिक्र किया जाए तो जाहिर तौर पर लोगों का ध्यान आकर्षित करना मुश्किल होगा। सोचने के लिए मजबूर करनेवाले विज्ञापन से समाधान के लिए उत्साह पैदा होता है। कंपनी की दवा बेचने की उत्सुकता के मुकाबले ग्राहकों में दवा खरीदने की उत्सुकता ज्यादा अहमियत रखती है।

हाल ही में एक पुस्तक विक्रेता न्यूयॉर्क के नामी एटॉर्नी के दफ्तर पहुँच गया। उसने कहा कि 'क्या आप पुस्तक खरीदना पसंद करेंगे?' लेकिन यदि एटॉर्नी को पुस्तक खरीदने की जरूरत होती तो वह पहले ही खरीद चुका होता। इसी प्रकार एक सिलाई मशीन विक्रेता ने एक सॉलिसिटर से सिलाई मशीन खरीदने के लिए पूछा। दोनों मामलों में विक्रेता ने एक ही गलती को दोहराया। उन्होंने केवल अपने फायदे के लिए अपील की।

कामयाब वक्ता की अपील में खुद के फायदे से ज्यादा सुननेवाले के फायदे का संदेश होना चाहिए। इनसान फितरतन स्वार्थी होता है। वह उन्हीं चीजों की ओर आकर्षित होता है, जिससे उसे फायदा हो। ध्यान दीजिए, किस प्रकार सीनेटर

थस्टन ने क्यूबा के राजनीतिक मामलों में हस्तक्षेप की अपील की थी और किस प्रकार ब्रायन ने अपने भाषण में जन-कल्याण के मुद्दों को उठाया था।

प्रोत्साहन से भरा भाषण दर्शकों में जोश की लहर पैदा करता है। ऐसे भाषणों से लोगों में कर्तव्य का भाव पैदा होता है।

प्रोत्साहित करनेवाले भाषण के चार विभिन्न तरीकों पर ध्यान दीजिए। और इनमें छिपे उद्देश्यों का आकलन कीजिए—

'बदला लो! चारों ओर फैल जाओ! ढूँढ़ो! जला दो! मार दो! काट दो! कोई भी गद्दार बचना नहीं चाहिए!'

—**शेक्सपियर,** *जूलियस सीजर*

'आखिरी शत्रु की हत्या तक हमला करते रहो,
मृत्यु-शय्या और ज्वाला के लिए हमला करो,
बहादुर साथियों की मौत के लिए हमला करो,
भगवान्—और सरजमीन के लिए हमला करो।'

—***फिट्ज-ग्रीन हैलेक,*** मार्को बोजारिस

'विश्वास करें श्रीमान, यदि उन नन्हे बच्चों का सवाल नहीं होता तो आज वह अपना मेहनताना लेने नहीं आता। आपके फैसले के फलस्वरूप ही ऐसे हालात पैदा हुए। माननीय न्यायाधीश, आप इन अभागे बच्चों को भिखारी बनने की मजबूरी से बचा सकते थे। आप इनको अनाथ होने से बचा सकते थे। ओह, मैं जानता हूँ कि आपके फैसले के बाद मुझे दया की कामना नहीं करनी चाहिए। मुझे आपकी सहानुभूति के लिए प्रयास नहीं करने चाहिए। मुझे दया नहीं, न्याय चाहिए। मैं शपथ लेता हूँ, पिता के रूप में नहीं, एक पति के रूप में; पति के रूप में नहीं, एक नागरिक के तौर पर; नागरिक के तौर पर नहीं, एक इनसान के तौर पर—बल्कि एक इनसान के तौर पर भी नहीं, एक ईसाई के तौर पर—मैं कसम लेता हूँ, आपके सामाजिक, निजी, नैतिक और धार्मिक कर्तव्यों की; अपने परिवार के अनादर; घर के उजड़ने, ईश्वर के अन्याय की; ईश्वर बचाए; इस देश को संक्रामक महामारियों से और जुल्म से प्रभु भविष्य में पैदा होनेवाले हजारों बच्चों को ऐसे दुःख, अपमान और निंदा के उदाहरण से बचाकर रखे!'

—**चार्ल्स फिलिप्स,** *गुथैरी की ओर से अदालत के समक्ष अपील*

'मैं मखमली मोजे पहनकर गुलामों के संगीत पर नृत्य करनेवाले और इस कार्य को स्वतंत्रता कहनेवाले व्यक्ति की ओर से आग्रह करता हूँ, उस व्यक्ति की ओर से जो घंटियाँ लगा मुकुट पहनता है, जिसने हेस्टर प्रायन को शर्मनाक स्तर तक गिराने के कार्य को धर्म का नाम दिया। वह अमेरिकी विचारधारा के विस्तार के लिए गुनहगारों को दंड देता है और इस कार्य को सच्चाई और धर्म कहता है। मैं इंग्लैंड के कुलपति की ओर से नए कवियों से आग्रह करता हूँ—एंटीकॉट से लेकर लॉवेल तक, विंथ्रॉप से लेकर लॉन्गफैलो तक, नॉरटन से होम्स तक और मैं साधारण जनता के अधिकारों की ओर से आग्रह करता हूँ—मैं जनमानस की उत्पत्ति करनेवाले पूर्वजों की ओर से भी आग्रह करता हूँ। बीते हुए समय को जंगलियों की क्रूरता से नहीं, शहीदों के लहू से प्रतिष्ठा मिलनी चाहिए। बीता हुआ समय बीत गया है, इसे ज्यादा कुरेदने की आवश्यकता नहीं है। वर्तमान और भविष्य महत्त्वपूर्ण हैं। इन्हें संगीत और उल्लास से भर दो। पूर्वजों के द्वारा मिली शिक्षा ने हमें धन्य कर दिया है। हमें उनके द्वारा स्थापित किए गए कानून और नियमों का पालन करने का सौभाग्य प्राप्त हुआ है। हमारी आँखों में मौजूद चमक से समृद्धि का मार्गदर्शन होगा। हमें सहन-शक्ति का वरदान मिला है। अपनी महान् शिक्षा के साथ प्रभु सदा हमारे साथ रहे हैं। अब प्रभु धर्म, लोकतंत्र और देश-प्रेम की स्थापना के लिए हमारा मार्गदर्शन करेंगे। प्रभु की शरण में सभी बुराइयों का नाश होगा। जॉन ग्रीनलीफ ने बार-बार निम्नलिखित सीख को दोहराया है—

हम सबके पिता एवं प्रिय ईश्वर,
क्रूरता के प्रति विश्वास के लिए हमें क्षमा करें,
धर्म को नकारनेवाले अंधेपन के लिए क्षमा करें,
अपने आदर्शों को छोड़ने—उनका उल्लंघन करने के लिए क्षमा करें,
लहू की वेदिका से उठती ज्वाला ने हमें रास्ता दिखाया है,
अब हम मानवता के मार्ग को कभी नहीं छोड़ेंगे!'

*—**हैनरी वॉटरसन,** प्यूरीटेन एंड कैवेलियर*

फ्रांस के खिलाफ युद्ध गीत न लिखने के मुद्दे पर लगातार निंदा के विरोध में गोएथे ने जवाब दिया, "अपनी कविताओं से मैं कभी लज्जित नहीं हुआ हूँ। नफरत की भावना के अभाव में मैं नफरत भरे गीत कैसे लिख सकता हूँ?" केवल उसी मुद्दे का प्रभावशाली प्रचार किया जा सकता है, जिससे आप दिल से जुड़े हों। मान्यताओं की तरह भावनाएँ भी संक्रामक होती हैं। मुद्दे की वास्तविकता में

विश्वास रखनेवाला वक्ता ही, जनता को अपने भावों से प्रेरित कर सकता है। ईमानदारी, प्रभाव और उत्साह से ज्यादा महत्त्वपूर्ण है भावना, भावना के आधार पर की गई अपील बेहद प्रभावशाली होती है। भाषण के तकनीकी पहलुओं के मुकाबले भावना का प्रभाव ज्यादा असरदार होता है। इसी प्रकार इशारों की शोभा और निपुण उच्चारण के प्रभाव को भी नजरअंदाज नहीं किया जा सकता है। जनता के समक्ष पेश की जानेवाली अपील को उचित दलील का आधार देना जरूरी होता है। लेकिन इसका यह अर्थ नहीं है कि आप विचारों की नींव तैयार करें और इमारत खड़ी करने में लापरवाही बरतें। अर्थात्, विचार का आदान-प्रदान उचित परिणाम मिलने तक जारी रहना चाहिए।

□

25

जन-समूह को प्रभावित करना

कामयाबी एक व्यवसाय है। अंत में दर्शकों की कल्पना को छूनेवाले वाक्यों को याद कीजिए। यही वजह है कि आज के दौर के उपदेशक जनता को उस प्रकार प्रभावित करने की कला में माहिर नहीं होते, जिस प्रकार कार, टोपियाँ और अन्य वस्तु बेचनेवाले व्यापारी ग्राहकों को प्रभावित करने की कला में निपुण होते हैं। जनता की कल्पना के अनुसार प्रभाव डालने की कला व्यापारियों से सीखने की आवश्यकता है।

—गेरॉल्ड स्टेनली ली, *जन-समूह*

सन् 1914 के शुरुआती दौर में पेरिस के फ्रांसीसी और बर्लिन के जर्मनों का समूह मनोवैज्ञानिक तौर पर गुट नहीं माना जाता था। प्रत्येक व्यक्ति की विशेष आवश्यकताएँ एवं उद्‍देश्य थे और इन लोगों को संगठित करने के लिए कोई एक विचारधारा भी नहीं थी। इस दौरान समूह को केवल अलग-अलग विचारधारावाले लोगों का जमावड़ा माना जाता था। लेकिन एक ही महीने के भीतर लोगों की भीड़ ने गुटों का रूप ले लिया—देशभक्ति, सामूहिक भय और व्यापक संताप ने लोगों को संगठित करने का काम किया।

किसी समूह, झुंड और गुट की मनोवैज्ञानिक स्थिति व्यक्ति विशेष की मन:स्थिति से भिन्न होती है। भीड़ का अपना अलग अस्तित्व होता है। कारण से प्रभावित होकर व्यक्ति कई व्यक्तिगत भावनाओं और उद्‍देश्यों को दबा लेते हैं। लेकिन भीड़ की भावनाओं और उद्‍देश्यों को दबाने में किसी कारण का जोर

नहीं चलता। व्यक्तिगत तौर पर किए गए कार्यों के लिए स्वयं व्यक्ति जिम्मेदार होता है; लेकिन लोगों की भारी संख्या की वजह से भीड़ किसी कार्य के लिए जवाबदेह नहीं होती। लोगों का उत्तेजित समूह किसी भी भयानक विचार को अंजाम तक पहुँचाने की क्षमता रखता है। भीड़ की विचारधारा आदिम होती है। भीड़ में विचारों के प्रति प्रोत्साहन होता है। लिहाजा विचारों की पूर्ति के लिए भीड़ किसी भी हद तक पहुँच सकती है।

भीड़ लोगों द्वारा तैयार किए गए गिरोह के समान होती है। रस्किन ने भीड़ का कुछ इस तरह व्याख्यान किया है—'भीड़ से किसी भी विषय से संबंधित बात की जा सकती है। उनकी भावनाओं के विषय में, जो अकसर मुख्य विषय होता है, भलाई और धर्म के बारे में; जबकि भीड़ के लिए इन विषयों पर चर्चा का कोई आधार नहीं होता है, इसके बावजूद भीड़ में उपस्थित लोगों से इन विषयों पर चर्चा की जा सकती है। भीड़ को मन मुताबिक ढाला जा सकता है, उत्तेजित किया जा सकता है और बड़े-से-बड़े कार्य की पूर्ति के लिए प्रोत्साहित किया जा सकता है। भीड़ में विचारों से संबंधित संदेश किसी संक्रामक बीमारी की तरह फैलता है, जुकाम की तरह विचारों का संक्रमण होता है और ऐसा कोई विषय, कार्य या उद्‍देश्य नहीं है, जिसके लिए भीड़ को प्रेरित न किया जा सके। भीड़ में लक्ष्य की पूर्ति का जज्बा दौरे की तरह पड़ता है और लक्ष्य-पूर्ति के पश्चात् दौरे की ही तरह गायब हो जाता है।'

इतिहास में जन-समूह की कार्यशैली के महत्त्वपूर्ण उदाहरण शामिल हैं। मध्यकालीन दौर में जनता को प्रोत्साहित करने के लिए कारणों की आवश्यकता नहीं थी। मध्यकाल में लोगों ने स्वाभाविक तौर पर प्रभुत्व के पक्ष में समर्थन दिया। जनता के धर्म ने लोगों की भावनाओं को झिंझोड़ा। इस भावना ने साधारण तौर पर लोगों को संगठित कर गुट बनाने के लिए प्रेरित किया। ग्यारहवीं शताब्दी में साधु-संतों ने जनता को मजबूत बनाने के लिए कष्टों के प्रति भय-मुक्त होने की शिक्षा दी। एक विचित्र मापदंड तैयार करते हुए कहा गया कि एक हजार कोड़ों की मार को दस भजन-संग्रह के रूप में ग्रहण किया जाए और पंद्रह हजार कोड़ों की मार को पूर्ण भजन-संग्रह माना जाए। इस प्रकार कोड़ों की मार को खुशी-खुशी झेलनेवाले लोगों के समूह बनने तैयार हो गए। जनता में जुनून की जबरदस्त लहर प्रवाहित होने लगी। इस जुनून को खत्म करने के लिए सड़कों पर जुलूस निकालनेवाली मंडलियों के अध्यक्षों को जिंदा जलाया गया, प्रताड़ित किया गया;

लेकिन जनता ने निरंकुश हुकूमत के सामने घुटने नहीं टेके।

धर्मयोद्धाओं के उपदेशों से पूरा पश्चिमी और मध्य यूरोप भीड़, गुटों, समूह और गिरोह में तब्दील हो गया। लाखों की संख्या में इकट्ठे हुए समर्थकों ने धर्म-विरोधियों को पवित्र भूमि से बाहर ढकेलने का काम शुरू कर दिया। यहाँ तक कि बच्चों ने भी इस संघर्ष में हिस्सा लिया। लोगों में कुछ ऐसा जुनून था कि व्यक्ति गृहस्थ-प्रेम के मोह से ऊपर उठ गया, जिसके परिणामस्वरूप हजारों बच्चों को जान गँवानी पड़ी।

अठारहवीं शताब्दी के शुरुआती दौर में इंग्लैंड में साउथ सी कंपनी की स्थापना की गई। इस कंपनी की स्थापना के बाद ब्रिटेन की जनता शेयर बाजार की ओर आकर्षित हुई। साउथ सी कंपनी का शेयर जनवरी से मई तक 128.5 अंकों से बढ़कर 550 अंकों के आँकड़े तक पहुँच गया। जुलाई में एक लंबी छलाँग लगाते हुए शेयर ने 1000 अंकों के मनोवैज्ञानिक आँकड़े तक को पार कर लिया। कंपनी के करीब 50 लाख शेयर वास्तविक कीमत से ज्यादा कीमत पर बेचे गए। इस दौरान बहुत मोटा मुनाफा कमाया गया। शेयरों में रकम निवेश करने की होड़ ने दंगों का रूप ले लिया। सैकड़ों गिरोह तैयार हो गए। शेयरधारकों ने मुनाफा बटोरने के लिए जमकर शेयर बेचे। मुनाफा बटोरने की भेड़-चाल में पूरा ब्रिटेन शामिल हो गया। इस हड़बड़ी में निवेश का माहौल बिगड़ गया और कुछ ही समय में कंपनी का शेयर 880 अंक लुढ़क गया। साउथ सी कंपनी के शेयरों में अचानक गिरावट से निवेशकों के करोड़ों रुपए डूब गए।

अमेरिका में सोने में निवेश की होड़ में भी कुछ ऐसा ही हुआ था। मुनाफा बटोरने का जज्बा लोगों पर इस कदर हावी हो गया कि अमेरिका में सन् 1913 में दंगे-फसाद हो गए, जिसमें 48 लोगों को अपनी जान गँवानी पड़ी।

भीड़ के मार्गदर्शन के लिए नेता का होना आवश्यक है

भीड़, गिरोह या जन-समूह के मार्गदर्शन के लिए नेता का अस्तित्व निर्णायक स्थिति को जन्म देता है। नेता के नेतृत्व में लोग संगठित होते हैं। भीड़ नेता की सलाह के मुताबिक कार्य करती है। नेता के बिना भीड़ किसी निर्णय तक नहीं पहुँच सकती। भीड़ में विवाद पैदा होने की संभावना बहुत अधिक होती है; लेकिन किसी मजबूत नेतृत्व के द्वारा भीड़ को विकास, कल्याण और उत्थान के कार्य के लिए प्रेरित किया जा सकता है। जन-समूह अपने नेता की हर सलाह के प्रति

समर्पित होता है। कई मामलों में तो जन-समूह ने नेता की सलाह के सामने सरकारी नीतियों और नियमों तक का बहिष्कार किया है। युद्ध के दौरान नेताओं से प्रभावित गुटों ने उम्मीद से ज्यादा साहस का प्रदर्शन करते हुए 1 सेकंड में 14 गोलियाँ दागने तक का कीर्तिमान हासिल किया है। इतिहास ऐसे कई उदाहरणों से भरा पड़ा है।

भीड़ की रचना किस प्रकार होती है?

आज के सामाजिक ढाँचे में भीड़ का महत्त्व सर्वोपरि है। यह एक ऐसी समस्या है, जिसकी या तो निंदा होती है या प्रशंसा। इसके प्रभाव को समझना बहुत आवश्यक है। भीड़ की भावनाओं को एकजुट करना आसान नहीं होता। हर वक्ता इस समस्या का निवारण बुद्धि-विवेक से निकालता है। भीड़ जुटाने में सक्षम नेता की ख्याति बहुत तेज रफ्तार से बढ़ती है। वक्ता का कथन जन-समूह के लिए सर्वमान्य हो जाता है।

इस उद्देश्य की पूर्ति के लिए जनता की विचारधारा और जरूरतों को एकजुट करना पड़ता है, जनता की भावनाओं को प्रेरित करना पड़ता है। जनता की इच्छा से ज्यादा महत्त्व इच्छा के कारण का होता है। कारण को जानने के बाद उद्देश्य की पूर्ति करना आसान हो जाता है।

जनता की भावनाओं को प्रोत्साहित किए बिना जनता को प्रभावित नहीं किया जा सकता। क्या आप कल्पना कर सकते हैं कि मिश्र की कला पर दिए गए भाषण ने भारी भीड़ जमा करने का काम किया था? सन् 1914 में गृह नियम कानून से संबंधित चर्चा, वाद-विवाद और भाषणों की लंबी शृंखला ने भारी जन-समूह को अपनी ओर आकर्षित किया था। समान विचारधाराओं के लोगों को एकजुट करने के लिए जनता की आम जरूरतों, महत्त्वाकांक्षाओं, भय के कारणों और भावनाओं से संबंधित ऐसा संदेश तैयार करना चाहिए, जिसमें ज्यादा-से-ज्यादा लोगों का भला शामिल हो। किसी एक व्यक्ति की विचारधारा आम जनता की विचारधारा को बदलने का सामर्थ्य रखती है। एंटोनी ने सीजर के पतन को केवल रोम की जनता का पतन नहीं बताया, बल्कि पूरी सृष्टि का पतन घोषित किया।

'यह मेरा या आपका नहीं, बल्कि विश्व का पतन है,
यह खूनी राजद्रोह हम सबके सिर पर मँडरा रहा है।'

तालियों की गड़गड़ाहट आम तौर पर भावनाओं को प्रदर्शित करती है। इस प्रकार दर्शक संगठित होते हैं। दर्शकों के समर्थन का अनुमान तालियों की गूँज से होता है। रंगमंच पर इकट्ठी भीड़ ने कई गानों पर ताली बजाई और फिर एक स्कर्ट के विज्ञापन पर कुछ लोगों ने जोर से हँसना शुरू कर दिया। दिलचस्प है कि बाकी लोगों ने भी विज्ञापन में मौजूद हास्य को समझे बिना ही हँसना शुरू कर दिया। लेकिन जब लोगों को हास्य के कारण की जानकारी हुई तो वे अपनी मूर्खता पर हँसने लगे। इस प्रकार पूरा रंगमंच कई बार तालियों की गड़गड़ाहट से गूँज उठा।

कई बार कलाकार बोले गए संवाद पर उँगलियों को चटकाते हुए हँसता है। पहली पंक्ति में बैठे कुछ दर्शक इस अंदाज पर खिलखिला उठते हैं और इसके बाद थिएटर में उपस्थित बाकी दर्शक खुद-ब-खुद हँसने लगते हैं।

वक्ता के लिए इन सभी सिद्धांतों को समझना बहुत आवश्यक होता है और वही वक्ता अपनी अलग पहचान कायम करने में सफल होता है, जो इन सिद्धांतों का महत्त्व समझ सके। मंच पर कपट नहीं किया जा सकता। दर्शक देर-सवेर वक्ता की वास्तविक प्रतिभा को जान ही जाते हैं। सच्चे नेता और ढोंगी के बीच कार्य-प्रणाली एवं अंदाज नहीं, बल्कि सिद्धांतों का अंतर होता है। महान्-से-महान् वक्ता में जनता की वास्तविक भावनाओं को समझने की जिज्ञासा होनी चाहिए। मंच पर छल-कपट से दर्शकों को आकर्षित नहीं किया जा सकता। इसके लिए वास्तविक प्रतिभा आवश्यक होती है।

आपस में बँटे दर्शकों में उत्साह की लहर उत्पन्न करने के लिए दर्शकों की पसंद के मुताबिक अलग-अलग विचार प्रस्तुत नहीं किए जा सकते। दर्शकों को एकमत जन-समूह में परिवर्तित करने के लिए एक मजबूत विचारधारा की आवश्यकता होती है। विशेष ध्यान रखना चाहिए कि सभी दर्शक एक-दूसरे के आस-पास बैठे हों। बिखरे हुए दर्शकों के गुटों को संगठित करना मुश्किल होता है। रोम के सेंट पीटर में जमा हुई लाखों समर्थकों की इधर-उधर बिखरी भीड़ को स्वयं ईसा मसीह से संबंधित भाषण के द्वारा भी एकजुट नहीं किया जा सका था।

भावनाओं से प्रेरित सार्वभौमिक विचार भीड़ को इकट्ठा करने का काम करते हैं। उदाहरणत: स्वतंत्रता, चरित्र, पवित्रता, शौर्य, भाईचारा, परोपकार, देश और जननायक। जॉर्ज कोहान ने हास्यनाटकों में झंडे के गुणगान से संबंधित गाने जोड़कर नाटकों में चार चाँद लगा दिए। इस प्रयोग से कोहान को काफी मुनाफा

भी हुआ। क्रॉमवेल की सेना युद्ध से पहले प्रार्थना करती थी एवं नारों के साथ दूसरी सेना पर हमला करती थी। सन् 1914 में फ्रांस की सेना ने अलग-अलग मोर्चों पर एक निश्चित गीत के साथ जर्मन सेना पर आक्रमण किया, ऐसा महसूस होता था कि हर मोर्चे पर अलग टुकड़ियाँ नहीं बल्कि एक ही व्यक्ति हमला कर रहा हो। इस प्रकार के प्रयोगों से भावनाओं को जन्म दिया जाता है, सैनिकों में उत्साह प्रज्वलित किया जाता है, यकीनन उत्साह से भरपूर सेना की ताकत दोगुनी हो जाती है।

□

26

पंख वाले घोड़े की सवारी

विचार करना और महसूस करना मानव की बौद्धिक शक्ति के दो महत्त्वपूर्ण तत्त्व हैं। इन तत्त्वों से तर्क और कल्पना की योग्यता का उदय होता है।

–इसाक डिजराइली,
बुद्धिजीवी व्यक्ति का साहित्यिक चरित्र

कल्पना मार्गदर्शन का स्रोत होती है। समझ से परे की चीजों का व्याख्यान लेखक की कलम करती है। लेखक की कलम विचारों को आकार देती है, उसमें जान फूँकती है, विचारों को स्थान विशेष से जोड़ती है, उसे नाम देती है।

***–शेक्सपीयर,** मध्य ग्रीष्म–रात्रि स्वप्न*

जीवन की उपयोगिता का अध्ययन करनेवाले बुद्धिजीवी अकसर साधारण और प्रमाणित विचारों से आगे सोचते हैं। इन लोगों के विचार कल्पना से प्रेरित होते हैं। इनकी सहन–शक्ति अतुल्य होती है। एमरसन ने कहा है, 'विज्ञान को नहीं मालूम कि वह कल्पना का किस स्तर तक ऋणी है।' इस महान् विचार को किसी साहित्यकार या कवि के विचार मानकर अनदेखा किया गया। लेकिन नेपोलियन का जनता को संगठित करने के उद्देश्य से कहा गया वाक्य, 'मानव जाति का विकास कल्पना के आधार पर हुआ है।' सटीक माना गया।

याद रहे, मानसिक छवि तैयार करने में मस्तिष्क के एक हिस्से का महत्त्व पूरे मस्तिष्क से ज्यादा हो सकता है। यह भी सही है कि मस्तिष्क के इस हिस्से को

अन्य महत्त्वपूर्ण हिस्सों के साथ संबंध स्थापित करना चाहिए; लेकिन सवाल यह है कि मस्तिष्क के इन हिस्सों और पुरजों की पहचान कैसे की जाए? कैसे पहचाना जाए कि इनसान को खुश रखने और मानवता की भलाई में किस हिस्से को प्रयोग में लाया जाता है? इसकी जानकारी के लिए अध्याय में आगे की जानेवाली चर्चा बहुत महत्त्वपूर्ण है।

I. कल्पना क्या है?

परिभाषा पर ध्यान न देकर हम यह समझते हैं कि हर व्यक्ति में कल्पना-शक्ति भिन्न होती है। लेकिन कल्पना वास्तव में है क्या?…मानसिक शक्ति के द्वारा किसी विचार को आकार देने की प्रतिभा को कल्पना माना जाता है।

कल्पना से संबंधित विचार वास्तविक रूप से प्रकृति का हिस्सा होते हैं या फिर मात्र कल्पना होती है, अर्थात् ऐसी कल्पना जिसके अस्तित्व का कोई प्रमाण ही उपलब्ध नहीं है। इसके अलावा, कल्पना इन दोनों स्थितियों का मिश्रण भी हो सकती है; यह वास्तविक या आध्यात्मिक भी हो सकती है। विचारों के माध्यम से उत्पन्न कल्पना न्यायसंगत भी हो सकती है और न्याय-विरोधी भी।

सबसे पहले हमें यह समझना होगा कि कल्पना विचार की एक प्रक्रिया है। यह पूर्ण रूप से बौद्धिक योग्यता पर आधारित नहीं होती। इसलिए सर्वप्रथम इसे कुछ इस प्रकार समझना होगा—

1. कल्पना की पुनरुत्पत्ति

सुनने, समझने, चखने, सूँघने जैसी क्रियाओं में एक संवेदना का अनुभव होता है, जिसके माध्यम से हम परिणाम तक पहुँचते हैं। लेकिन इस संवेदना की पुनरुत्पत्ति बिना माध्यम के नहीं की जा सकती है। इसके विपरीत, काल्पनिक स्थिति की पुनरुत्पत्ति समान स्पष्टता के साथ की जा सकती है।

इस प्रश्न का अध्ययन करनेवाले वक्ताओं के लिए सबसे बड़ी उलझन यह है कि क्या सभी लोगों में कल्पना की शक्ति समान होती है? यदि नहीं तो इसकी क्या वजह है? कविता के संदेश और भावना को समझने में अयोग्य व्यक्ति कवि नहीं बन सकता। इसके विपरीत, कल्पना की अतुल्य क्षमता रखनेवाले कई ऐसे भी लोग हैं, जो इस प्रतिभा का महत्त्व ही नहीं समझते और इसे व्यर्थ मानते हैं। इन लोगों के लिए सलाह है—कल्पना की प्राकृतिक प्रतिभा को जाग्रत् करने की कोशिश करें। इस प्रकार प्रतिभा से संबंधित कई गूढ़ सवालों का हल निकल सकता है। केवल यह जानने की आवश्यकता है कि कल्पना का परिणाम कितना

हितकारी और विश्वसनीय है।

फ्रैंसिस गेल्टन ने कहा है, 'फ्रांसीसी लोगों में कल्पना की असीम शक्ति है। बड़े-बड़े समारोह की भव्यता और निपुणता फ्रांसीसी लोगों की कल्पना के सबसे बड़े उदाहरण हैं। इसके अलावा, कल्पना-शक्ति के विशेष प्रभाव का आकलन फ्रांस की असाधारण नीति और कूटनीतियों से किया जा सकता है। इसी कड़ी में फ्रांस का तकनीकी विकास भी एक महान् उदाहरण है।'

प्रशिक्षण के लिए कल्पना के अति महत्त्वपूर्ण छह सिद्धांतों का अध्ययन करते हैं और समझने की कोशिश करते हैं कि मस्तिष्क में इनकी उत्पत्ति किस प्रकार होती है।

कल्पना-शक्ति का सबसे आम सिद्धांत है–

(अ) कल्पना के द्वारा छवि तैयार करना। पुरानी बातों को आसानी से याद करनेवाले बच्चों के विषय में मनोवैज्ञानिकों का मानना है कि ऐसे बच्चे घटनाओं की मानसिक छवि बनाने की योग्यता रखते हैं। अपने आस-पास घटनेवाली घटनाओं की मानसिक छवि बनाने का अभ्यास कीजिए, जाहिर तौर पर आपकी याददाश्त बढ़ जाएगी। इस अभ्यास से चमत्कारी तौर पर घटना के कई वर्षों बाद भी घटना से संबंधित सभी अहम पहलुओं को आसानी से याद किया जा सकता है।

(आ) घटना से संबंधित स्वर, आवाज आदि की काल्पनिक छवि तैयार करना। इस विधि से भी घटना को स्पष्ट रूप से याद रखने में सहायता मिलती है। आँखें बंद कीजिए और सबकुछ भूलकर पहाड़ियों से टकराती हवा की आवाज पर ध्यान केंद्रित कीजिए। रस्सी की क्षमता से ज्यादा वजन लटकाने से धीरे-धीरे रस्सी टूटने लगती है। रस्सी टूटने की आवाज को ध्यान से सुनिए। घटना से संबंधित आवाजें निश्चित तौर पर घटना के क्रम को स्थापित करने में सहायता करती हैं।

(इ) गति से संबंधित याददाश्त को आवाज के माध्यम से बनी छवि के सिद्धांत का निकटतम प्रतियोगी माना गया है। क्या कभी आप किसी भयानक घटना, आवाज या तेज रफ्तार के भय से रात में अचानक सोते हुए उठे हैं? क्या नदी में तेज गति से बहती नाव में फँसे होने का अनुभव बार-बार भयभीत करता है? क्या तेज रफ्तार से चलती रेलगाड़ी के अचानक रुक जाने की घटना अकसर याद आ जाती है? यदि हाँ, तो यह भी निश्चित है कि किसी घटना से संबंधित असाधारण रफ्तार भी यादगार की अहम वजह हो सकती है।

(ई) स्वाद भी यादगार की अहम वजह होती है। बिना चखे नींबू के स्वाद

की खटास का अनुभव किया जा सकता है। किसी दावत के मौके पर खाए गए स्वादिष्ट व्यंजनों का स्वाद कभी भी मुँह में पानी ला सकता है। इसी प्रकार किसी बेस्वाद और कड़वी दवा से जुड़ी याददाश्त जायका खराब करने का काम कर सकती है।

(उ) महक से संबंधित यादगार भी बहुत महत्त्वपूर्ण होती है। किसी विशेष महक का अनुभव व्यक्ति को बेचैन कर सकता है। किसी स्वादिष्ट व्यंजन की जानी-पहचानी खुशबू जहाँ मुँह में पानी भर देती है, वहीं किसी दुर्गंध का अनुभव व्यक्ति को उलटी करने तक को विवश कर सकता है।

(ऊ) स्पर्श के द्वारा भी यादाश्त को ताजा किया जा सकता है। स्पर्श का अनुभव जितना करीब से होता है, उतनी ही तेजी से याददाश्त ताजा हो जाती है। क्या किसी बच्चे के कोमल हाथों के स्पर्श ने आपकी संतान के बालपन की याद दिलाते हुए शरीर में झुरझुरी पैदा करने का काम किया है? क्या लोहे के दरवाजे को छूने से कभी करंट लगा है? यदि हाँ, तो स्वाभाविक तौर से लोहे का दरवाजा देखते ही घटना ताजा हो जाएगी और आप सचेत हो जाएँगे।

याद रखने योग्य है कि इस प्रकार के तमाम अनुभव याददाश्त का हिस्सा होते हैं। कई बार तो घटना का पूरा क्रम हूबहू याद रह जाता है। क्या कभी जंगल में घूमते समय किसी शिकारी की गोली कान के पास से सर्रर करती हुई निकली है? यदि हाँ, तो वह सरसराहट आप कभी नहीं भूल सकते। दरअसल असाधारण अनुभव साधारण अनुभवों के मुकाबले ज्यादा याद रहते हैं।

2. उपयोगी एवं लाभकारी कल्पना

अब तक पेश किए गए सभी उदाहरण और प्रयोगों के जरिए कल्पना की पुनरुत्पत्ति को दरशाया गया है। कल्पना की पुनरुत्पत्ति का अनुभव आनंददायक या फिर डरावना हो सकता है। जीवन में इन अनुभवों का बहुत महत्त्व होता है; लेकिन कल्पना की पुनरुत्पत्ति का महत्त्व स्वयं तैयार की गई उपयोगी कल्पना के मुकाबले बहुत कम होता है।

स्वयं तैयार की गई कल्पना अनूठी होती है। ऐसी कल्पनाओं में नयापन होता है, जो आम आदमी का मन मोह लेता है। अपने सपनों की कल्पना को आकार देने की कोशिश कीजिए, निश्चित रूप से परिणाम बहुत आकर्षक होंगे। याद रहे कि आश्चर्यजनक खोजों का आधार सपने ही होते हैं। राइट बंधुयों का आसमान में उड़ने का सपना ही हवाई जहाज के निर्माण का आधार बना था।

अत: साहित्यकार, लेखक, कवि, वक्ता इत्यादि सपनों के महत्त्व को भलीभाँति समझते हैं। इनके लिए हर सपना प्रेरणा का नया स्रोत होता है। एक महत्त्वपूर्ण तथ्य पर ध्यान देने की आवश्यकता है—कल्पना मानव मस्तिष्क की सबसे बड़ी संपत्ति होती है। सही उद्‍देश्यों से प्रेरित कल्पना जन-कल्याण की नीतियों को जन्म देती है। बाल्यकाल में बच्चे का ताजा दिमाग कल्पना के माध्यम से ही विचार करता है, अत: बच्चों के विचारों की शक्ति को महत्त्व देना आवश्यक होता है। बच्चों में वास्तविक और अवास्तविक चीजों का भेद नहीं होता। बच्चे परी, उड़नेवाला घोड़ा, टॉफियों का शहर जैसे कई विचारों को सत्य मानते हैं। लेकिन शिक्षित एवं अनुभवी व्यक्ति आसानी से वास्तविकता और अवास्तविकता के भेद को समझ जाते हैं।

बच्चों के बाधा-रहित विचारों का बहाव बिना ईंधन से चलनेवाले पानी के जहाज की कल्पना कर सकता है; लेकिन शिक्षित व्यक्ति जहाज बनाने की वैचारिक प्रक्रिया में सभी पहलुओं पर ध्यान देता है और इस प्रक्रिया में मौजूद कठिनाइयों से हतोत्साहित होकर कल्पना को ठंडे बस्ते में डाल देता है।

शतरंज का खेल, योद्धाओं की रणनीति, ज्यामितीय सिद्धांत, व्यापारिक योजनाएँ, कारखाने में फिजूलखर्ची घटाने का विचार, किसी महान् नाटक की निंदा, आर्थिक बाधा से निपटने की युक्ति, उत्तम कविता की रचना और दर्शकों को प्रभावित करने की योजना उचित कल्पना के द्वारा ही पूरी की जा सकती हैं। फसल में केवल बीज देखनेवाला किसान अन्न का उत्पादन नहीं कर सकता। केवल कल्पना की पुनरुत्पत्ति की योग्यता से संतुष्ट नहीं होना चाहिए। स्वयं के विचार और कल्पना ज्यादा महत्त्वपूर्ण होते हैं। 'क्या है' की सोच के मुकाबले 'क्या हो सकता है' की विचारधारा ज्यादा कारगर होती है।

II. भाषण के दौरान कल्पना का उपयोग

इस अध्याय में कल्पना से संबंधित चर्चा से स्पष्ट हो गया है कि किस प्रकार वक्ता कल्पना-शक्ति के इस्तेमाल से दर्शकों को प्रभावित कर सकता है। लेकिन कुछ विशेष परिस्थितियों में इस प्रतिभा के उपयोग की जानकारी कराना आवश्यक है।

1. भाषण के दौरान कल्पना का उपयोग

(अ) भाषण तैयार करते वक्त दर्शकों की उपस्थिति की कल्पना कीजिए। हालाँकि ऐसा करने में निराशा हावी हो सकती है; लेकिन आत्मविश्वास के माध्यम

से निराशा पर काबू पाया जा सकता है। भाषण तैयार करते वक्त दर्शकों की संख्या, मंच की भव्यता, दर्शकों के शैक्षिक स्तर, स्वभाव, भाषण के उपलक्ष्य और बाकी वक्ताओं की उपस्थिति की जानकारी हो तो जाहिर तौर पर भाषण को परिस्थिति के मुताबिक ढाला जा सकता है।

(आ) भाषण के सभी हिस्सों को तैयार करते वक्त भाषण की संपूर्णता को सदा याद रखें। भाषण के किसी भी हिस्से में मामूली सा भटकाव भाषण के प्रभाव को नष्ट कर सकता है। इसके अलावा, भाषण में प्रस्तुत किए जानेवाले विचारों का क्रम सही एवं सटीक होना चाहिए।

(इ) भाषण के दौरान इस्तेमाल की जानेवाली भाषा-शैली का चयन भी बहुत महत्त्वपूर्ण होता है। भाषा का चयन दर्शकों के मुताबिक होना चाहिए। उदाहरण के तौर पर, अति शिक्षित दर्शकों के समक्ष इस्तेमाल की जानेवाली भाषा का इस्तेमाल छात्रों के बीच नहीं किया जा सकता।

याद रहे कि कल्पना-शक्ति से भाषण में विविधता आती है। यदि भाषण में ताजा उदाहरणों और सुझावों की कमी है तो भाषण बिना फूल के बगीचे जैसा नीरस हो जाएगा।

ओ हेनरी की कथा 'द हारबिंजर' में इस्तेमाल किए गए ताजेपन और वाक्‌चातुर्य पर ध्यान दीजिए।

उदासहीन मौसम के बीच जब देहाती इलाकों में वसंत ऋतु की आहट को महसूस किया जाता है, उस वक्त शहरी जीवन में हरियाली की कल्पना तक नहीं की जाती। शहरी व्यक्ति उस वक्त नाश्ते की मेज पर अंडे और डबल रोटी का स्वाद ले रहा होता है। चारदीवारी के बीच उसे मौसम में बदलाव का अहसास तक नहीं होता। अखबार के पन्ने पलटते वक्त कहीं लिखा दिखता है कि वसंत आने वाला है; लेकिन अफसोस, इसका अहसास उसे तब भी नहीं होता।

बहुत तीक्ष्ण ज्ञानेंद्रियाँ ही वसंत ऋतु की आहट महसूस कर सकती हैं। साधारण व्यक्ति को इसका अहसास नहीं होता। इस समस्या के निवारण के लिए एसोसिएट प्रेस ने एक युक्ति तैयार की है।

हैक्नसैक में लाल गलेवाले एक पक्षी का कुंजन, बैनिंगटन में चिनार के वृक्षों का लहराना, सायरेक्स की मुख्य सड़कों पर घास की उपज, नीलकंठ का चहचहाना, बत्तखों और हंसों के बीच उत्तेजना, सेंट लुइस का सालाना तूफान, जंगली हंसों का सालाना आवागमन, दवा विक्रेताओं का मलेरिया की दवाओं की कीमतों को बढ़ाने की कोशिश करना, किसी ऊँचे वृक्ष पर बिजली का गिरना,

मौज-मस्ती के लिए बाहर से आए लोगों का जमावड़ा, नदियों में जमी बर्फ का चटकना और घास के मैदानों में बैगनी फूलों के खिलने को वसंत ऋतु आने की आहट के तौर पर जाना जाने लगा है। शहरी लोगों के लिए यह संकेत वसंत ऋतु के आगमन की पहचान करवाते हैं। जबकि किसानों को इन संकेतों की जरूरत नहीं होती, वह तो हवा में बदलाव से ही वसंत के आगमन को भाँप लेते हैं।

मौसम में बदलाव के यह सभी बाहरी संकेत हैं, असल संकेत तो मन से महसूस किए जाते हैं। स्टीफन के लिए कोला और माइक के लिए मैगी खाने की इच्छा ही वसंत का आगमन होती है। किसी लेखक ने कहा है कि आज के दौर में शहरी लोगों के लिए अखबार वसंत ग्रामीण लोगों की जानकारी से पहले ही ले आते हैं। पुराने समय में प्रेम की लालसा का भाव वसंत के आगमन का संकेत हुआ करता था।

2. भाषण के दौरान कल्पना

भाषण के दौरान बोलने की धुन सवार होने लगे, बोलने में स्वाभाविकता और सरलता महसूस होने लगे तो मान लीजिए कि अब लोहा गरम है। ऐसे मौके पर प्रभावी विचार बहुत आकर्षक हो जाता है। दिलचस्प है कि ऐसे मौके पर कल्पना-शक्ति बढ़ जाती है।

ऐसी स्थिति में ध्यान रहे—

(अ) पुराने भावों को याद करें तथा इसके अलावा कुछ और न सोचें। कलाकार संवाद को दोहराते वक्त पुराने भावों को प्रस्तुत करने में सक्षम होता है। इसी प्रकार वक्ता को भी इस कला में निपुण होना चाहिए।

(आ) विचार से संबंधित दृश्य को वास्तविक रूप में याद करना चाहिए।

(इ) दृश्य की बारीकियों को याद कीजिए और प्रस्तुतीकरण के दौरान स्वरों के उतार-चढ़ाव का खयाल कीजिए। इस प्रकार व्याख्यान के प्रभाव में समानता बनी रहेगी। 'शराब से घर बरबाद होता है' जैसे उदाहरणों को सामान्य तौर पर पेश मत कीजिए। इस उदाहरण को प्रभावशाली बनाने के लिए शराब के कुप्रभावों पर रोशनी डालिए, जैसे—शराब से पैसों और सेहत की बरबादी होती है। शराब के नशे में व्यक्ति घर पर लड़ाई करता है, गाली-गलौज करता है और बच्चों को बिना वजह मारता है। इसी प्रकार युद्ध की क्रूरता के व्याख्यान के लिए सैनिकों के कटे हाथ-पैर, घायल सैनिकों का पानी के लिए कराहना, सैनिकों की लाश पर विधवाओं का विलाप और बच्चों की असहाय हालत का चित्रण करना चाहिए। ऐसे मौकों

पर सामान्य बोलचाल की विधि प्रभावशाली नहीं होती, घटना का भावात्मक चित्रण करने की आवश्यकता होती है। चित्रण कुछ ऐसा होना चाहिए कि दर्शक आसानी से व्याख्यान के जरिए खुद चित्रण कर सकें। इस प्रकार दर्शक सीधे वक्ता के भावों से जुड़ जाते हैं।

III. कल्पना के अभ्यास की कला अर्जित करना

उस अमेरिकन राजनेता की बात जरूर याद होगी, जिसने कहा था, 'किसी कार्य को पुनः आरंभ करने के लिए उसे पुनः आरंभ करने की ही आवश्यकता होती है।' इस सिद्धांत का प्रयोग स्पष्ट होता है।

इस अध्याय की साधारण समीक्षा से शुरुआत कीजिए। स्वयं की कल्पना-शक्ति का आकलन कीजिए। एक-एक कर कई प्रकार की कल्पनाओं का अभ्यास कीजिए। इसके बाद घटना की वजहों को कल्पना में शामिल कीजिए। कई कल्पनाएँ बहुत उलझी होती हैं, जैसे—कई आवाजों का मिश्रण, लोगों की ज्यादा तादाद, एक के बाद एक तेजी से घटनेवाली घटनाएँ व हादसे इत्यादि। ऐसी स्थिति में स्पष्टता की ओर जाने की कोशिश कीजिए।

कल्पना की पुनरुत्पत्ति के अभ्यास के बाद स्वयं कल्पना का अभ्यास कीजिए। कल्पना के सभी पहलुओं का ताना-बाना बुनने का अभ्यास कीजिए। सभी उलझनों को दूर करने की प्रतिभा का विकास कीजिए।

इसी के साथ खुद को आँकड़ों की भाषा बोलने में निपुण बनाइए। किसी घटना को अलग नजरिए से समझने और उसका सही आकलन करने का अभ्यास कीजिए। निष्कर्ष यह है कि इससे पहले कल्पना व्यक्ति पर हावी हो, अभ्यास के द्वारा व्यक्ति को कल्पना-शक्ति पर हावी हो जाना चाहिए।

□

27

शब्दकोश का विकास

पतंग उड़ाते वक्त लड़के सफेद पंखों की चिड़ियों को चुनौती देते हैं;
लेकिन शब्दों की बौछार के दौरान ऐसा नहीं किया जा सकता।
'आग से चौकन्ना रहना चाहिए'—हम जानते हैं, यह अच्छी सलाह है;
'शब्दों को ध्यान से चुनिए', यह दस गुना ज्यादा अच्छी सलाह है।
विचारों को प्रकट न करने से संभवतः धीरे-धीरे उनका अंत हो सकता है;
लेकिन मुँह से निकले शब्दों का अंत स्वयं ईश्वर भी नहीं कर सकता।

—विल कार्लेटन, द फर्स्ट सैटलर्स स्टोरी

'शब्दकोश' एक सामान्य शब्द है, लेकिन इसका विशेष महत्त्व होता है। रोजमर्रा की भाषा में शब्दकोश के अधिकतर शब्दों का उपयोग किया जाता है और इन्हीं शब्दों के उपयोग से नए शब्दकोश का विकास होता है। उपयोग के आधार पर विकसित शब्दों का विशेष महत्त्व होता है। ये ऐसे शब्द होते हैं, जिनका उपयोग अन्य भाषाओं में भी किया जाता है और वहाँ भी इनका उपयोग विशेष महत्त्व को दरशाने के लिए ही होता है।

इस प्रकार दर्शकों के समक्ष भाषण प्रस्तुत करने की योग्यता रखनेवाला व्यक्ति किसी कवि, साहित्यकार, लेखक, वैज्ञानिक या दार्शनिक से कम नहीं होता। ये लोग सामान्य तौर पर शब्दों के कोश को बढ़ाते रहते हैं। ये लोग शब्दों के ऐसे समूह का विकास करते हैं, जिससे किसी विशेष स्थिति को समझने और समझाने में सरलता होती है। 'प्रभावशाली वक्ताओं पर किए गए अध्ययन से पता

चला है कि वक्ताओं को शक्ति, व्यापकता, विस्तार, रफ्तार, हरकत, रंग, ऊर्जा इत्यादि का भाव दरशानेवाले शब्दों से ज्यादा लगाव होता है। वक्ता विभिन्न भावनाओं को दरशानेवाले शब्दों का भी प्रयोग पसंद करते हैं। वक्ता व्याख्यान करनेवाले शब्द, संज्ञा के साथ उपयोग में आनेवाले गुणवाचक शब्द और उपयुक्त उपाधि दरशानेवाले शब्दों का स्वतंत्रता से इस्तेमाल करते हैं।'

नोट्स बनाने की आदत

शब्द की पूर्णता समझने के लिए तीन बातों का खयाल रखना चाहिए—शब्द के विशेष और विस्तृत अर्थ को समझना, अन्य शब्दों के साथ संबंध को समझना और शब्द के उचित उपयोग को समझना। जब किसी शब्द के जाने-पहचाने उपयोग को किसी अनजाने भाव के साथ सुना जाता है तो उसे कहीं लिख लेना चाहिए और उसके विशेष उपयोग को गहराई से समझना चाहिए। उन वक्ताओं से प्रेरणा लेनी चाहिए, जो निरंतर शब्दकोश का विकास करते रहते हैं और हर नए शब्द के प्रति जिज्ञासा रखते हैं। नए शब्दों को जानने और समझने की जिज्ञासा से शब्दकोश में निरंतर वृद्धि होती है। किसी भी नए शब्द का पाँच बार प्रयोग कीजिए, निश्चित तौर पर शब्द आपका हो जाएगा। प्रो. ई. हेन्कॉक ने कहा है, 'लेखक का शब्दकोश दो प्रकार का होता है—सक्रिय और गुप्त। गुप्त शब्द वे होते हैं, जिनका अर्थ लेखक भलीभाँति समझता है, जबकि सक्रिय शब्दों को लेखक सरलता से व्यक्त करता है। हर कुशल व्यक्ति को इस्तेमाल में लाए जानेवाले सभी आवश्यक शब्दों की जानकारी होती है, लेकिन मौके पर इन शब्दों को याद करना आसान नहीं होता। गुप्त शब्दों को सक्रिय तौर पर इस्तेमाल करने की कला अभ्यास से आती है।' अर्थात् सक्रिय शब्दकोश को विशेष तौर पर तैयार करने की आवश्यकता होती है।

'कॉलेज मैगजीन' के लिए लिखे गए निबंध के एक अध्याय 'याददाश्त और चित्रण' में स्टीवेंसन ने बखूबी दरशाया है कि किस प्रकार शब्दों की नकल का अभ्यास खुद के अंदाज में तब्दील हो जाता है। उन्होंने खुद के साहित्यिक अंदाज विकसित होने का उदाहरण दिया है। स्टीवेंसन के अनुसार, शब्द अंदाज विकसित करने के लिए कच्चे माल का काम करते हैं। यह उदाहरण वक्ताओं के लिए काफी उपयोगी सिद्ध हो सकता है। शब्दों का तुलनात्मक भाव शब्दों के अर्थ से ज्यादा महत्त्व रखता है।

'जब भी मैं किसी पसंदीदा किताब या किताब के ऐसे अंश को पढ़ता हूँ,

जिसके संदेश का औचित्य स्पष्ट होता है या स्पष्टता का अभाव होता है अथवा फिर विशेष अंदाज होता है, तो मैं कुछ देर के लिए बैठ जाता हूँ और उस अंदाज को खुद में उतारने का अभ्यास करता हूँ। मैं कई बार नाकाम रहा हूँ; लेकिन मैंने कोशिश कभी नहीं छोड़ी। मैं कोशिशों के बावजूद नाकाम रहा हूँ। कई बार तो मुझे नाकामी के अलावा कुछ हासिल ही नहीं हुआ। लेकिन नाकामी भी कुछ-न-कुछ जरूर सिखाती है; कुछ ऐसा, जो कामयाबी नहीं सिखा सकती।

'अत: मैंने हैज्लिट, लैंब, वर्ड्सवर्थ, सर थॉमस ब्राउन, हॉथ्रोन और मॉण्टेगनी की नकल उतारना सीखनेवाले वानरों की तरह परिश्रम किया है।

'पसंद आए या न आए, लेकिन सीखने का मूल मंत्र तो यही है; चाहे फायदा मिले या न मिले, सीखने का एकमात्र रास्ता तो यही है। यही वह तरीका है, जिससे कीट्स ने सीखा और इसमें कोई दो राय नहीं कि साहित्य के लिए कीट्स से बेहतर नजरिया हो ही नहीं सकता।'

शब्दकोश संग्रह का उपयोग

किसी शब्द के अर्थ की जानकारी के लिए केवल सामान्य ज्ञान से संतुष्ट नहीं होना चाहिए—गहन अध्ययन के द्वारा शब्द के महत्त्व और इस्तेमाल पर निपुणता हासिल करनी चाहिए। शुरुआती दौर में भाषा का बहाव तुच्छ प्रतीत हो सकता है, लेकिन भाषा की शुद्धता को हमेशा सराहा जाता है। शब्दकोश पुस्तिका में शब्द विशेषज्ञों का ज्ञान छिपा होता है। महान् लेखक शब्दकोश पुस्तिका के महत्त्व की उपेक्षा नहीं करते और न ही शब्दों की सर्वमान्य परिभाषा पर सवाल उठाते हैं।

इसके अलावा पर्यायवाची और विलोम शब्दों से संबंधित पुस्तक का सावधानी से अध्ययन कीजिए। भाषा में शब्दों के सटीक पर्यायवाची कई बार ज्यादा प्रभावशाली होते हैं। चोर, चूक, गबनकर्ता, धोखेबाज, लुटेरा, डाकू, समुद्री डाकू जैसे शब्दों में छिपे भावों की बारीकियों पर ध्यान दीजिए; या फिर यहूदी, जिऊ और इस्राइलवासी शब्दों के अंतर को समझने की कोशिश कीजिए। याद रहे, शब्दकोश पुस्तिका के बिना पर्यायवाची पुस्तक का कोई महत्त्व नहीं होता। डॉ. फ्रांसिस ए. मार्च द्वारा लिखित 'अंग्रेजी भाषा का थिसोरस' विस्तृत जरूर है, लेकिन इसमें पूर्णता और प्रभुत्व शामिल है। बाजार में पर्यायवाची और विलोम शब्दों से संबंधित पुस्तकों की भरमार है, अत: ध्यान रखें कि सटीक एवं प्रमाणित लेखक की पुस्तक ही चुनी जाए।

भाषा को जोड़नेवाले शब्दों की जानकारी भी बहुत महत्त्वपूर्ण होती है। भाषण देते वक्त और, अथवा, कब, जब, तब, अर्थात् इत्यादि शब्दों के गलत

इस्तेमाल से बहाव टूट जाता है।

शब्दों के उचित इस्तेमाल से प्रभाव बढ़ता है। दुनिया की सभी भाषाओं के शब्दकोशों का निरंतर विकास हो रहा है। सभी भाषाओं में विदेशी शब्द सम्मिलित किए जाते रहे हैं और यह प्रक्रिया आज भी जारी है। दरअसल इसी प्रकार भाषा का विस्तार होता है।

मुहावरों और कहावतों से संबंधित पुस्तक के अध्ययन से ज्ञात होगा कि आज की भाषा-शैली में किस प्रकार संदेश के अर्थ को अनर्थ में तब्दील कर दिया गया है। अर्थात् भाषा से संबंधित सभी शैलियों का गहन अध्ययन आवश्यक होता है।

शब्दों के अर्थ की जानकारी रखनेवालों से चर्चा

भाषण-शैली में आम तौर पर रोजमर्रा में इस्तेमाल की जानेवाली भाषा का इस्तेमाल होता है। इस प्रकार दर्शकों से संबंध स्थापित करना आसान हो जाता है। अत: वक्ता को भाषा और शब्दों की जानकारी रखनेवाले बुद्धिजीवियों के संपर्क में रहना चाहिए। किसी शब्द के महत्त्व पर किया गया वाद-विवाद निस्संदेह सकारात्मक परिणाम पर खत्म होता है। ऐसे वाद-विवादों से शब्द की बारीकियों की जानकारी मिलती है। शब्दों के अर्थ को गहराई से समझनेवाले वक्ता के व्यक्तित्व में वजन स्वाभाविक तौर पर महसूस होते लगता है।

सटीक शब्द खोजने में ईमानदारी बरतनी चाहिए

पुस्तक के गहन अध्ययन से पुस्तक का महत्त्व तीन गुना बढ़ जाता है। शब्दकोश को रोजाना दिए गए दस मिनट चमत्कार कर सकते हैं। फ्लॉबर्ट ने कहा है, 'मैं अपनी लेखन-शैली से चिड़चिड़ा होने लगा हूँ।' 'मैं ऐसा व्यक्ति हूँ, जो संगीत का आनंद तो उठा सकता है, लेकिन वॉयलिन पर संगीत पैदा नहीं कर सकता। मैं मस्तिष्क में धुन सोच तो सकता हूँ, लेकिन वास्तव में बजा नहीं सकता। दरअसल धुन तैयार करने का सामर्थ्य मुझमें है ही नहीं। इस प्रकार बेचारे की आँखों से आँसू टपकने लगे और हाथ से वॉयलिन नीचे गिर गया।'

फ्रांस के इसी विद्वान् पुरुष ने यह भी कहा था, 'व्यक्ति जो भी कहना चाहता है या जो भी भाव व्यक्त करना चाहता है, उसे व्यक्त करने के लिए कोई-न-कोई शब्द जरूर होता है। किसी एक क्रिया से उसका चित्रण किया जा सकता है। केवल एक गुणात्मक शब्द उसे परिभाषित कर सकता है। आवश्यक है कि उस शब्द की खोज की जाए। ऐसे शब्द की खोज तक शांति से नहीं बैठना चाहिए।'

वॉल्टर सैवेज लैंडोर ने लिखा है, 'मुझे गलत शब्दों से नफरत है। शब्दों का इस्तेमाल बहुत सावधानी के साथ करना चाहिए। गलत शब्द बोलने के मुकाबले चुप रहना ज्यादा अच्छा होता है।' जेम्स एस. बेरी ने अपने उपन्यास का शीर्षक उपन्यास के नायक 'टॉमी' के नाम पर रखने का फैसला लिया। उन्होंने लिखा कि उपन्यास का नायक टॉमी लेखक की जगह शेर बन जाए तो कोई आश्चर्य नहीं होगा!

टॉमी ने अपने एक मित्र के साथ 'गिरजाघर में एक दिन' नामक शीर्षक पर निबंध लिखने के लिए स्कूल प्रतियोगिता में हिस्सा लिया। वह निबंध के विषय में लगातार बोलता रहा और फिर शब्दों के अभाव के कारण अचानक चुप हो गया। लगभग एक घंटे तक वह सटीक शब्द की खोज करता रहा, तभी उसे पता चला कि निबंध लिखने का निर्धारित समय खत्म हो गया है और वह प्रतियोगिता हार चुका है। बाकी व्याख्यान बैरी की जुबानी सुनिए—

निबंध! वह कोई निबंध ही नहीं था। ऐसा लग रहा था, किसी पेड़ के नाम पर केवल टहनी पेश की गई हो, निबंध के दूसरे पन्ने पर सबकुछ अचानक ठहर गया था। हाँ, ठहराव एकदम सही भाव है। टॉमी के पास निबंध को आगे बढ़ाने का कोई रास्ता नहीं था। वह अचानक ठहर गया, जैसे कहीं बुरी तरह फँस गया हो।

शब्दों की कमी की वजह से टॉमी को जनता का तिरस्कार सहना पड़ा। कौन से शब्द? अध्यापकों ने चिड़चिड़ाहट के साथ टॉमी से सवाल पूछे, तुम किन शब्दों की खोज में अटक गए थे? लेकिन वह फिर भी नहीं बता सका। वह किसी ऐसे शब्द की तलाश में था, जिससे यह स्पष्ट हो जाए कि गिरजाघर में कितने लोग मौजूद थे। वह शब्द बार-बार उसकी जुबान पर आ रहा था, लेकिन सभी प्रयास विफल साबित हुए। जन-समूह उसके जेहन में चल रहे शब्द के काफी करीब था, लेकिन फिर भी इस शब्द से उसे अपने भाव प्रकट करने में असुविधा महसूस हो रही थी। वह घंटों तक आँखें झपकाता रहा, सही शब्द की तलाश में घंटों सोचता रहा; लेकिन केवल निराशा हाथ लगी।

सभी अध्यापक बहुत नाराज थे। एक अध्यापक ने चिल्लाते हुए कहा, 'अरे बेवकूफ, एक शब्द के लिए तुमने निबंध लिखना छोड़ दिया। जन-समूह के भाव को प्रकट करने के लिए दर्जनों शब्द हैं। तुम्हें इसके अलावा कोई भी शब्द याद नहीं आया? क्या तुम जन-सैलाब या…'

टॉमी ने तुरंत जवाब दिया, 'मैं जन सैलाब शब्द की ही खोज कर रहा था। कसम खाता हूँ, यही वह शब्द है।'

अध्यापक ने कहा, 'लेकिन जन सैलाब का इस्तेमाल गिरजाघर के लिए कैसे

किया जा सकता है। जन सैलाब का मतलब है कि लोग शांति से नहीं बैठे थे, बल्कि मक्खियों की तरह इधर-उधर भिनभिना रहे थे।'

तभी अधीरता के साथ एक अध्यापक ने कहा, 'इस शब्द का अर्थ सटीक हो या न हो, यदि कोई और शब्द याद नहीं आ रहा था तो इसी का इस्तेमाल किया जा सकता था। निश्चित तौर पर निबंध लिखते समय उसी शब्द का इस्तेमाल करना चाहिए, जो सबसे पहले दिमाग में आए।'

टॉमी के प्रतियोगी मैक ने फट से कहा, 'मैंने बिलकुल ऐसा ही किया था।'

अध्यापक मि. ग्लॉग ने कहा, मैक ने 'भारी भीड़' शब्द का इस्तेमाल लिया, जो अच्छा एवं सार्थक शब्द है।'

टॉमी ने फिर जवाब दिया, 'मैंने भी 'भारी भीड़' शब्द के बारे में सोचा था; लेकिन इससे महसूस होता है कि गिरजाघर में पैर रखने तक की जगह नहीं थी। मैं किसी बीच के शब्द की तलाश कर रहा था।'

एक और अध्यापक ने कहा, 'तो फिर केवल 'भीड़' शब्द का इस्तेमाल किया जा सकता था।'

टॉमी ने जवाब दिया कि 'भीड़ से कुछ कम लोगों का आभास हो रहा है।'

'मूर्ख, तो फिर 'जन-समूह' शब्द में क्या खराबी थी?'

'नहीं, जन-समूह भी पर्याप्त शब्द नहीं है।'

'मैं जन-समूह और जन-सैलाब के बीच के शब्द की खोज में था।'

मि. ग्लॉग ने निराशा के साथ हाथ झटकने शुरू कर दिए।

वहाँ मौजूद प्रधानाध्यापक, जो काफी देर से टॉमी की ओर प्रशंसा के भाव से देख रहे थे, बीच में बात काटते हुए बोले, 'तो इसमें तो भ्रम का स्थान ही नहीं है। तुम 'जन-सैलाब जैसी स्थिति' या फिर 'आम भीड़ से कुछ ज्यादा' शब्द समूह का इस्तेमाल कर सकते थे।'

वहाँ पर मौजूद बाकी अध्यापकों ने समर्थन के साथ कहा, 'हाँ, क्यों नहीं! यह एकदम ठीक है।'

टॉमी ने जवाब दिया, 'लेकिन मुझे केवल एक शब्द की आवश्यकता थी।'

अध्यापक ग्लॉग ने कहा, 'किसी सही और सटीक शब्द का चयन करना आसान होता है। मुझे इसमें खास मुश्किल नजर नहीं आ रही है।'

टॉमी ने कहा, 'ऐसा नहीं है। यह उतना ही मुश्किल है, जितना पत्थर से गिलहरी को मार गिराना।'

प्रधानाध्यापक ने टॉमी के इस तर्क का समर्थन किया।

इसके पश्चात् एक विचित्र घटना घटी। घर जाने से पहले (अध्यापक एक बार टॉमी को कान पकड़कर कक्षा से बाहर निकाल चुका है) टॉमी ने धीरे से दरवाजा खोलते हुए कक्षा के भीतर झाँका। झाँकते समय टॉमी के चेहरे पर आश्चर्य का भाव था और आँखों में आँसू झलक रहे थे। उसने उत्साह के साथ चिल्लाते हुए कहा, 'मुझे वह शब्द मिल गया है। वह शब्द अचानक मेरे दिमाग में आया। वह शब्द है रेला। हाँ, गिरजाघर में लोगों का रेला लगा था।'

टॉमी की बात सुनकर प्रधानाध्यापक प्रसन्नता से खिल उठे। उन्होंने मन-ही-मन कहा, 'यह छात्र लगातार सोचता रहा और अंत में सही शब्द तक पहुँच ही गया। यह छात्र किसी विद्वान् से कम नहीं है।'

□

28

स्मरण-शक्ति का प्रशिक्षण

मस्तिष्क के विभिन्न हिस्सों में सन्नाटा रहता है,
हमारे विचार कई कड़ियों से जुड़े होते हैं;
एक हिस्से की जागृति से हजारों विचार जन्म लेते हैं।
विचार आएँगे और उड़ जाएँगे, यही प्रक्रिया चलती रहेगी।

जय हो, याददाश्त की जय हो! यह कभी न खत्म होनेवाला खजाना है।
वर्षों बाद भी याददाश्त बरकरार रहती है, पुरानी यादें ताजा होती रहती हैं।
विचार और विचारों के साथ जुड़ा चिंतन कभी भुलाया नहीं जा सकता,
याददाश्त पर घटना से संबंधित स्थान और समय का सदा अधिकार रहता है।

–सैम्युअल रोजर्स, *याददाश्त का सुख*

ठाकरे जैसे कई महान् वक्ताओं ने भाषण के सबसे महत्त्वपूर्ण हिस्सों की रचना मंच से घर लौटते वक्त की है। मार्क ट्वेन ने अकसर घटना की नजाकत का सही अर्थ घटना-स्थल से निकल जाने के बाद समझा है। मौके पर सही आकलन न कर पाने की योग्यता से कई वक्ता परेशान रहे हैं।

लीवरपूल में महान् भाषण प्रस्तुत करनेवाले वक्ता हेनरी वार्ड बीचर की सबसे बड़ी योग्यता ही यह थी कि वह कभी कुछ नहीं भूलते थे। उनकी याददाश्त सदा ताजा रहती थी। बीचर ने कहा है कि भाषण देते वक्त विषय से जुड़ी सभी घटनाएँ, वाद-विवाद एवं अपील याद रहती हैं। अत: भाषण देते वक्त बीचर

उदाहरणों की झड़ी लगा देते हैं। उनके मस्तिष्क में उदाहरण ऐसे पहुँच जाता है, जैसे देव मंत्रों के द्वारा दिव्य अस्त्रों का आवाहन किया जाता है। बैन जॉन्स अपने द्वारा लिखे गए किसी भी विचार, वाक्य, निबंध इत्यादि को दोबारा हूबहू लिखने की योग्यता रखते थे। स्केलिजर ने तीन हफ्तों में संपूर्ण 'इलियड' कंठस्थ कर ली थी। लॉक्स ने कहा है, 'बिना याददाश्त के मनुष्य एक बच्चे के समान होता है।' अरस्तू ने याददाश्त को बौद्धिक शक्ति का पैमाना बताया है।

इसमें कोई दो राय नहीं है कि अच्छी याददाश्त वक्ता के लिए वरदान के समान होती है। लेकिन क्या विचार, अनुभव, पढ़ाई इत्यादि द्वारा हासिल की गई जानकारी को याद करने का अभ्यास भी किया जा सकता है? यदि हाँ, तो किस प्रकार? जानने की कोशिश करते हैं।

बीस साल पहले एक अनाथ बच्चे ने न्यूयॉर्क के एक होटल में बरतन माँजने का काम शुरू किया। इसी दौरान पढ़ने में उसकी रुचि जाग्रत् हो गई और उसने हेनरी जॉर्ज के लेख 'तरक्की और निर्धनता' का अध्ययन किया। इस प्रकार ज्ञान के लिए उसकी जिज्ञासा बढ़ गई। वह पढ़ने का आदी हो गया। लेकिन उसे अहसास हुआ कि वह पढ़ा हुआ भूल जाता है, तो उसने स्वयं ही अपनी याददाश्त बरकरार रखने का अभ्यास शुरू कर दिया। इस प्रकार वह बच्चा दुनिया का सबसे महान् याददाश्त विशेषज्ञ बना। इस महान् व्यक्ति का नाम स्व. फैलिक्स बैरोल है। बैरोल दुनिया के किसी भी शहर में रहनेवाले लोगों को उनके पाँच हजार मूल निवास-स्थानों के बारे में बताने की योग्यता रखते थे। उनको किसी सभा में मिले चालीस लोगों का नाम याद रहता था। हैरत की बात है कि वह मिलने का क्रम भी याद रखते थे; यानी कौन पहले मिला, कौन सातवें, दसवें, पंद्रहवें या फिर चालीसवें क्रम में मिला। उन्हें इतिहास की सभी महत्त्वपूर्ण तारीखें याद थीं। खास है कि वह विभिन्न तारीखों का एक-दूसरे से संबंध भी स्थापित कर सकते थे।

याददाश्त में भ्रम के लिए जगह नहीं होती। याददाश्त का सटीक होना अत्यंत आवश्यक होता है। वक्ता के लिए याददाश्त की भूमिका अहम होती है। खास है कि याददाश्त को मजबूत करने का अभ्यास किया जा सकता है।

क्या नहीं करना चाहिए

शब्दों को रट्टे द्वारा याद करने का कोई लाभ नहीं होता। इस प्रकार शब्दों का पहाड़ तैयार होता रहता है। नए शब्द याद रहते हैं, लेकिन पुराने गायब हो जाते हैं। अफसोस कि विद्यालयों में भी इस प्रक्रिया का इस्तेमाल किया जाता है, अत:

किसी चीज को याद रखने का यह सिद्धांत स्वाभाविक महसूस होने लगता है। लेकिन हकीकत में इस प्रक्रिया से मस्तिष्क को हानि पहुँचती है। इसमें कोई दो राय नहीं कि कुछ व्यक्ति विलक्षण बुद्धि के साथ जन्म लेते हैं। ऐसे लोगों की याददाश्त बहुत तेज होती है। लेकिन सभी इस विशेषता के साथ जन्म नहीं लेते। निराश होने की जरूरत नहीं हैं, क्योंकि इस प्रतिभा को अभ्यास के द्वारा हासिल किया जा सकता है।

शारीरिक कष्ट और मानसिक उलझन के वक्त भी याददाश्त पर जोर डालना हानिकारक होता है। स्वस्थ शरीर ही उत्तम मानसिक क्रियाओं को जन्म देता है।

अंततः परंपरागत परिपाटी और सिद्धांतों का गुलाम नहीं बनना चाहिए। सामान्य तथ्यों की जानकारी और याददाश्त कार्य को सही दिशा देने में उपयोगी सिद्ध होते हैं। याद रखें कि किसी तथ्य को याद रखने के लिए दस शब्दों को याद रखना गलत सिद्धांत नहीं है। इस प्रकार घटना के क्रम को बखूबी याद रखा जा सकता है।

याददाश्त का प्राकृतिक सिद्धांत

किसी जानकारी या तथ्यों को याद करते वक्त मस्तिष्क को पूरी तरह उसी विषय पर केंद्रित करना चाहिए। भटकाव से स्मरण-शक्ति कमजोर हो जाती है। खरीदारी पर निकले लोग अकसर भूल जाते हैं कि उनसे क्या-क्या लाने को कहा गया था। आम तौर पर पत्नियों को अपने पतियों से यह शिकायत होती है। इस लापरवाही की वजह कमजोर याददाश्त नहीं होती। यदि सामान की सूची को ध्यान से सुना जाए तो चूक हो ही नहीं सकती। यदि आप भी इस समस्या के शिकार हैं तो एक बार इस सुझाव को अपनाकर जरूर देखिए। एकाग्रता और ध्यान से सुनने का मतलब यह नहीं है कि मस्तिष्क की सभी शक्तियों को केंद्रित किया जाए। विचारों में भटकाव से याददाश्त पर नकारात्मक असर पड़ता है। किसी चीज को याद रखने के लिए केवल उस पर ध्यान देने की जरूरत होती है। याद रखें कि जरूरत से ज्यादा ध्यान देना भी याददाश्त के लिए हानिकारक होता है।

आम तौर पर व्यक्ति उन्हीं विषयों पर ध्यान देता है, जिनमें उसकी रुचि होती है, बाकी बातों को नजरअंदाज कर दिया जाता है। आम तौर पर लोग सेब के बीज के स्वरूप और आकार पर ध्यान देते हैं। गांधीजी की पुण्यतिथि भी ज्यादातर लोगों को याद है। लेकिन फिर भी ऐसे लोगों की कमी नहीं है, जिन्हें दोनों में से कुछ भी याद नहीं है। पेड़ की टहनी पर लगी खरोंच समय के साथ भर जाती है और उसी

स्थान पर नई शाखा भी निकल आती है। लेकिन गैटिसबर्ग के पेड़ों पर आज भी पचासों साल पहले के निशान साफ दिखाई देते हैं। लापरवाही के साथ सुनी गई बात कभी याद नहीं रहती। ऐसी जानकारी जल्द मिट जाती है। दिमाग में इसका कोई सूत्र जीवित नहीं रहता। केवल गहराई से सुनी गई जानकारी को ही इच्छानुसार याद किया जा सकता है। हेनरी वार्ड बीचर ने कहा है, 'सपनों में बिताए गए वर्षों के मुकाबले जीवन का एक भावुक क्षण ज्यादा स्पष्ट तौर पर याद रहता है।' ध्यान से सुनिए, जानकारी जरूर याद रहेगी।

लेकिन सवाल है कि ध्यान को किस प्रकार केंद्रित किया जाए? किसी योद्धा की युद्धकला को किस प्रकार निखारा जाता है? एक कारगर तरीका यह है कि सैनिक की बंदूक और गोली-बारी की तादाद को बढ़ा दिया जाए। इसी प्रकार किसी जानकारी को याद रखने के लिए ध्यान ज्यादा केंद्रित करना चाहिए। जानकारी पर बार-बार विचार करना चाहिए। लापरवाही से पढ़ने की आदत याददाश्त को नुकसान पहुँचाती है। विषय में रुचि न होने के बावजूद ध्यान से पढ़ने की कोशिश करनी चाहिए। इस अभ्यास से याददाश्त मजबूत होती है।

माहौल से भी ध्यान केंद्रित करने में सहायता या असहायता मिलती है। ज्यादा शोर-शराबे में ध्यान केंद्रित करना मुश्किल होता है, अत: भीड़ में खुद को अकेला समझने का अभ्यास कीजिए। यकीन मानिए, यह मुमकिन है। किसी विषय को सुनते या पढ़ते वक्त दिमाग में चल रही बाकी सभी उलझनों को दूर करने का अभ्यास कीजिए।

अगला महत्त्वपूर्ण सुझाव यह है कि विषय से संबंधित महत्त्वपूर्ण तथ्यों पर ध्यान दीजिए और उन्हें याद रखने की कोशिश कीजिए। सभी तथ्यों को सही क्रम से व्यवस्थित कीजिए। सभी महत्त्वपूर्ण तथ्यों पर स्पष्टता के साथ विचार कीजिए। एक के बाद एक तथ्य पर ध्यान दीजिए। विषय से संबंधित महत्त्वपूर्ण तथ्यों को क्रमानुसार याद रखने का अर्थ है कि आप इस कला में निपुण होने लगे हैं।

याददाश्त की प्रक्रिया में तथ्यों का एक-दूसरे के साथ संबंध स्थापित करना बहुत महत्त्वपूर्ण होता है। याददाश्त बढ़ाने के अभ्यास में यह सिद्धांत सर्वोपरि है।

कुछ वक्ता केवल भाषण के मुख्य बिंदुओं को याद करते हैं और भाषण के दौरान मुख्य बिंदुओं को शब्दों से भर देते हैं। कुछ वक्ता मुख्य बिंदुओं से संबंधित विचारों के क्रम को याद करते हैं। इसके अलावा, कुछ वक्ता विचारों के क्रम को याद रखने के लिए मंच के आस-पास मौजूद चीजों के साथ क्रम का संबंध स्थापित कर लेते हैं। संभव है कि भाषण के दौरान विचारों का क्रम बिगड़ जाए।

मानकर चलिए कि क्रम में तीसरा विचार नाकामी से संबंधित था। ऐसे में मंच की किसी दीवार पर बंद घड़ी से नाकामी का पहले ही संबंध स्थापित कर चुका वक्ता इस मुख्य बिंदु को याद कर सकता है। इस प्रकार संबंध स्थापित करने की कला बहुत महत्त्वपूर्ण होती है। हाल ही में छह प्रकार की कल्पना-शक्ति चित्र, आवाज, गति, स्वाद, खुशबू और स्पर्श के महत्त्व पर भाषण देनेवाले वक्ता ने इस क्रम को याद रखने के लिए एक विचित्र शब्द तैयार किया 'चआगस्खुशस्पर्श' कागज के एक पुरजे पर लिखे इस शब्द के माध्यम से वक्ता को क्रम याद करने में बहुत सहायता मिली।

इसी प्रकार बच्चों को स्पेलिंग याद कराने का अभ्यास कराया जाता है। भाषा का ज्ञान न रखनेवाला कार ड्राइवर शुरू के कुछ शब्दों को याद कर लेता है और अंदाजा लगाने में माहिर हो जाता है। उदाहरण के तौर पर, रानी से रानी लक्ष्मीबाई रोड, गांधी से गांधी स्मारक रोड, महात्मा से महात्मा गांधी रोड। किसी महत्त्वपूर्ण गोल चक्कर से कटनेवाले पाँच एक जैसे रास्तों को याद रखने के लिए कुछ इस तरह का संबंध स्थापित किया जाता है—अ से अशोक रोड, अक से अकबर रोड, ज से जनपथ, क से कस्तूरबा गांधी और इ से इंडिया गेट। इसी प्रकार निशानियों को याद रखकर भी रास्तों का पता लगाया जा सकता है। दरअसल, मनोवैज्ञानिक प्रक्रिया बहुत सरल होती है—व्यक्ति संकेतों, निशानियों, अक्षरों आदि से संबंध स्थापित कर लेते हैं। अर्थात् संबंध स्थापित करने की इस प्रतिभा का लाभ उठाना चाहिए।

जानकारी को बार-बार दोहराने से भी याददाश्त मजबूत होती है। वरिष्ठ पत्रकार एवं राजनीतिज्ञ थरलो वीड्स रोजमर्रा की मुलाकातों में मिलनेवाले लोगों के नाम भूल जाया करते थे। इस कमजोरी से उबरने के लिए उन्होंने मुलाकात के दौरान लोगों के नाम ध्यान से सुनना शुरू किया। यही नहीं, उन्होंने अपनी पत्नी के साथ मिलनेवाले लोगों के नाम पर चर्चा करने की आदत डाल ली। इसमें शक नहीं कि माननीय वीड्स के साथ नाम भूलने की समस्या बहुत गंभीर हद तक पहुँच गई थी; लेकिन इस अभ्यास के द्वारा उन्होंने इस मुश्किल पर काबू पा लिया।

किसी अध्याय, विचार आदि को पढ़ने के बाद पुस्तक बंद कर देनी चाहिए और गौर से पाठ को जोर-जोर से दोहराना चाहिए, ऐसा करने से याददाश्त मजबूत होती है।

याददाश्त मजबूत करने के लिए एकाग्रता और जोर-जोर से पढ़ने के तरीके को कई महान् लोगों ने बहुत कारगर बताया है।

जो आप याद करना चाहते हैं, उसे लिखने की कोशिश करें। इस प्रकार पढ़ा हुआ याद करना आसान हो जाता है। यदि आप लिखने के बाद भाषण को जोर-जोर से पढ़ेंगे तो उसे ध्यान से सुनेंगे, और उस पर गौर फरमाएँगे तो भाषण कंठस्थ हो जाएगा। इस प्रक्रिया के दौरान आवाज, लिखावट और चित्रण के जरिए याददाश्त बनाए रखने में सहायता मिलती है।

कुछ लोग आवाज को सटीक तौर पर पहचानने में निपुण होते हैं। ये लोग देखी गई चीजों के मुकाबले सुनी गई आवाजों के माध्यम से घटना को याद करने में दक्ष होते हैं। यदि आप सुबह टहलने के किसी विशेष दिन को याद करते हैं तो आपको आस-पास के दृश्य याद आते हैं या आवाजें? जानने की कोशिश कीजिए कि आपकी याददाश्त में आवाज का ज्यादा महत्त्व है या दृश्य का। इन दोनों में से जो ज्यादा महत्त्वपूर्ण प्रतीत हो, उसको निखारने का अभ्यास कीजिए। किसी विचार को दिमाग में बैठाने के लिए सभी संभव विधियों का इस्तेमाल कीजिए।

रोजमर्रा की आदतें भी याददाश्त को मजबूत करने में सहायक होती हैं। मैराथन में हिस्सा लेनेवाले धावक से सीखिए। निरंतर व्यायाम, चाहे थोड़े ही समय के लिए क्यों न किया जाए, धावक की शक्ति को बरकरार रखता है। इसी प्रकार निरंतर अभ्यास से याददाश्त में भी बढ़ोतरी की जा सकती है। राह में गुजरनेवाले लोगों की वेशभूषा, अंदाज और शक्ल का विस्तार से व्याख्यान करने का अभ्यास कीजिए। अपने कमरे की बारीकियों पर ध्यान दीजिए, फिर आँखें मूँदकर कमरे की हर बारीकी का व्याख्यान कीजिए। किसी प्राकृतिक दृश्य को ध्यान से देखिए और फिर विस्तार से लेख लिखिए। ध्यान दीजिए कि व्याख्यान या लेख में आप क्या भूले और क्या याद रहा? खिड़की से सड़क की ओर झाँकिए, फिर उस दृश्य को याद कीजिए। ध्यान दीजिए कि आप क्या भूल गए? निरंतर प्रयास से याददाश्त, व्याख्यान और लेख का स्तर बढ़ता है। ऐसा अभ्यास व्यक्ति को निपुणता की ओर ले जाता है।

साहित्यिक रचना के सुंदर व्याख्यानों को बार-बार याद कीजिए। इस प्रकार न केवल याददाश्त बढ़ेगी, बल्कि साहित्य में छिपे सुंदर शब्द और मुहावरों का भी ज्ञान बढ़ेगा। यह अभ्यास नियमित रूप से करना चाहिए। अभ्यास की मात्रा कम या ज्यादा होने से कोई फर्क नहीं पड़ता। महत्त्व केवल निरंतर अभ्यास का होता है।

अंतत: अपने अंदर छिपे भय को बाहर निकालकर फेंक दीजिए। स्वयं से कहिए कि आप याद कर सकते हैं और आप में याद रखने के सभी गुण मौजूद हैं। स्वयं के विश्वास को मजबूत कीजिए और निपुणता की कल्पना कीजिए। यदि

आप में भूलने का भय हावी है तो कुछ भी याद रखना संभव नहीं है। भय को जड़ से उखाड़ना आवश्यक होता है। शुरुआत में निराशा मिल सकती है; लेकिन यकीन मानिए कि निरंतर प्रयास से हर समस्या से उबरा जा सकता है।

भाषण याद करना

अब तक दिए गए सभी सुझावों को आजमाकर देखते हैं। पहले इस अध्याय का दोबारा अध्ययन कीजिए। ध्यान दीजिए कि याददाश्त मजबूत करने में किन नौ विधियों का इस्तेमाल किया जाता है।

उन मुख्य बिंदुओं का अध्ययन कीजिए और जानने की कोशिश कीजिए कि याददाश्त बढ़ाने में यह सुझाव कितने कारगर हैं। इन सुझावों को अपने दिमाग में स्पष्टता के साथ स्थान दीजिए। अब किसी विचार को याद कीजिए। इसके बाद उस विचार के मुख्य बिंदुओं को याद कीजिए। विचार में छुपे संदेशों के क्रम को याद कीजिए। फिर सबकुछ एक साथ याद करने की कोशिश कीजिए।

ईमानदारी के साथ इस प्रक्रिया को पूरा करने के बाद याद किए गए विचार को दोहराने की कोशिश कीजिए। ध्यान दीजिए कि पहले के मुकाबले याद करना आसान हुआ या नहीं? इस अभ्यास को निरंतर दोहराते रहिए, कुछ समय बाद विश्वास खुद-ब-खुद बढ़ जाएगा। केवल एक छोटी सी शुरुआत मनचाही मंजिल तक पहुँचा सकती है।

समस्या से कैसे उबरें

ईमानदारी के साथ की गई मेहनत के बावजूद यदि परिणाम न मिलें तो क्या किया जाए? यह स्थिति बहुत दुःखद होती है, लेकिन इसका सामना करना चाहिए। निस्संदेह, ऐसी स्थिति में व्यक्ति निराश होकर हार मान लेता है। लेकिन ऐसी निराशा को नकार देना चाहिए। नए सिरे से शुरुआत करनी चाहिए। सच्ची मेहनत ही सफलता की कुंजी होती है।

मंच के आस-पास टहलने से स्वयं को भाषण के लिए तैयार करना आसान हो जाता है। विचारों का क्रम स्थापित होता है और किसी बड़ी चूक की संभावना कम हो जाती है। सबसे सटीक और प्रभावशाली तरीका यह है कि वाक्य के अंतिम शब्द के साथ अगले वाक्य की शुरुआत की जाए। इस प्रकार भाषण के दौरान भाषा का बहाव और विचारों का क्रम बरकरार रहता है। यदि इस तरीके का सहजता से इस्तेमाल किया जाए तो भाषण में कुछ नएपन की संभावना भी बढ़ जाती है। इस प्रकार मंच पर होनेवाला भटकाव विचारों की कड़ी को तोड़ने का काम नहीं करता।

आखिरी शब्द के सहारे वक्ता विचार के भाव को याद कर लेता है।

देखते हैं कि इस विधि से क्या फायदा होता है। मंच पर सोचे गए शब्द हालाँकि बहुत स्पष्ट नहीं होते, लेकिन अटकने से बेहतर है कि भाषण को जारी रखा जाए। भाषण की पूर्णता बोलने के दौरान होनेवाले उतार-चढ़ाव से ज्यादा महत्त्वपूर्ण होती है।

यदि आप कहें कि 'जॉन ऑफ आर्क ने स्वतंत्रता के लिए संघर्ष किया' तो स्वाभाविक तौर पर इस कथन का व्याख्यान कुछ इस प्रकार किया जा सकता है—

'स्वतंत्रता एक ऐसा सौभाग्य है, जिसके लिए मानव जाति सदा संघर्ष करती आई है। संघर्ष के उदाहरणों से इतिहास के पन्ने भरे हुए हैं। इतिहास मजदूरों, गुलामों और कमजोरों के संघर्षों का गवाह है। मध्यकालीन युग में वही शक्तिशाली माना जाता था, जिसके पास सेना होती थी, हथियार होते थे और किला होता था। लेकिन बंदूक की खोज के बाद मजबूत किलों की दीवारों, तीर, तलवार, भालों आदि का कोई महत्त्व नहीं रहा। स्वतंत्रता के संघर्ष में बारूद का महत्त्व सर्वोपरि रहा है। बारूद की खोज ने नए युग का निर्माण किया।'

इस प्रकार स्वाभाविक तौर पर एक विचार को दूसरे विचार से जोड़कर विचारों में संबंध स्थापित किया जा सकता है। विचारों को कुछ इस तरह और आगे बढ़ाया जा सकता है—

'बारूद और बंदूक की खोज से जहाँ एक ओर कमजोर और बेगुनाह मजदूरों, गुलामों और क्रांतिकारियों की हत्या की गई, वहीं कई निरंकुश राजाओं के किले भी ध्वस्त किए गए। स्वतंत्रता के संघर्ष में गोली-बारूद के दम पर कई क्रूर शासकों का तख्ता पलटा गया तथा मानव जाति के लिए नए युग का निर्माण किया गया।'

इस प्रकार के अभ्यास से भाषण के दौरान क्रम, विचार इत्यादि भूलने की स्थिति में बौखलाहट से बचा जा सकता है, साधारण एवं प्रभावशाली व्याख्यान के जरिए भाषण को खींचा जा सकता है। इस बीच छूटी हुई कड़ी को दोबारा पकड़ा जा सकता है। इसलिए सलाह है कि भाषण से संबंधित पृष्ठभूमि की जानकारी को आवश्यक महत्त्व देना चाहिए।

□

29

सही सोच एवं व्यक्तित्व

लोगों के अस्तित्व को रौंदने का कार्य तानाशाही कहलाता है। इस क्रूरता को कई और नामों से भी जाना जाता है।

—जॉन स्टुअर्ट मिल, *स्वतंत्रता संग्राम*

सही सोच से प्राकृतिक सौंदर्य एवं कलात्मक वस्तुओं को सरहाने की योग्यता विकसित होती है, इस प्रकार सही सोचने की क्षमता और सही करने का विश्वास विकसित होता है, विचारों से प्रेरित जीवन जीने की प्रेरणा मिलती है। यही नहीं, विश्वास, उम्मीद और प्रेम भी विकसित होता है।

—एन सी शेफर,
विचार करना एवं विचार करने का अभ्यास करना

वक्ता की सबसे महत्त्वपूर्ण संपत्ति उसका व्यक्तित्व होता है। व्यक्तित्व ही वक्ता की सफलता की पूँजी होती है। व्यक्तित्व ही वक्ता को आम लोगों से अलग बनाता है। सफलता के शिखर तक पहुँचने में व्यक्तित्व की भूमिका सबसे महत्त्वपूर्ण होती है। व्यक्तिगत जीवन और अंदाज, फायदे और नुकसान, दुःख और सुख के बिना मानव जीवन पशु समान हो जाता है। जॉन स्टुअर्ट मिल ने कहा है, 'कोई बुद्धिमान व्यक्ति नहीं चाहता कि उसे मूर्ख कहा जाए। कोई भी शिक्षित व्यक्ति खुद को अज्ञानी नहीं मानता। भावनाओं को समझनेवाला व्यक्ति स्वार्थी

नहीं हो सकता, चाहे उन्हें बार-बार मूर्ख साबित करने की कोशिश क्यों न की जाए। धूर्त व्यक्ति भी खुद की काबिलियत से संतुष्ट होता है ··पशु समान संतुष्टि से बेहतर है कि व्यक्ति असंतुष्ट रहे, किसी मूर्ख की संतुष्टि से बेहतर है कि सुकरात असंतुष्ट रहे। सवाल और समस्या को एक नजरिए से समझने के कारण पशु और मूर्ख की मान्यताएँ समान होती हैं। लेकिन ज्ञानी और शिक्षित लोग प्रश्न और समस्या के सभी पहलुओं पर विचार करते हैं, इसलिए उनका निर्णय अधिक महत्त्वपूर्ण होता है।'

यह कहना सटीक होगा कि सुकरात जैसे लोग सही सोच के साथ योजना तैयार करते हैं। ऐसे लोगों की योजनाओं में जन-कल्याण का संदेश छुपा होता है। व्यक्ति की हर खुशी, हर दुःख, हर उपलब्धि, हर असफलता, व्यक्ति का आकर्षण, कमजोरी—सबकुछ व्यक्तिगत सोच का ही परिणाम है। विचार और ज्ञान के सम्मिश्रण से सही सोच की उत्पत्ति होती है—'यदि व्यक्ति हृदय से सोच रहा है तो निस्संदेह सही सोच रहा है।' हृदय से न सोचनेवाला व्यक्ति दरअसल इनसान ही नहीं होता।

हर व्यक्ति अपने व्यक्तित्व में छिपी अदृश्य शक्तियों को निखारने की योग्यता रखता है। पुरानी मान्यता है कि सफलता और असफलता भाग्य से प्राप्त होती है। लेकिन इनसान ने प्राकृतिक सिद्धांतों और शक्तियों की जानकारी हासिल कर ली है। इनके आधार पर भविष्य में होनेवाली घटनाओं का आकलन किया जा सकता है। सालों पहले पता लगाया जा सकता है कि भविष्य में क्या होगा। छोटी-छोटी जानकारियों के आधार पर सूर्यग्रहण की तिथि तय की जा सकती है। हम भौतिक जीवन में कारण और उसके प्रभाव को भलीभाँति समझते हैं। हम टमाटर का पौधा लगाकर स्ट्रॉबेरी की फसल की कामना नहीं करते। यह सार्वभौमिक सिद्धांत है। इसका प्रयोग मानसिक शक्ति, नैतिकता, व्यक्तित्व जैसे गुणों द्वारा किया जाता है। साधारण नियम है कि 'व्यक्ति जो बोता है, वही काटता है।'

वक्ता का चरित्र भाषण शक्ति का महत्त्वपूर्ण अंग होता है। केटो ने कहा है कि 'अच्छे चरित्र का व्यक्ति ही अच्छा वक्ता हो सकता है।' फिलिप्स ब्रूक ने कहा है, 'सही सोच और गंभीर विचारोंवाले व्यक्ति के विचारों का विरोध करने का साहस कोई नहीं करता।' एमरसन ने कहा है, 'चरित्र प्राकृतिक शक्ति होती है। प्रकाश और ऊष्मा के समान और प्रकृति का हर कण ऐसे लोगों की सहायता में जुटा रहता है। कई लोगों की उपस्थिति पर सदा ध्यान दिया जाता है, जबकि कई लोगों की उपस्थिति पर ध्यान ही नहीं जाता। ऐसा क्यों होता है? दरअसल, यही व्यक्तित्व की महानता का भेद है। सत्य व्यक्तित्व की महानता का शिखर होता

है—न्याय के द्वारा इसको प्रयोग में लाया जाता है। हर व्यक्तित्व में सत्य की शुद्धता का पैमाना भिन्न होता है। शुद्ध चरित्रवाले व्यक्ति में सत्यता का प्रभाव अन्य लोगों के चरित्र में उसी तरह स्थान प्राप्त करता है, जैसे किसी बड़े पात्र में भरे पानी से छोटे पात्र को भरा जाता है। चरित्र प्राकृतिक शक्तियों के क्रम में सर्वोपरि होता है।'

अशुद्ध, पाशविक और स्वार्थी विचारों से स्नेह व परोपकार से परिपूर्ण आदतों का विकास नहीं हो सकता। काँटेदार पौधे के बीज से काँटेदार वृक्ष ही उगता है। कमजोर चरित्र के व्यक्ति का परोपकारी, भावनात्मक और सेवा-भाव से प्रेरित विचारों से वास्ता नहीं होता। भावनाओं से प्रेरित विचार ही कल्याणकारी हो सकते हैं। किसी कार्य को निरंतर करने से आदत बनती है, आदतों से चरित्र का निर्माण होता है और चरित्र से भाग्य तय होता है। अर्थात् भाग्य के उचित निर्माण के लिए शुद्ध विचारों और चरित्र की भूमिका अहम होती है। न्याय कितना भी पुराना क्यों न हो, उसकी महत्ता क्षीण नहीं होती।

'चरित्र प्रकृति की सबसे अहम उपलब्धि होती है।' इसीलिए चरित्र के विकास के लिए प्राकृतिक नियमों का पालन करना चाहिए। बगीचे में खर-पतवार और काँटेदार पौधे स्वयं ही उग आते हैं, लेकिन संयोजित तौर पर उगाए गए फूल के पौधे बगीचे को मनमोहक एवं खुशबूदार बना देते हैं।

विश्वविद्यालय में दाखिला लेनेवाले अधिकतर छात्रों को पता होता है कि उन्हें किस विषय में शिक्षा प्राप्त करनी है और भविष्य में किस मुकाम तक पहुँचना है। व्यक्ति खुद चुने गए रास्ते पर लगातार आगे बढ़ता रहता है। वहीं अरुचिकर विषय से व्यक्ति का ध्यान धीरे-धीरे हटता रहता है। आम तौर पर लोग अरुचिकर रास्ते पर कदम ही नहीं रखते हैं। मन के कार्य को करने में व्यक्ति को विशेष सुख और संतुष्टि प्राप्त होती है। हमारे विचारों की रेलगाड़ी लगातार मंजिल की ओर बढ़ती रहती है। उत्तर दिशा की ओर लहरानेवाले झंडे को देखकर साफ हो जाता है कि हवा दक्षिण की ओर से आ रही है। घास के मैदान में दक्षिण दिशा में बहते सूखे तिनकों को देखकर पता लग जाता है कि हवा उत्तर की ओर से बह रही है। अर्थात् किसी व्यक्ति की प्रवृत्ति को समझकर उसके चरित्र के विषय में जानकारी हासिल की जा सकती है।

इन सुझावों के माध्यम से नैतिकता का पाठ पढ़ाने की कोशिश बिलकुल नहीं की जा रही है। यह इससे कहीं ज्यादा गहरी कोशिश है। इसे व्यक्ति की काल्पनिक शक्ति को बढ़ावा देने का प्रेरणा स्रोत कहा जा सकता है, भावनाओं को सँभालने की कला कहा जा सकता है, मानसिक शक्ति का उत्तम संचालन कहा जा

सकता है या फिर मुख्यत: इसे इच्छा-शक्ति के माध्यम से मंजिल तक पहुँचने का संकल्प कहा जा सकता है।

आम धारणा के मुताबिक दिल, दिमाग और अंतरात्मा को सही लगनेवाले विचार ही उत्तम होते हैं; लेकिन यह सत्य नहीं है। इच्छा-शक्ति के विरुद्ध विचार को सही नहीं कहा जा सकता। उदाहरण के तौर पर दिल, दिमाग और अंतरात्मा के मुताबिक सही, लेकिन इच्छा-शक्ति के विरुद्ध विचार के खिलाफ सख्त कदम उठाकर देखिए। शुरुआत में गलती का अहसास जरूर होगा, लेकिन धीरे-धीरे मालूम होने लगेगा कि निर्णय उचित था। इस प्रकार आप खुद के व्यक्तित्व को दिशा देने में कामयाब हो सकेंगे।

वक्ता की कामयाबी और नाकामी मुख्यत: विचारों और प्रवृत्ति पर आधारित होती है। इस पुस्तक के लेखक ने भाषण की कला सीखने के लिए एक शिक्षण संस्थान में दाखिला लिया था। बाकी छात्रों के मुकाबले लेखक बहुत ही खराब वक्ता साबित हुआ—लेखक की सीखने की क्षमता भी बहुत कमजोर थी। शिक्षक लेखक की अयोग्यता से परेशान थे और अकसर कमी निकालते थे। यही नहीं, लेखक को बार-बार डाँट भी पड़ती थी। लेकिन लेखक ने हताश न होने का प्रण लिया और सीखने की तमाम कोशिशें जारी रखीं। एक बार दु:ख भरी आवाज और ईमानदारी के साथ लेखक ने कहा, 'मैं हताशा हावी नहीं होने दूँगा। मैं किसी भी स्थिति में बोलने की कला सीखना चाहता हूँ।' लेखक के इस बयान में संवेदना, मानवता और इच्छा का शुद्ध भाव था। अंतत: लेखक ने हिम्मत नहीं हारी और आज डेल कारनेगी विश्व-प्रसिद्ध वक्ताओं में से एक हैं।

ऐसी प्रवृत्ति और दृढ़ निश्चयवाले व्यक्तित्व को दुनिया की कोई ताकत कामयाब होने से नहीं रोक सकती। 'इच्छा से लक्ष्य की प्राप्ति होती है। सच्ची लगन हो तो स्वयं ईश्वर भी मिल जाते हैं। खटखटाने से ही दरवाजा खुलता है।' भाषण की कला सीखनेवाले व्यक्ति पर भी यही नियम लागू होते हैं। उत्साहहीन तरीके से किए गए कार्य का परिणाम उम्मीद के मुताबिक नहीं होता, लेकिन सच्ची लगन और मेहनत से किसी भी लक्ष्य की प्राप्ति की जा सकती है। लक्ष्य-प्राप्ति में देरी जरूर हो सकती है, लेकिन सफलता को कोई नहीं रोक सकता।

अपनी काबिलियत पर विश्वास और अपनी सोच के लिए बलिदान का भाव कामयाबी की संभावना को दो गुना कर देता है। लिंकन ने खुद में एक महान् वक्ता बनने की संभावना पहचानी थी। लिंकन ने इस सपने को साकार करने के लिए कड़ी मेहनत की, मीलों को सफर तय कर पुस्तकें खरीदीं, रात में अलाव जलाकर

अध्ययन किया, सपने साकार करने के लिए कई बलिदान दिए। लिविंगटन में अफ्रीकी जनता की स्थिति में सुधार लाने का मजबूत जज्बा था। इस विश्वास को पूर्ण करने के लिए उसने अपना सारा जीवन दाँव पर लगा दिया। इंग्लैंड में आराम की जिंदगी का त्याग किया और अविकसित अफ्रीकी इलाकों में रहना शुरू किया। अफ्रीकी गुलामों के व्यापार के खिलाफ आवाज बुलंद की और कामयाबी हासिल की। जॉन ऑफ आर्क में विश्वास का असीम भंडार था, इसीलिए उन्होंने क्षमता से अधिक बलिदान दिए और महानता की मिसाल बने।

इन सभी लोगों ने स्वयं की दृढ़ इच्छा से प्रेरित सपनों को साकार किया। यह सिद्धांत दुनिया के सभी लोगों पर लागू होता है। यदि इच्छा दृढ़ है तो सफलता अवश्य मिलेगी। बलिदान से ही लक्ष्य की प्राप्ति होती है।

स्टैंट्न डेविस किरखम ने अपने विचारों को बहुत खूबसूरती से प्रस्तुत करते हुए कहा है, 'आप विचारों को संगृहीत करते रहे होंगे, लेकिन अब लंबे समय से विचारों के रास्ते की रुकावट को लाँघने के बाद आप खुद को दर्शकों के सामने पाते हैं। आपकी जेब में कलम है और उँगलियाँ स्याही से रँगी हैं और आप प्रेरणा स्रोत से उत्पन्न विचारों की बौछार करते हैं। चाहे आप भेड़ें चराते हों या शहरों की सड़कों पर आवारा घूमते हों या फिर तेज आवाज में देहाती गीत गाते हों; एक-न-एक दिन आपका उस्ताद आपको शिक्षा से स्वतंत्र कर ही देता है उस्ताद को विश्वास हो जाता है कि छात्र ने शिक्षा पूर्ण कर ली है। यानी अब आप खुद निपुण हो चुके होते हो। हाल ही में किसने भेड़ों को चराते वक्त महान् विचारों को जन्म दिया। इत्मीनान से बैठिए, खाली मैदान और भूसे पर ध्यान दीजिए, दुनिया की नई तसवीर नजर आएगी।

□

को समझने जाते हैं। ऐसे विचारों के प्रचार-प्रसार से कई देशों की संस्कृति निरंतर आगे बढ़ती रही है।

दुनिया के सबसे शानदार भाषण बातचीत के अंदाज में पेश किए गए हैं। कूटनीतिज्ञों के सम्मेलन, व्यापारियों के वाद-विवाद, सामूहिक नीतियों पर विचार के अलावा राजनीति, कारोबार और समाज को प्रभावित करनेवाले विचारों का जन्म साधारण बातचीत के जरिए ही हुआ है। ऐसे मौकों पर जो व्यक्ति अपने विचारों के द्वारा नीति के दोनों पक्षों 'लाभ, हानि' को प्रस्तुत करने में कामयाब होता है, उसका नाम सदा याद रखा जाता है।

सामाजिक बातचीत के दौरान आत्मनियंत्रण रखा जा सकता है, घरेलू बातचीत में भी आत्मनियंत्रण रखना मुश्किल होता है; लेकिन मंच पर हजारों दर्शकों के समक्ष आत्मनियंत्रण रखना आसान नहीं होता, दर्शकों की भारी भीड़ के बीच निपुण-से-निपुण वक्ता भी घबराहट महसूस करने लगता है। इसी समय शांतचित्त, सतर्कता, शब्दों की शुद्धता, स्पष्ट विचार और वाक्चातुर्य जैसी प्रतिभाओं की आवश्यकता होती है।

मंच पर घबराहट स्वाभाविक है; लेकिन शुद्ध शब्दों और स्पष्ट विचारों से आत्मविश्वास वापस लौटने लगता है। दर्शकों के समक्ष भाषण प्रस्तुत करना किसी मुकाबले से कम नहीं होता है। यदि दर्शकों के समक्ष बोलने में हिचकिचाहट होती है तो होम्स के इन शब्दों को याद कीजिए—

> जब आप बातचीत के दौरान अचानक से अटक जाएँ,
> तो घबराहट में और खराब बोलने की जगह संयम से काम
> ल ।

ऐसे मौके पर आत्मविश्वास का सहारा लें, विचारों में भटकाव को संगठित करने की कोशिश करें। मस्तिष्क को बातचीत के मुद्दे पर केंद्रित करने का प्रयास करें और भटकाव से उबरने की कोशिश करें। यकीन मानिए, आत्मबल के द्वारा ऐसी स्थिति से बाहर निकला जा सकता है। प्रभावशाली ढंग से भाषण न प्रस्तुत करने का मतलब ही नाकामी होता है।

बातचीत आकर्षक एवं प्रभावशाली बनाने के लिए मस्तिष्क को विषय पर केंद्रित करने की आवश्यकता होती है। विचारों को लापरवाही से पेश करने से प्रभाव खत्म हो जाता है। कूटनीति का भी यही सिद्धांत है कि सही शब्द का इस्तेमाल सही वक्त पर किया जाए।

पुराने विषयों और सिद्धांतों का निरंतर विकास होता रहता है, नई जानकारियाँ जुड़ती रहती हैं। इसी प्रकार भाषा भी निरंतर विकसित होती रहती है। विचारों का आदान-प्रदान ही बातचीत का आधार होता है, लेकिन ज्यादातर लोग बातचीत के महत्त्व को नजरअंदाज करते हैं। ब्रॉनसन एल्कॉट अकसर कहा करते थे कि अधिकतर लोग वाद-विवाद कर लेते हैं, लेकिन बात करना कुछ ही लोगों को आता है। बातचीत के दौरान दूसरे लोगों के विचारों को सुनना अतिआवश्यक होता है। बातचीत केवल दूसरे लोगों को सम्मान देने के लिए नहीं, बल्कि मुद्दे को समझने के लिए सुननी चाहिए। कई वक्ता दूसरों के विचारों पर ध्यान की जगह केवल अपने विचारों पर ही मंथन करते रहते हैं। ऐसे वक्ताओं की प्रतिक्रिया बहुत फीकी और अप्रभावशाली होती है। कई बार वक्ताओं को लापरवाही की वजह से उपहास भी सहना पड़ता है।

स्वयं की भावना उजागर करने से आनंद की प्राप्ति होती है। आंतरिक संतुष्टि कल्पना-शक्ति को मजबूती प्रदान करती है। ऐसी स्थिति में व्यक्ति कविताएँ रचता है, कहानियाँ लिखता है। बातचीत का सबसे बड़ा आनंद ही यह है कि व्यक्ति को खुद के विचार उजागर करने की स्वतंत्रता मिलती है। बातचीत को एक ढंग से प्रस्तुत करनेवाला वक्ता जल्द ही उबाऊ प्रतीत होने लगता है, क्योंकि ऐसा वक्ता दूसरे लोगों के विचार उजागर करने के समय को नष्ट करता है। वहीं दूसरे लोगों को बोलने का मौका देनेवाले वक्ता को ज्यादा पसंद किया जाता है। जाहिर है कि खुद के विचार व्यक्त करना सभी को अच्छा लगता है और उस पर वक्ता की ओर से उत्साहित प्रतिक्रिया मिल जाए तो प्रसन्नता और बढ़ जाती है। विचारों का समर्थन करनेवाले वक्ताओं को पसंद किया जाता है—और वही लोग दूसरे लोगों को प्रसन्न कर सकते हैं, जो ध्यान से सुनते हैं।

व्यक्तित्व में टहराव व्याकुलता दूर करने का पहला कदम होता है। इसके द्वारा फूहड़ आचरण, अस्पष्ट विचार, भाषा की अशुद्धि और स्वयं की गलती का पता लगाना आसान हो जाता है। यदि आपका ध्यान इन समस्याओं की ओर नहीं जाता है तो आपकी मदद कोई नहीं कर सकता। इन समस्याओं से उबरने के लिए व्यक्ति को स्वयं मेहनत करनी पड़ती है। खुद की कमी को पहचाननेवाला व्यक्ति जल्द इन समस्याओं से उबर जाता है—

1. समस्या से उबरने के लिए इच्छा-शक्ति का दृढ़ होना आवश्यक होता है। याद रहे कि इच्छा-शक्ति हर स्थिति में बरकरार रहनी चाहिए।

2. खुद पर विश्वास रखें मानकर चलें कि भाषण में प्रस्तुत किए जानेवाले विचार एकदम सही हैं। यदि आपको खुद के विचारों पर संदेह है तो विचारों की स्पष्टता तक चुप रहें।
3. आत्मविश्वास हासिल करने के बाद दृढ़ता से अपने विचारों को प्रस्तुत कीजिए, विचारों का सम्मान कीजिए और साधारण एवं स्पष्ट भाषा में व्याख्यान कीजिए।
4. भाषा का उचित ज्ञान अर्जित कीजिए विश्वास होना चाहिए कि साधारण भाषा बोलने में आप निपुणता हासिल कर चुके हैं।

बातचीत से संबंधित संकेत

आम लोगों की रुचि से संबंधित किसी विषय का चुनाव करें। शाम की चाय के वक्त गैस इंजन की कार्य-प्रणाली पर चर्चा करना या फिर पुरुषों की मनोरंजन सभा में फूल की किस्मों का व्याख्यान करना बहुत उबाऊ हो जाता है।

किसी सभा में अपने हाथ-पैरों की विकृति दरशाना पुरुषों को शोभा नहीं देता। इसी प्रकार अपने दु:खों का विलाप करना और किसी अन्य व्यक्तियों की कमी पर चर्चा करना भी पुरुषों का काम नहीं होता है। आम जनता सुखद अंतवाले नाटक एवं किस्सों को सुनना पसंद करती है। सारी दुनिया खुशी की तलाश में है। आम तौर पर समस्याओं और दु:खों को सुनना पसंद नहीं किया जाता है। जॉर्ज कोहान ने 30 साल की उम्र तक कई हँसमुख नाटक लिखकर करोड़ों रुपए कमाए। इनका यह सिद्धांत आम बोलचाल की प्रक्रिया पर भी लागू होता है— 'हँसी-खुशी के माहौल में महफिल को अलविदा कहना चाहिए।'

बातचीत के दौरान 'मैं' शब्द का प्रयोग नहीं करना चाहिए। हजारों लोगों की महफिल में सबको प्रसन्न एवं संतुष्ट करनेवाला कोई अकेला व्यक्ति नहीं हो सकता। अपनी रुचि के मुताबिक बातचीत का विषय चुनना दर्शकों के लिए उबाऊ हो सकता है। पंखोंवाले घोड़ों एवं मछलियों, परियों आदि के किस्से-कहानी सुनने की इच्छा रखनेवाले दर्शक को खीरे की विशेषता सुनने में कोई दिलचस्पी नहीं होती। आकर्षक वक्ता सदा दर्शकों की रुचि से संबंधित विषयों पर ही चर्चा करते हैं। मध्यम बौद्धिक स्तर का व्यक्ति भी बिजली की गड़गड़ाहट का दिलचस्प व्याख्यान कर सकता है। लेकिन इसी व्यक्ति को यदि रुचि के विरुद्ध किसी विषय पर बोलने के लिए मजबूत किया जाए तो निस्संदेह चर्चा उबाऊ हो जाएगी।

घिसे-पिटे और अनर्थक मुहावरों एवं उदाहरणों से बचना चाहिए। दुनिया के किसी और कोने में रहनेवाले दोस्त से अचानक मुलाकात हो जाए तो यह नहीं सोचना चाहिए—'दुनिया कितनी छोटी है!' बल्कि यह सोचना चाहिए 'दुनिया कितनी तेजी से तरक्की कर रही है।' 'उच्च स्तर का जीवन जीने के लिए मोटी कमाई नहीं, उच्च संस्कारों की आवश्यकता होती है।' किसी नए या रोचक विचार के अभाव में चुप रहना ज्यादा बेहतर होता है।

□□□